你的信用价值百万

玩转实体和虚拟信用卡

余俊杰　编著

清華大学出版社
北　京

内容简介

你的信用值多少钱？你的实体信用卡额度是多少？在各家银行的信用额度又是多少？

你可以贷到多少钱？你的虚拟信用卡额度是多少？你用蚂蚁借呗、京东白条能借到多少钱？

不要小瞧了你的信用！借用信用杠杆，你的信用资产少则值几十万元，多则值上千万元！

买房、装修、买车等需要用到大额资金的地方，你的信用资产都可以帮上大忙！

本书不仅讲解实体信用卡的选择、申请、开卡、用卡、提额、还款、分期、管卡等，而且会介绍银行、网络虚拟信用卡的申请、开通、提额、使用，以及借用信用资产贷款买车、买房、装修等大额消费，最后会教给大家如何进行信用的维护、征信的查询，以使你的信用资产如何更高。

本书结构清晰、语言简洁，适合于大学生、工薪阶层、白领阶层、企业高管、私企老板等需要借用信用价值的相关人士。

图书在版编目(CIP)数据

你的信用价值百万：玩转实体和虚拟信用卡/余俊杰编著. —北京：清华大学出版社，2018（2019.4 重印）

ISBN 978-7-302-49895-7

Ⅰ. ①你… Ⅱ. ①余… Ⅲ. ①信用—研究 Ⅳ. ①F830.5

中国版本图书馆 CIP 数据核字(2018)第 055466 号

责任编辑：杨作梅
装帧设计：杨玉兰
责任校对：李玉茹
责任印制：刘海龙
出版发行：清华大学出版社
网　　址：http://www.tup.com.cn, http://www.wqbook.com
地　　址：北京清华大学学研大厦 A 座　　**邮　　编**：100084
社 总 机：010-62770175　　**邮　　购**：010-62786544
投稿与读者服务：010-62776969, c-service@tup.tsinghua.edu.cn
质量反馈：010-62772015, zhiliang@tup.tsinghua.edu.cn
印 装 者：三河市龙大印装有限公司
经　　销：全国新华书店
开　　本：170mm×240mm　　**印　　张**：15.5　　**字　　数**：248 千字
版　　次：2018 年 5 月第 1 版　　**印　　次**：2019 年 4 月第 2 次印刷
定　　价：49.00 元

产品编号：075787-01

前言

你的信用，比你的信用卡更值钱！

你的信用额度，比你的信用卡能贷到更多的钱！

这是本书与市场上常规信用卡的书切入点不一样的地方，常规信用卡的书是专讲信用卡，而本书是从“信用资产”的高度来讲，不仅讲实体信用卡，还讲虚拟信用卡。先给大家呈现一下这本书的写作思路。

本书由 8 章构成，第 1、2 章主要围绕信用价值来讲解，让读者对信用的价值有一定的认识，从而引起高度注意；第 3～6 章分别介绍实体信用卡、银行虚拟信用卡以及网络虚拟信用卡的相关知识和使用技巧，帮助读者了解不同信用价值的呈现方式；第 7 章则主要讲解借助信用贷款买车、买房、装修的相关技巧和注意事项；第 8 章则为读者提供了维护信用的独家秘诀，同时也是提升信用价值的有效方法。

下面就本书提到的实体信用卡、银行虚拟信用卡、网络虚拟信用卡等知识为大家总结和提炼 20 个精华知识点。

(1) 信用，一般而言，就是信守承诺之用，了解信用价值，首先要对信用的相关知识有基础的了解，本书就信用的定义、层次、类别、评级、产物、发展趋势对信用做了详细的诠释。

(2) 额度对于信用而言，具有比较实在的意义，因此读者有必要知道办卡额度、透支额度、临时额度、贷款额度、资产抵押额度、信用资产额度等概念。

(3) 人品信用价值是人际交往过程中一种重要的信用价值表现形式，在生活中注意积累信用，才能在急需资金时获得帮助。

(4) 信用增值需要从职业、资产、债务、贷款记录、信用积分等五个方面着手，才能达到较好的效果。

(5) 消费增值的方式应该从积分消费、免税店购物、频繁刷卡购物等方面努力，以便提升信用价值。

(6) 资产增值主要是可用额度、抵押额度、贷款额度的提升，三方面综合增值，从而促进资产增值。

(7) 在各家银行实体信用卡的基础上，主讲各家银行推出的信用额度贷款。例如，浦发银行实体信用卡额度在 5 万元，那么信用贷款额度可以在 20 万元以上，最多是 50 倍，也就是 250 万元，关键是贷款利息比实体信用卡更低！

(8) 实体信用卡的提额攻略，主要是从基础知识学习、各大银行提额技巧、提额时间把握、避免进入误区、提额被拒原因、临时提额申请技巧等角度进行介绍，更加全面地分析了提额技巧。

(9) 实体信用卡的还款，可以从还款日期、还款方式、注意事项、还款技巧等方面进行操作，轻松玩转实体信用卡。

(10) 实体信用卡的分期，主要是介绍分期手续、费率数据分析、免息技巧、银行的专属分期、分期的注意事项等，从细节角度分析分期的相关知识。

(11) 实体信用卡不仅要学会使用，还要懂得如何安全用卡，比如密码和签名保护、安全码的重要性、短信通知功能、网络借贷的风险、信用卡防盗刷等，都是安全使用信用卡需要注意的。

(12) 介绍各家银行的虚拟信用卡，如中信银行的网付卡、建设银行的龙卡 e 付卡、浦发银行的 E-GO 卡、中国银行的虚拟信用卡、广发银行的真情信用卡虚拟卡等，虚拟信用卡是一种较为安全的信用卡形式，同时也是实体信用卡的一种补充。

(13) 网络虚拟信用卡，目前最火爆的为蚂蚁借呗、蚂蚁花呗、京东白条、京东金条等网络信用卡，已经在年轻人、白领中应用广泛。因为借款方便、支付方便，不需要实物卡等优势，随着依附于移动互联网消费习惯的生成，已渐渐汇聚成一股大流，成为大势所趋、民心所向。

(14) 网络虚拟信用卡与实体信用卡以及银行虚拟信用卡都有所区别，它是一种新兴的信用支付形式，也就是说，它是凭借网络虚拟信用来贷款和消费的一种手段，从申请到使用都有着自己的特色，为广大用户带来了诸多便利。

(15) 用实体信用卡贷款买车的体系已经较为成熟，各大银行都推出了信用卡分期购车的业务，旨在为广大用户提供更加实惠、便利的信用服务。随着网络虚拟信用卡的不断发展，凭借网络虚拟信用买车也成为可能，而且更加方便快捷，相对而言，门槛也比较低。

(16) 借用信用贷款装修也是信用价值的重要体现，实体信用卡贷款装修已经屡见不鲜，如中国银行推出的易家通、招商银行的家装易以及建设银行的龙卡家装分期等。而网络虚拟信用贷款装修也十分便捷，如京东的家装白条和苏宁任性付的家装分期就是虚拟信用贷款的典型案例。

(17) 个人信用的维护需要时间的累积，一个人信用的好坏直接影响到信用价值的高低，充分了解信用的好处和打造个人信用的技巧，才能真正让信用为己所用，不断增值。

(18) 维护信用还要学会自我检视，信用的查询方式多种多样，主要有银行柜台查征信、自助机查征信、银行网银查征信、互联网查征信、51 信用卡管家查征信等五种信用查询方式，而且查询结果的分析也是需要引起用户重视的。

(19) 信用价值达到较佳的主要技巧则包括谨防不良信用记录、掌握账单日和还款日、机智应对不良信用记录、还款应达到最低要求、办理贷款业务需谨慎、贷款后需及时归还、养成查询信用报告的习惯等。

(20) 信用维护需要注意严控信用卡可透支额度、睡眠信用卡不可忽视、通过提醒免除信用污点、滞纳金可能造成信用污点、套现可救急但救不了穷等事项，否则可能会造成不良的影响。

本书由余俊杰编著，参与编写的人员还有罗嘉蕾、刘胜璋、刘向东、刘松异、刘嫔、刘伟、卢博、周旭阳、袁淑敏、谭中阳、杨端阳、李四华、王力建、柏承能、刘桂花、柏松、谭贤、谭俊杰、徐茜、苏高、柏慧等人，在此一并表示感谢。由于作者知识水平有限，书中难免存在错误和疏漏之处，恳请广大读者批评、指正，联系邮箱：157075539@qq.com。

编　者

目录

目录

第 1 章

信用决定价值，你的信用值多少钱？分期、管卡攻略

学前提示

古语云：“人无信而不立。”信用从古至今一直都在人类社会中占据举足轻重的地位，人们的交往依赖信用，信用也决定了一个人能借到多少钱。

信用价值的作用已经越来越重要，每个人都需要利用信用的力量来获得帮助，本章将从信用的含义、类别、层次以及额度等多个方面介绍信用价值。

要点展示

- 关于信用你至少要知道的 7 个知识点
- 6 个额度告诉你什么是信用价值
- 人品信用价值：信用是“经济身份证”

1.1　关于信用你至少要知道的 7 个知识点

随着人类历史的不断深入发展，“信用”一词已经涵盖了无比丰富的含义。它是一种既复杂又捉摸不定的概念，在人类生活中扮演着不可取代的角色，特别是在经济生活中。为了有效实现信用的价值，你至少要知道以下 7 点关于信用的知识。

1.1.1　什么是信用

一般而言，人们对信用的认识，有各自不同的看法。“一千个读者有一千个哈姆雷特”，因此，信用的含义也可以有各种不同的解释。总的来说，我们至少可以从以下 4 个角度来理解信用。

1. 经济学角度

从经济学层面来理解，信用既是一种价值运动，也是一种借贷关系。信用的含义分析如图 1-1 所示。

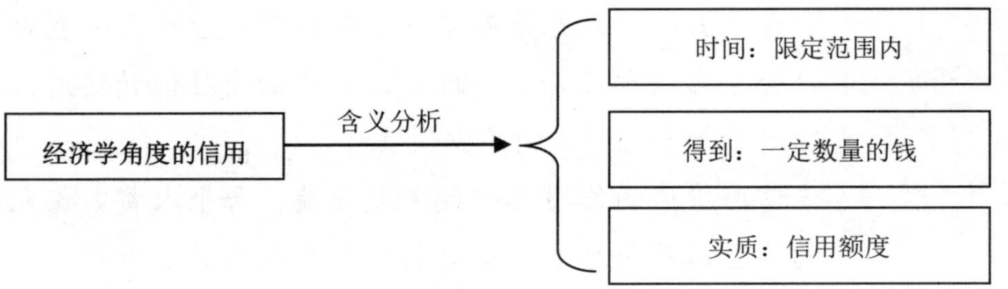

图 1-1　经济学角度的信用含义分析

我们之所以能够凭借信用获得一笔钱或者一批有价值的货物，是因为信用的价值发挥了作用，一方面可能是对方对你比较信任，另一方面也可能是出于某些战略因素的考虑。总之，从经济学层面来理解信用，不仅包含单一的个人层次，而且涵盖了国家、银行、企业等多个方面。国家层次的信用，主要包括如图 1-2 所示的两个方面的含义。

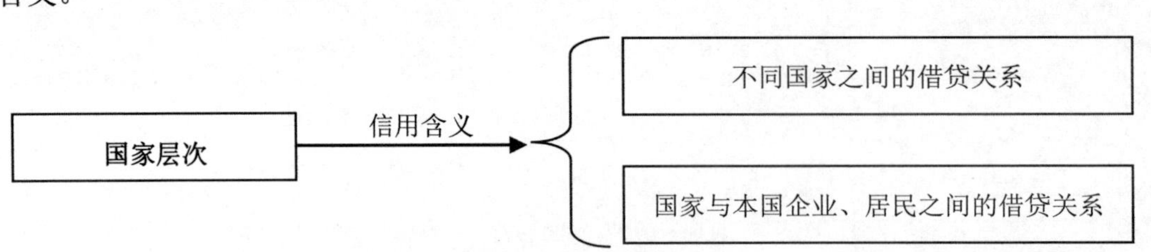

图 1-2　国家层次的信用含义

不同国家之间的借贷关系主要存在于国际信用的范围，一般来说，国家作为债务人从国外企业、团体、个人以及政府取得信用，图 1-3 所示为比较著名的国际信用案例。

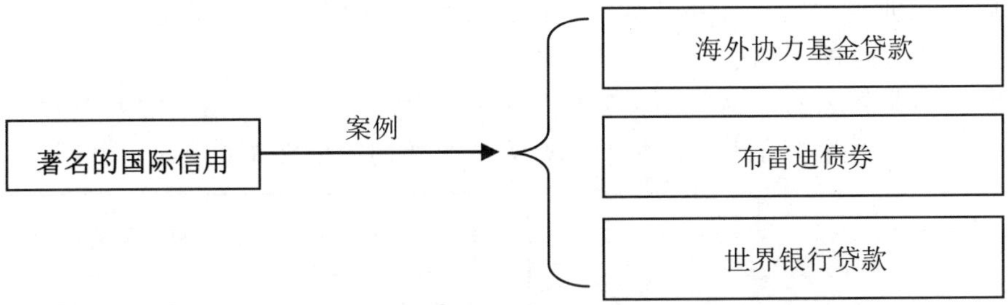

图 1-3　著名的国际信用案例

政府发行的国债则是国家与本国企业、居民之间借贷关系的具体表现形式，其相关内容分析如图 1-4 所示。

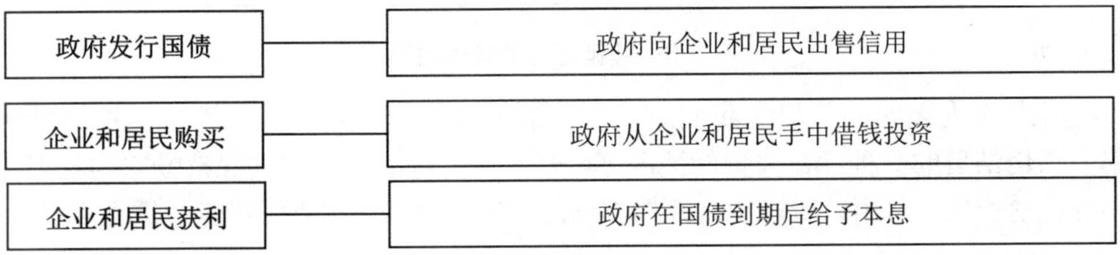

图 1-4　国家与本国企业、居民之间借贷关系的相关内容分析

专家提醒

由于国债由国家政府发行，因此被认为是一种信用度高、安全可靠的投资对象。它的购买方式主要有无记名式、凭证式、记账式三种，偿还方法则包括分期逐步偿还法、抽签轮次偿还法、市场购销偿还法、以新替旧偿还法、到期一次偿还法。

银行与企业、个人之间的信用，三者之间是相辅相成、互相影响的，其相关内容分析如图 1-5 所示。

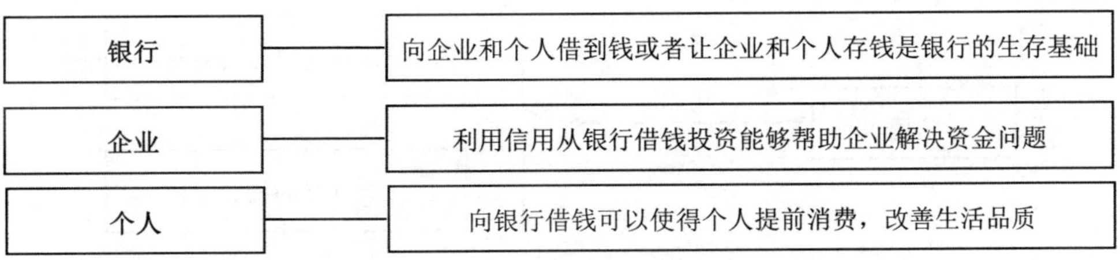

图 1-5　银行与企业、个人之间借贷关系的相关内容分析

因此，银行与企业、个人三者之间的信用是密不可分、息息相关的，在经济生活中三者各司其职，却又互相联系，构成了彼此之间的信用关系。

最后是企业与企业、个人之间的信用，这个层面的信用又可以细分为企业与企业、企业与个人两种表现形式。

企业与企业之间的信用关系又叫作“交易信用”，这里的信用主要包含的不是现金交易，而是一种赊销行为，这种赊销行为的具体内容如图 1-6 所示。

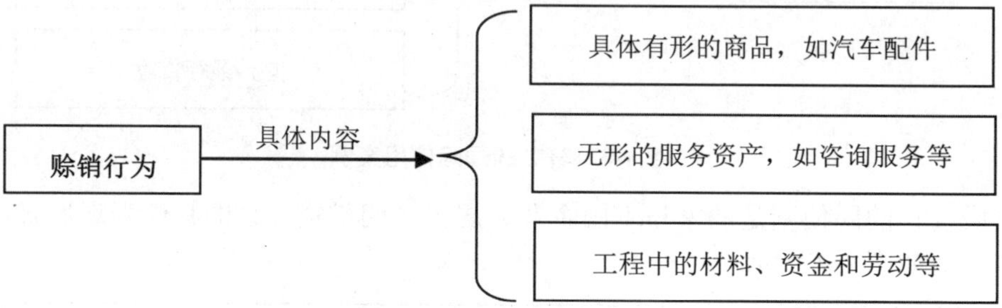

图 1-6　赊销行为的具体内容

企业与个人之间的信用在我们的日常生活中时有出现，例如，手机话费的缴纳，就属于信用消费的一种。在欠费的情况下，运营商让你的手机继续保持畅通的状态，是因为你此前积累了信用，所以运营商根据你的信用情况为你提供了相应的透支服务。

2. 伦理道德角度

著名的古代思想家墨子说过：“言不信者，行不果。”一个人的言语和行为要讲信用，才能得到他人的尊重和敬仰。从伦理道德的层面来看，“信用”是指人信守承诺的良好道德品质，这种品质值得每个人学习和欣赏，同时也能够为自身带来无限的好处。

在日常生活中，我们经常提到“讲信用”“说到做到”“君子一言，驷马难追”“靠谱”“诚实”，其实就是伦理道德角度的“信用”含义。无论是个人、团体，还是社会、民族、国家，甚至是国际，都需要依靠信用来进行关系的维护，其具体作用如图 1-7 所示。

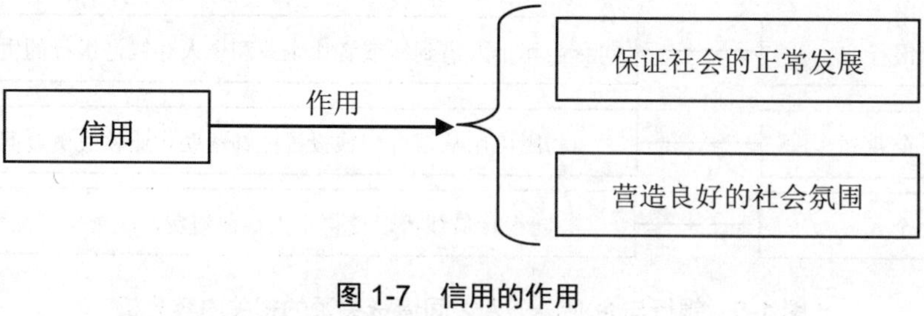

图 1-7　信用的作用

在我国的伦理道德体系中，“信用”一直处于举足轻重的位置，人们崇尚信用的风俗已经传承了几千年，儒家经典著作《论语》一书中就多次提到了“信”，而且其中关于“信用”的名句数不胜数，具体内容如图 1-8 所示。

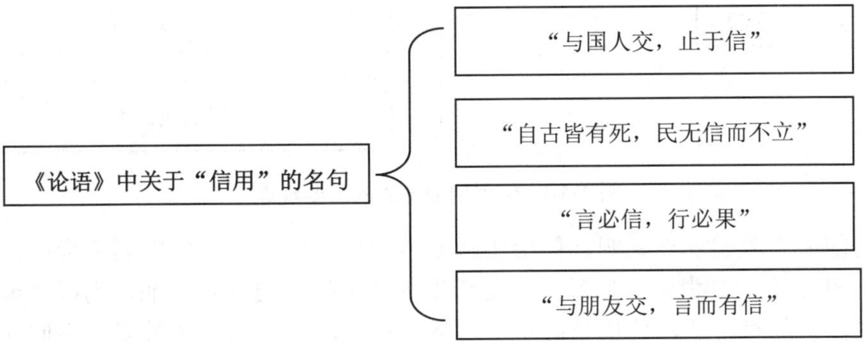

图 1-8　《论语》中关于“信用”的名句

在西方社会，信用同样受到人们的重视。信守承诺被看作是一种道德模范，《圣经》中也多次提到与信用相关的内容。

将企业的信用与道德伦理角度的信用相结合，就会发现信用行为又会产生不一样的含义，其具体内容如图 1-9 所示。

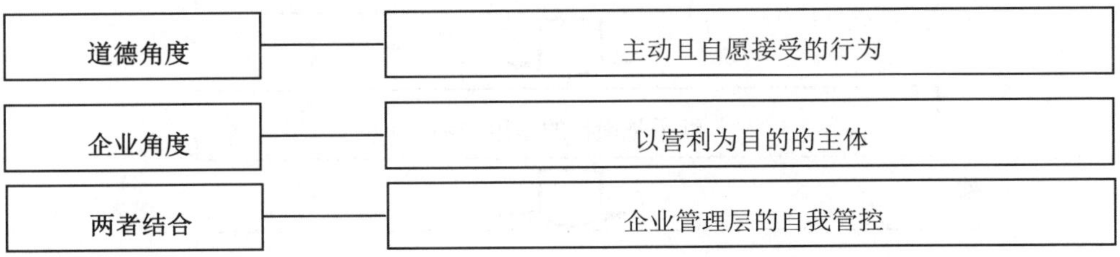

图 1-9　企业的信用与道德伦理角度的信用相结合的含义

专家提醒

国际经济伦理中心主任里查德·狄乔治曾经说过，诚信行为的最低道德底线是“无可非议的、正当的正面价值”，意思就是企业要遵循这个原则，把自律与道德规范的关系和顺序理清楚，以达到诚信经营的效果。

3. 货币角度

罗宾逊夫人曾经明确地指出：“货币实际上就是信用问题。”从货币的角度来看，信用与货币是等同的，两者互相作用，彼此联系。

货币金融学中有一个重要的流派——“信用创造学派”，他们的观点主要围绕货币和信用展开，具体内容如图 1-10 所示。

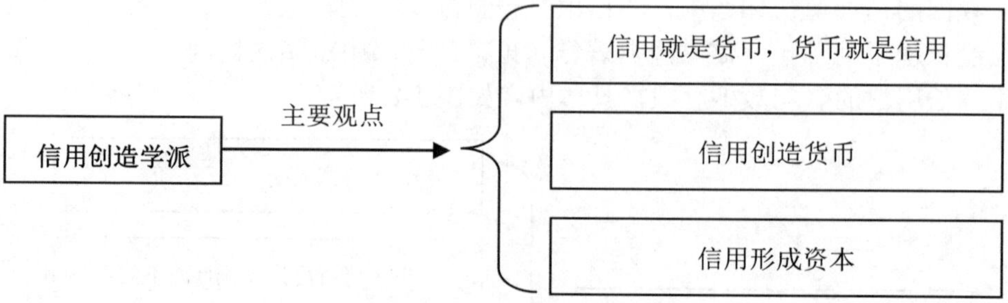

图 1-10 信用创造学派的主要观点

信用创造学派的观点表明，信用实际上是一种无形资产，信用创造货币，而货币就是财富和资产。18 世纪，约翰 · 劳是信用创造理论的奠基者，他认为："理论信用是必要的，也是有用的，信用量的增加与货币量的增加有同样的效果，它们同样能产生财富、兴盛商业。"他的观点可以按照如图 1-11 所示的逻辑进行推断。

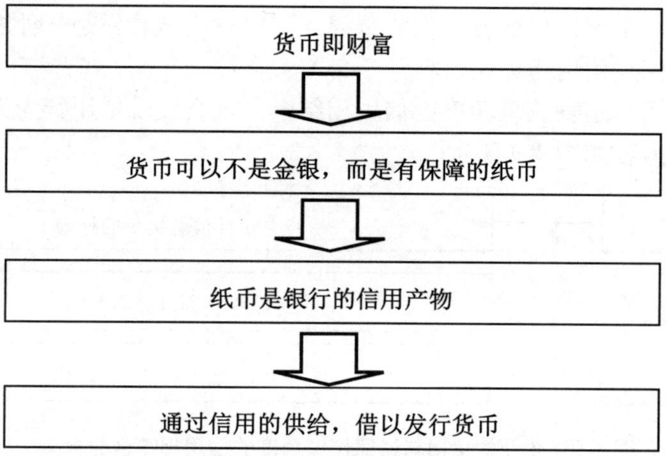

图 1-11 约翰 · 劳的信用理论逻辑

除此之外，还有许多信用创造学派的代表人物讲述了关于信用与货币的观点，但总的来说，都离不开"货币就是信用，信用就是货币"的中心论点。借用瑞典学派的代表人物魏克塞尔的话："一切货币——包括金属货币——都是信用货币。"

4. 法律角度

法律层面的信用含义虽然不是很复杂，但理论性比较强，与前几个角度相比，可能较难理解。它主要从两个层面来诠释"信用"的含义，其具体内容如图 1-12 所示。

“契约”双方的关系	“契约”双方规定的权利和义务存在时间差就存在信用
规定权利义务	对象之间根据“契约”行使权利，履行义务

图 1-12　法律角度的“信用”含义

如图 1-12 所示可能有些晦涩难懂，我们可以通过例子将其简单诠释，同时讲述从法律角度理解“信用”含义的注意事项。

“契约”的定义，我们可以从广义和狭义两个方面对其进行诠释，具体方法如图 1-13 所示。

广义的“契约”	社会契约，如子女与父母之间的契约关系
狭义的“契约”	经济合同，如企业之间的商业合作

图 1-13　“契约”的定义

“契约”的一个重要特点，就是非即时交割。这对于法律层面的信用而言是基础条件，其相关分析如图 1-14 所示。

没有信用	权利和义务同时实现
信用诞生	权利和义务的实现出现了时间差

图 1-14　“契约”特点的相关分析

专家提醒

信用是一种无形的财富，随着经济社会的发展，信用逐渐转变为一种有形的资产。它需要长时间信用的积累，同时还需要谨慎的管理，如果对信用掉以轻心，就很容易失去信用，从而失去来之不易的财富。

从某种程度上说，信用主要依靠自我管理，在积累信用的过程中也可以对自我进行一些约束，一举两得。

1.1.2 信用的类别

一般来说信用的类别可以根据信用的受众分类来划分，受众主要包括国家、企业、个人等三大方面，下面分别详细介绍信用的类别。

1. 国家信用

国家信用又称政府信用和公共信用，其主要含义如图 1-15 所示。

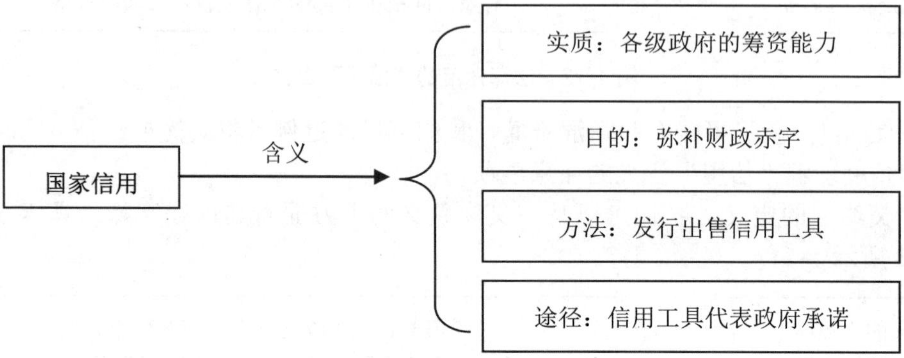

图 1-15　国家信用的含义

专家提醒

政府信用具有权威性和可靠性，因为主体是政府，同时也是社会信用体系中的重要组成部分。其特点包括公共性、规则性、责任性和示范性等，它是信用类别中较为公开的一种。

2. 企业信用

企业信用主要指一个企业法人给予另一个企业法人的信用，其主要内容分析如图 1-16 所示。

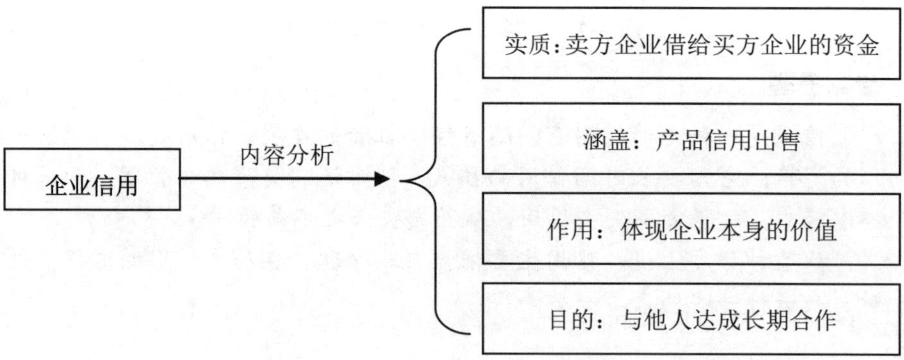

图 1-16　企业信用内容的分析

企业信用除了产品信用的出售，还涉及很多其他方面，具体内容如图 1-17 所示。

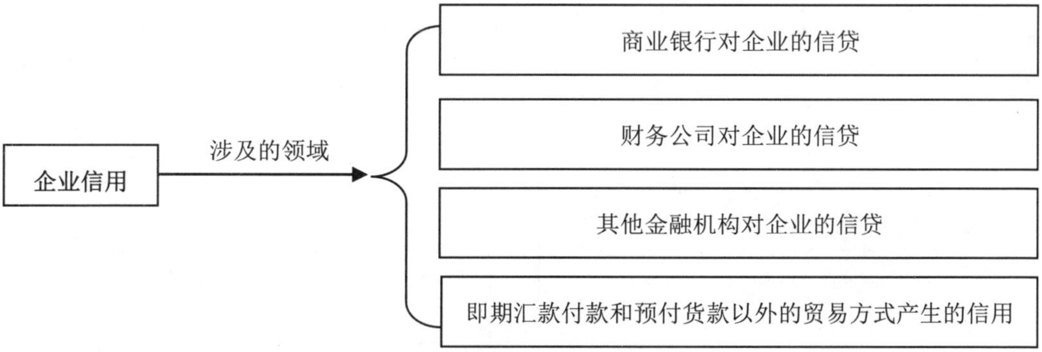

图 1-17　企业信用涉及的领域

以银行为例，它也是一种以信用经营为主的金融机构，经营信用的方式具体如图 1-18 所示。

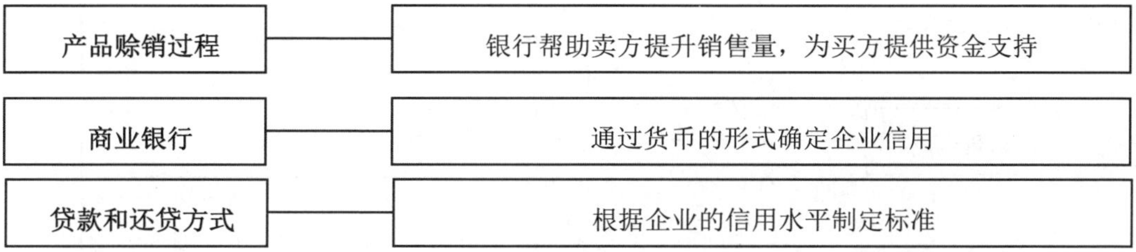

图 1-18　银行经营信用的方法

专家提醒

值得注意的是，对于那些信用不达标的企业，商业银行会采取抵押或者由担保公司为其进行担保的形式给予贷款，其信用不是企业提供的，而是担保公司提供的。

3. 个人信用

个人信用就是普通的消费者的个人信用，它的出现对社会和消费者自身都有好处，具体表现在两个方面，如图 1-19 所示。

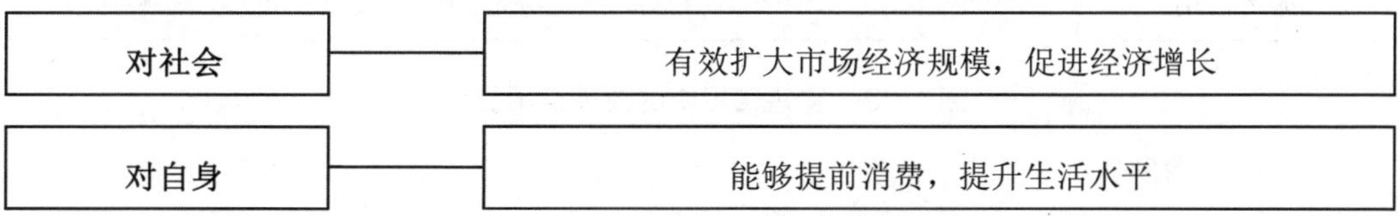

图 1-19　消费者个人信用出现的好处

个人信用主要是针对个体而言，因此其定义要点需要注意三个方面，如图 1-20 所示。

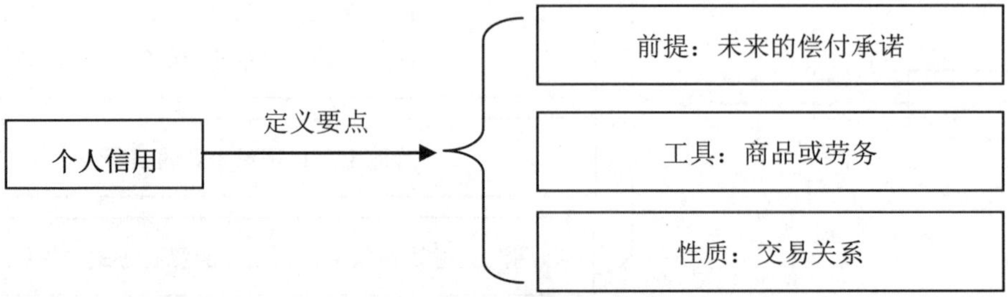

图 1-20　个人信用的定义要点

个人信用，如果从使用的角度来看，可以划分为零售信用和现金信用两种。首先来看零售信用，其含义如图 1-21 所示。

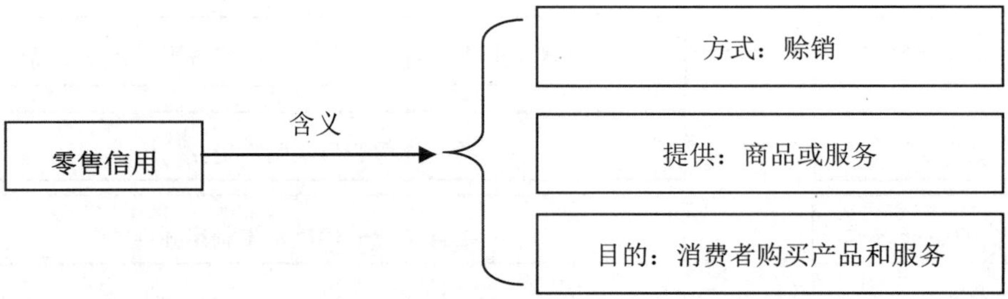

图 1-21　零售信用的含义

在市场经济发展得如火如荼的今天，零售信用早已成为各大商家互相竞争的工具，为了扩大销售规模，获取更多的消费者，零售信用也被广泛运用。值得注意的是，零售信用还可以分为如图 1-22 所示的几种信用类型。

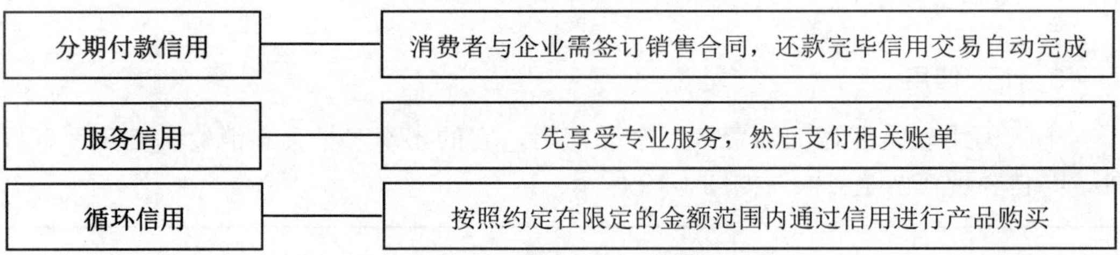

图 1-22　零售信用中的具体信用类型

专家提醒

循环信用与服务信用几乎完全相同，它们的不同点在于循环信用购买的是实际商品，而服务信用购买的是专业服务。

现金信用，其用途比零售信用更加广泛，可以说是零售信用的升级版，零售信用与现金信用的区别主要体现在如图 1-23 所示的两个方面。

零售信用	只能购买指定的商品或服务
现金信用	可以购买任意的商品和服务

图 1-23　零售信用与现金信用的主要区别

从偿还方式的角度，可以将现金信用分为如图 1-24 所示的几种信用类型。

单笔付款贷款	短期贷款，期限通常低于 1 年，一次性还清
分期付款贷款	通过固定且有规律的方式偿还贷款，需要提供财产收入证明
一般用途信用卡	发卡公司通过预算对贷款人设有信用额度，即最高限额

图 1-24　现金信用的具体信用类型

专家提醒

实际上，现金信用就是现金贷款，当消费者出于某些原因急需现金时，可以向银行等金融机构提出相关的贷款申请。

只要消费者平时积累了足够多的信用，就可以将这些信用转化为信用额度，从而获得满意的贷款金额。

4. 国际信用

除了上面提到的几种信用类别之外，还有一种信用——国际信用，主要是指国与国之间的借贷关系，国际信用包括如图 1-25 所示的几种形式。

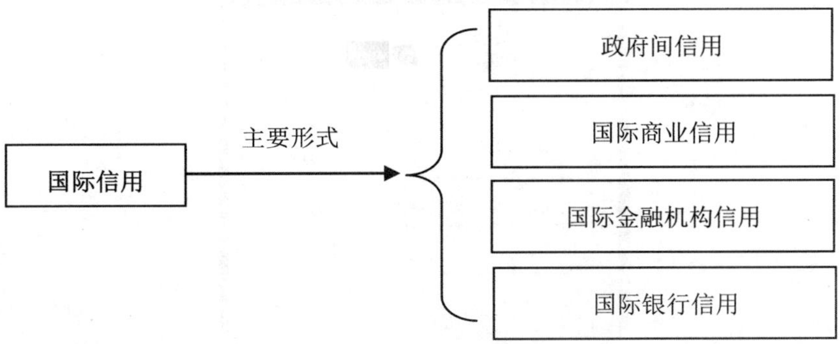

图 1-25　国际信用的主要形式

5. 网络信用

网络信用是专门为网站设计的，它对于电子商务的发展有着不可或缺的作用，网络信用主要以网络亮证为保障，很多人对网站都已经了如指掌，但对网络亮证还很陌生，实际上它的定义十分简单，具体内容如图 1-26 所示。

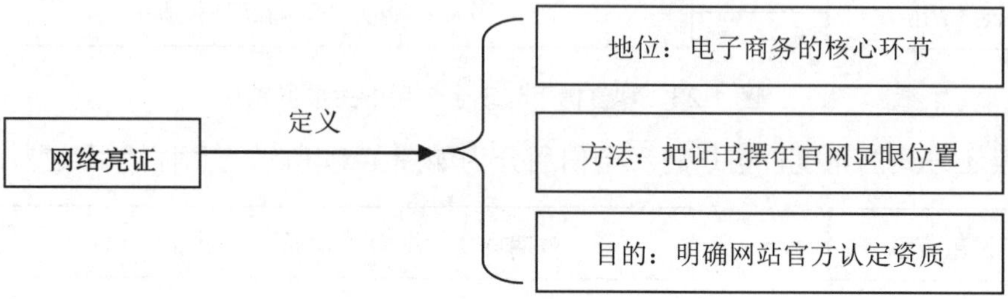

图 1-26　网络亮证的定义

图 1-27 所示为网易考拉海购的网络亮证，位于网页的最底端，带有显著的标识。同时，还可以对其进行点击进入认证页面，图 1-28 所示为网易考拉海购的诚信示范单位的电子认证书。

图 1-27　网易考拉海购网站的网络亮证

图 1-28　网易考拉海购诚信示范单位的电子认证书

在经营网站的过程中，不可避免地会遇到一些问题，网络亮证则是解决这些问题的工具，网络亮证的好处比比皆是，具体内容如图 1-29 所示。

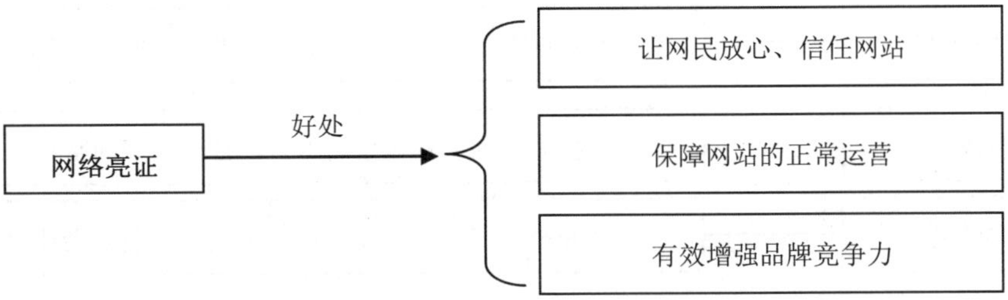

图 1-29　网络亮证的好处

信用可以根据不同的标准划分为不同的类别，但离不开国家、企业、个人三大主体，随着市场经济的不断深入发展，信用还会衍生出更多的表现形式。

1.1.3　信用的层次

信用对于市场经济的健康发展有着重要的作用，信用体系的建设对社会、企业、个人都有好处，那么，信用分为哪几个层次呢？下面详细为大家介绍社会信用体系的三个层次。

1. 文化层次

想要建设完整的社会信用体系，应该从文化方面的工作开始做起，信用文化的打造是基本的保障，对社会、企业、个人而言都是有好处的。这种好处具体体现在如图 1-30 所示的三个方面。

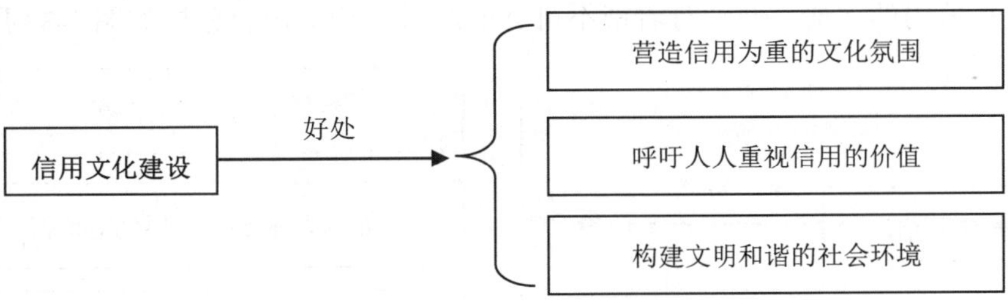

图 1-30　信用文化建设的好处

专家提醒

信用文化的建设，一方面是为了打造信用社会，鼓励人人都讲信用，从而促进社会的发展；另一方面是为了提升人们的道德素质，大力发扬优秀的传统文化精神，让信用成为宝贵的财富。

从文化层次来讲，信用的培育并不简单，但也不是无迹可寻，具体做法如图 1-31 所示。

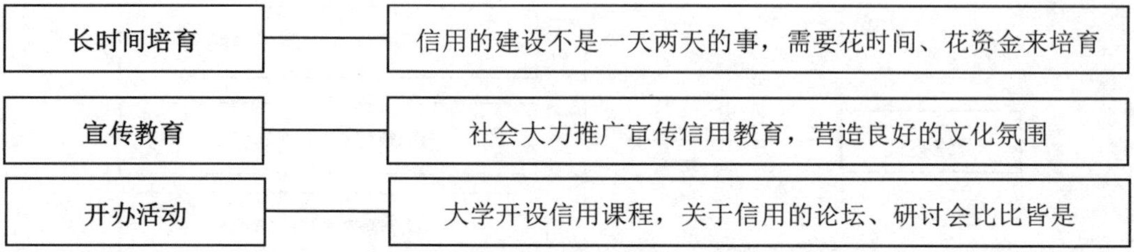

图 1-31　文化层次的信用培育

信用的文化层次主要是对信用的相关知识进行宣传，进而传播到更为广阔的领域，形成一种文化氛围，对人们产生潜移默化的影响。

2. 制度层次

既然已经形成了信用意识和文化，接下来就应该重视信用制度的建设。俗话说“没有规矩，不成方圆”，信用制度建设是社会信用体系的基础，主要可以从如图 1-32 所示的两个方面进行打造。

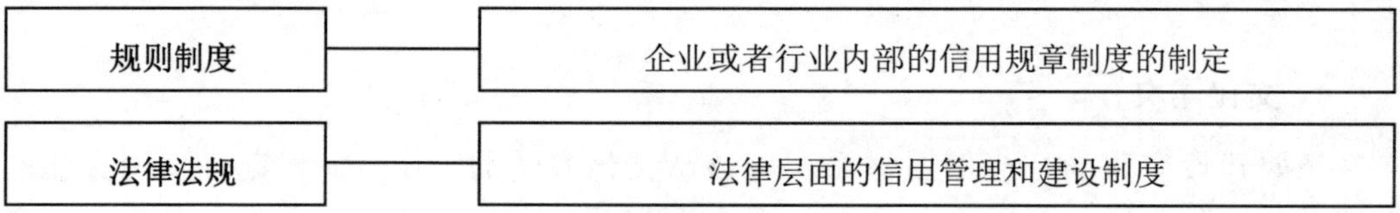

图 1-32　信用制度建设的方法

制度是信用的保证，两者有着密不可分的联系，相关内容分析如图 1-33 所示。

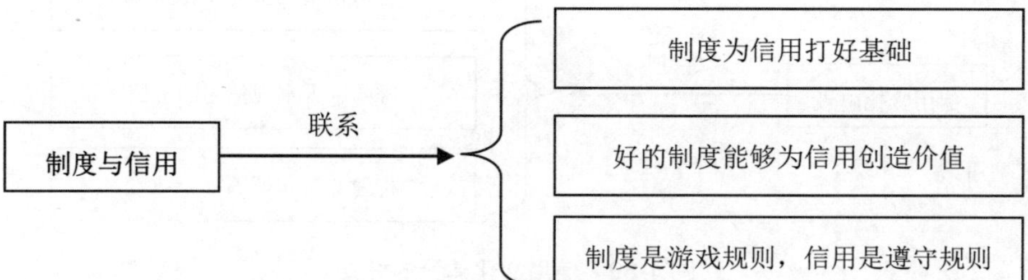

图 1-33　制度与信用的联系

如果制度无法保证信用机制的运转，没有带来经济效益和道德成效，就应该对制度进行改进。值得注意的是，在改进制度的时候，行之有效的办法就是让不遵守规则即无信用者付出相应的代价，从而给其他旁观者一个警示，有力维护信用制度的权威。

3. 技术层次

信用技术的建设是文化层次和制度层次建设的有力工具，同时也是必备硬件，只有信用文化和信用制度，社会信用体系是无法发挥作用的。那么，信用的技术层次需要用到哪些工具呢？笔者将其总结为如图 1-34 所示的四点。

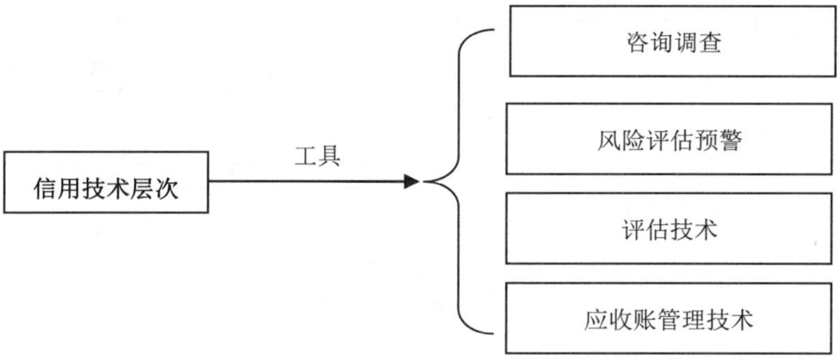

图 1-34　信用技术层次的工具

专家提醒

对于社会信用体系的建设而言，这三个层次都是彼此联系、互相影响的，只有三者协调发展，才能构建出良好的社会信用体系。

1.1.4　信用评级

信用评级诞生于 20 世纪的美国，一开始适用于铁路债券评级，后来不断拓展到各种金融产品和评估对象，它的主要功能是为社会提供资信信息，其内涵如图 1-35 所示。

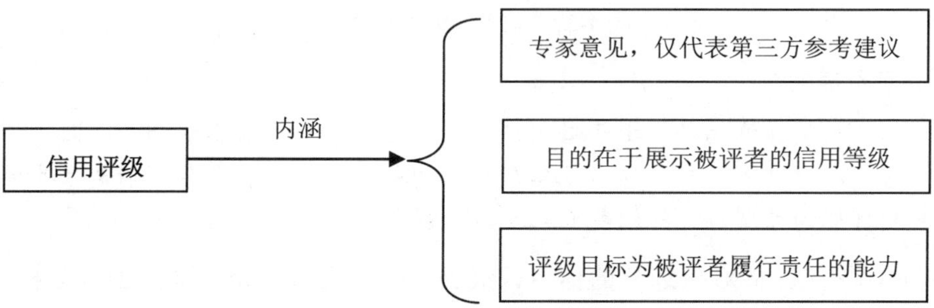

图 1-35　信用评级的内涵

信用是市场经济健康发展过程中不可缺少的一环，信用评级有利于维护社会经济秩序，防范信用风险，其优势主要体现在如图 1-36 所示的五个方面。

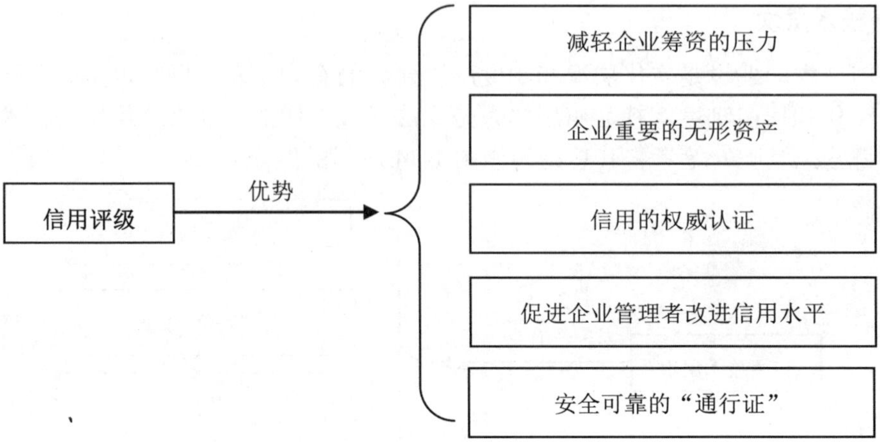

图 1-36　信用评级的优势

信用评级的分类不是单一划分的，它可以从不同的角度进行划分，主要包括如图 1-37 所示的几种评级分类角度。

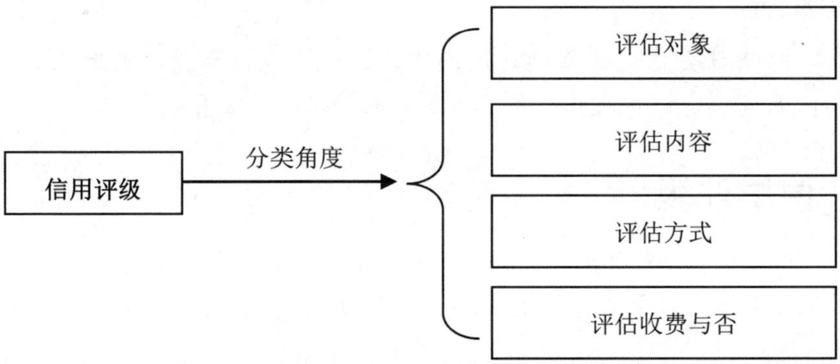

图 1-37　信用评级的分类角度

专家提醒

值得注意的是，由于信用评级的评估对象和要求不尽相同，因此评估内容和标准也不一样，这就让信用评级的程序变得有些复杂。但是只要厘清信用评级的类别，这些问题也就迎刃而解了。

首先，按照评估对象划分的信用评级类别，主要从三个大的方面来分析，即证券、企业、国家主权。当然，也有其他类型的信用评级，其具体分类内容如图 1-38 所示。

证券信用评级	以债券为主，优先股、基金、商业票据也可评级
企业信用评级	一般公司企业和各种金融组织机构的信用评级
国家主权信用评级	展示国家偿还能力和意愿，涉及范围较为广泛
其他信用评级	例如，项目信用评级，是指对某一特定项目的信用评级

图 1-38　按照评估对象划分的信用评级类别

其次，根据评估内容划分的信用评级类型，具体内容如图 1-39 所示。

综合评估	对各种债务情况进行整合评估，信用评级较为全面
单项评估	对单一债务进行专门评估，针对性强

图 1-39　根据评估内容划分的信用评级类型

再次，从评估方式角度划分的信用评级类型，具体内容如图 1-40 所示。

公开评估	评估的方式和过程都要公正公开，评估结果具有权威性
内部评估	评估结果不公开，只供内部参考

图 1-40　根据评估方式划分的信用评级类型

最后，从评估收费与否的角度进行信用评级的分类，其分类结果以及各自的特点如图 1-41 所示。

有偿评估	注重评级的客观公正性，实事求是为好
无偿评估	掌握的资料比较少，评估方法较为简单

图 1-41　根据评估收费与否划分的信用评级类型

了解了信用评级的分类，还应该对信用评级的常用方法进行初步的认识，信用评级的方法在信用评级的过程中有着举足轻重的地位，有利于信用的分析、研究和评价。下面主要介绍几种典型的信用评级的方法。

1. 5C 要素分析法

5C 要素分析法主要包括五个分析要点，具体内容如图 1-42 所示。

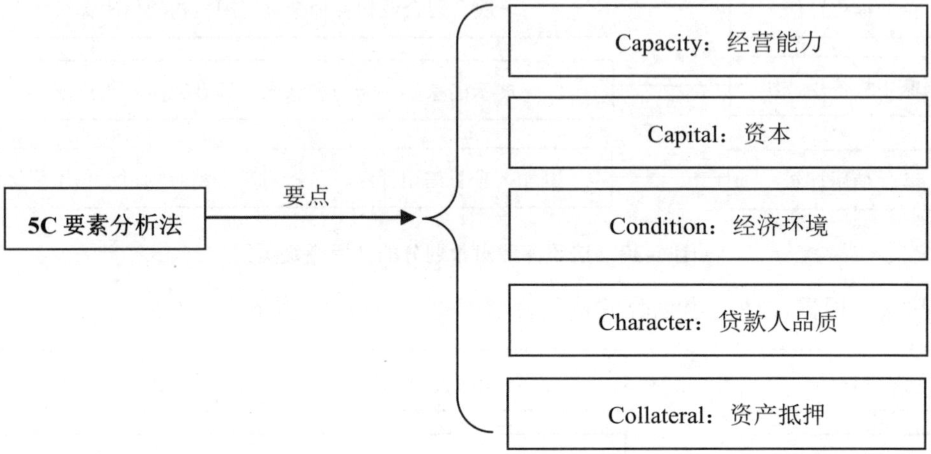

图 1-42　5C 要素分析法的要点

从这五个方面对信用进行评估，是要素分析法的一种，由于信用评级方法的选取角度不同，因此对要素含义的理解也有所区别，但总的来说，都离不开企业信用的影响因素。

2. 5P 要素分析法

5P 要素分析法与 5C 要素分析法大同小异，只是个别要素不一样，具体要点如图 1-43 所示。

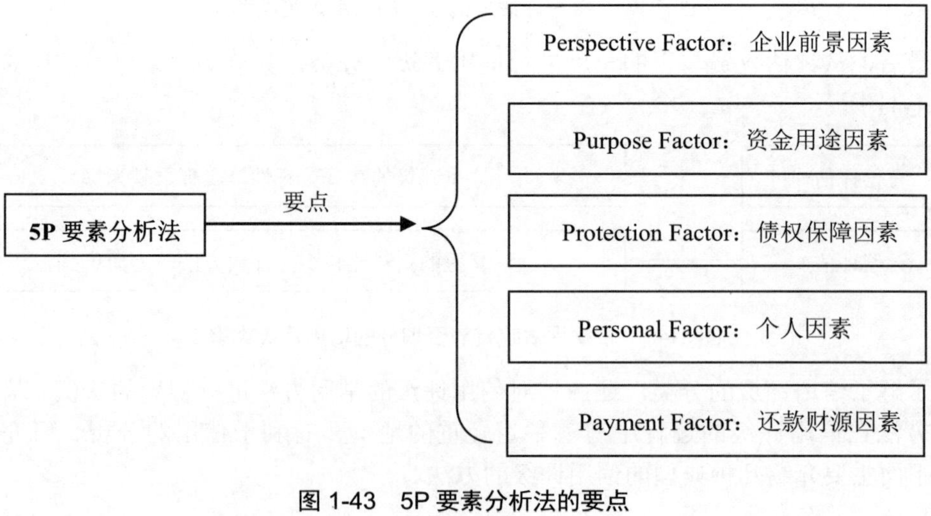

图 1-43　5P 要素分析法的要点

3. 加权评分法

加权评分法是综合分析法的一种，考虑得更为全面和细致，而且应用得比较广泛，其优点在于简单便捷、容易计算，而缺点则体现在如图 1-44 所示的三个方面。

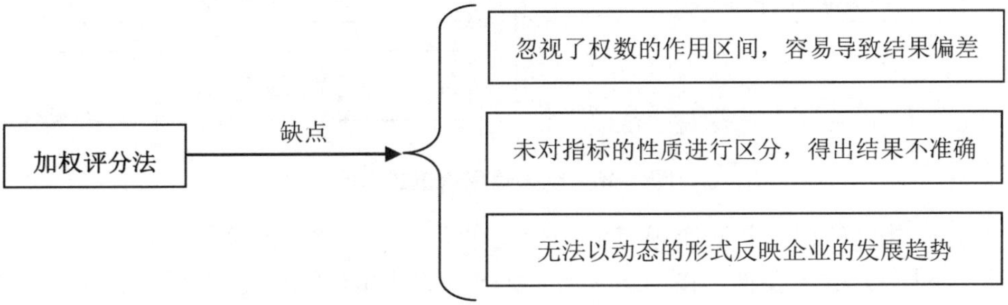

图 1-44　加权评分法的缺点

专家提醒

信用评级是一个比较严肃、公正的过程，同时具有综合性、公正性、复杂性、时效性、分析性等主要特征，国际上公认的信用评级机构分别为穆迪、标准普尔和惠誉国际。

1.1.5　信用价值

信用是无形的价值财富，当然也可以转变为有形的资产，信用价值的含义要点如图 1-45 所示。

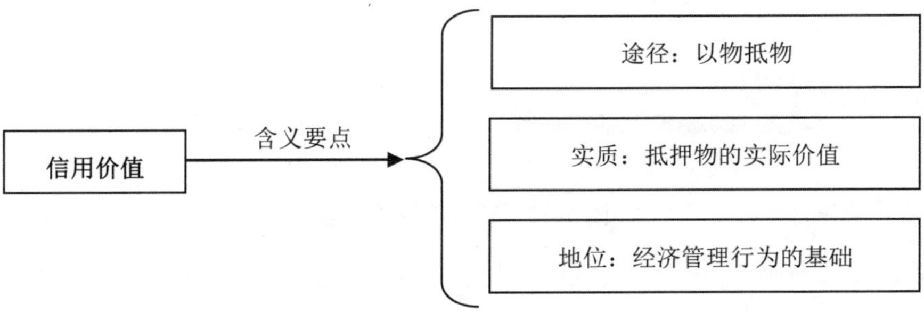

图 1-45　信用价值的含义要点

信用是价值运动的特殊表现形式，其代价是偿还原款和利息，价值则是商品的重要构成要素，凝结着人类的劳动。

对于个人来说，信用价值的作用能够给自己带来诸多好处，具体内容如图 1-46 所示。

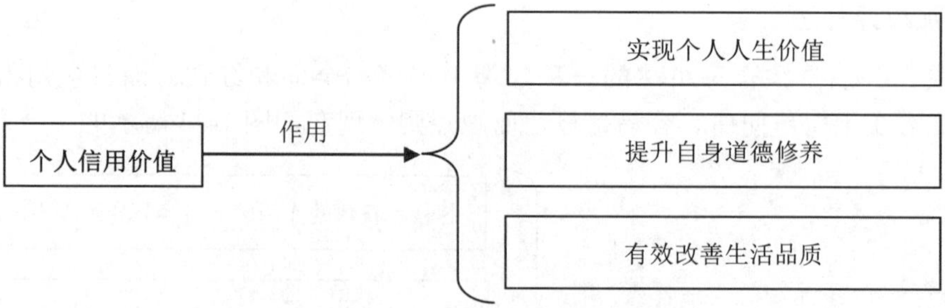

图 1-46　个人信用价值的作用

例如，芝麻信用就是一个很好的例子，“人无信不立，业无信不兴”，足以见得信用价值对个人的重要性。图 1-47 所示为芝麻信用的页面，左图展示的是信用分，右图展示的是信用等级的评分标准，主要从身份特质、人脉关系、履约能力、行为偏好、信用历史等五个方面进行评估。

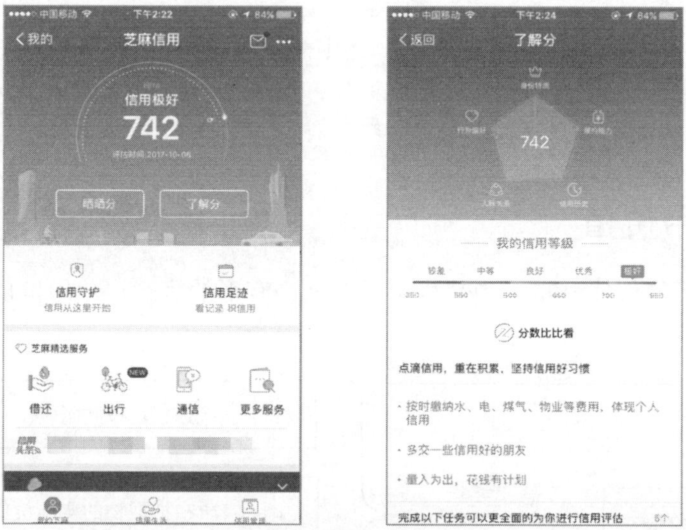

图 1-47　芝麻信用的页面

此外，还可以通过完善个人信息提升信用积分，如学历学籍、企业邮箱、车辆信息、职业信息以及公积金等。

仔细分析图 1-47 左图中的信息，除了比较醒目的信用分之外，还有“信用守护”和“信用足迹”，主要是为了维护个人信用积分的良好记录。

而图 1-47 中的四大版块——“借还”“出行”“通信”“更多服务”，就是信用价值的具体体现，消费者可以通过信用分的积累获得这些服务，图 1-48 所示为信用借还和信用出行的页面。

图 1-48　信用借还和信用出行页面

专家提醒

个人的信用价值可以转化为实际的便利，为个人的生活和工作带来不少好处，这就是“信用变现”，也就是信用价值的体现，信用不再局限于无形的资产，而转化为实实在在的可以即刻享受的服务和商品。

对于企业而言，信用价值的重要性也是不言而喻的，具体体现在如图 1-49 所示的四个方面。

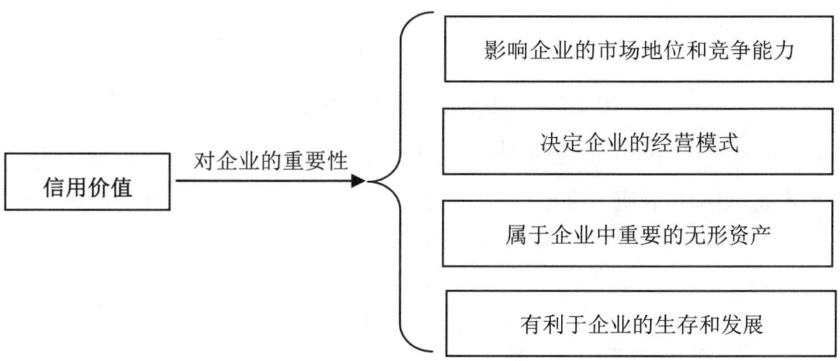

图 1-49　信用价值对企业的重要性

总而言之，信用价值是当今个人和企业都应该好好把握的财富，无论是在生活中，还是在与其他机构组织打交道的过程中，信用的作用都不可忽视。

1.1.6　信用的产物

在信用诞生成长的过程中，它孕育出了一系列的产物，其中比较常见的就是信用卡。除此之外，随着信用的不断发展，还衍生了一些新型的产物。总的来说，信用的产物主要包括如图 1-50 所示的几种。

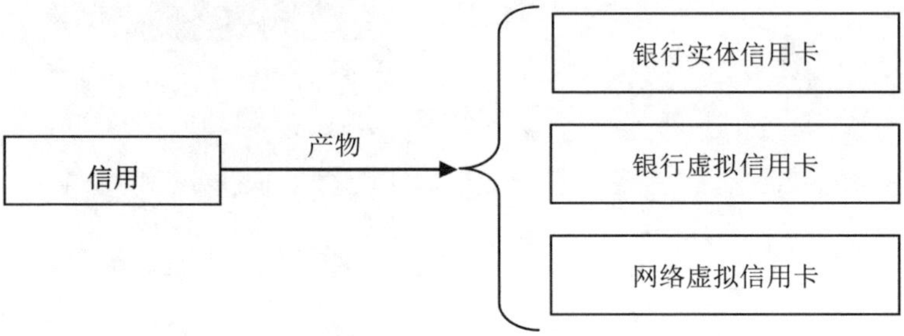

图 1-50　信用的产物

银行实体信用卡是最常见的一种信用产物，它出现得较早，是一种非现金交易，也是简单的信贷服务。银行实体信用卡的主要特点如图 1-51 所示。

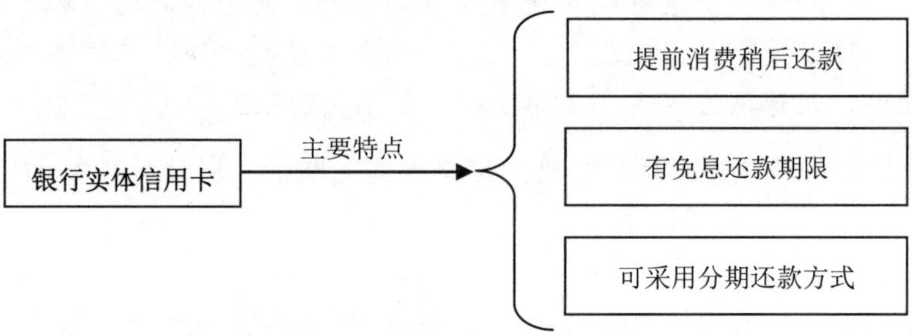

图 1-51　银行实体信用卡的主要特点

银行虚拟信用卡是银行实体卡的电子形式，以银联的账号为基础，主要在网上进行支付。网络虚拟信用卡则更加便捷，其优点体现在如图 1-52 所示的几个方面。

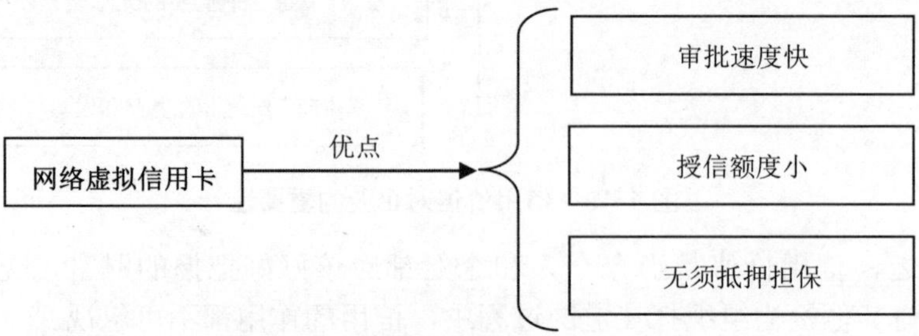

图 1-52　网络虚拟信用卡的优点

信用的产物也是本书所要重点讲解的三大知识点之一，在后面的章节中将会从不同的角度对其进行详细介绍。

1.1.7 信用的发展趋势

信用的发展趋势也是信用的表现形式的演进，从古至今，信用的发展经历了不少风风雨雨，其表现形式也发生了巨大的变化，其演进历程如图 1-53 所示。

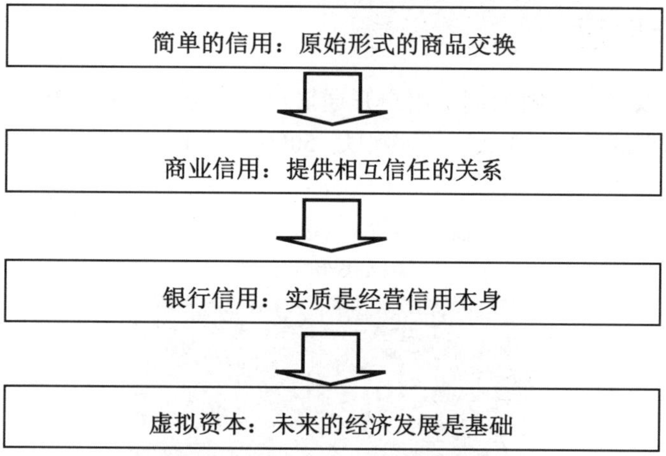

图 1-53 信用表现方式的发展历程

从信用的演变历程可以看出，信用的表现方式随着时代的发展而不断改变，其大致趋势如图 1-54 所示。

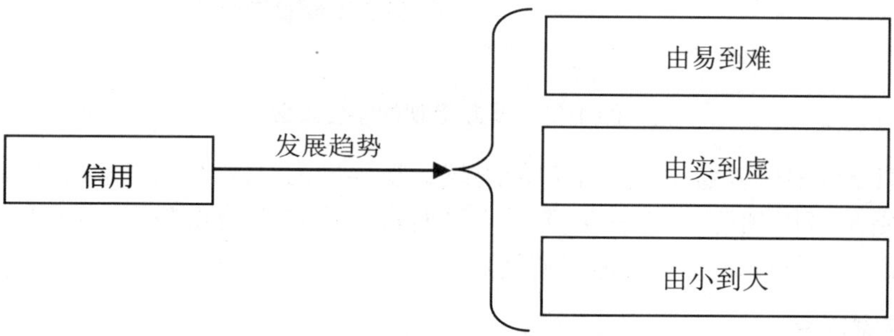

图 1-54 信用的发展趋势

专家提醒

信用的发展趋势既是市场经济的反映，也是人们渴求提高生活质量的体现，以后可能会出现更多不同形式的信用形式。

1.2　6 个额度告诉你什么是信用价值

信用价值可以从“信用额度”这个角度来诠释，主要从透支额度、日常借贷、资产抵押、信用资产等方面来衡量，要想了解信用价值的全面知识，应该从了解以下 6 个额度开始做起。

1.2.1　办卡额度

办卡额度，以蚂蚁借呗为例，用户开通账户后，它就会根据用户的信用价值设定一定的额度，如有的是 1000 元，有的则是 5000 元，图 1-55 所示为蚂蚁借呗的额度页面。

图 1-55　蚂蚁借呗的额度页面

从图 1-55 中可以看出，该用户的蚂蚁借呗额度为 10000 元，而上面显示的白色字体数字则是可用额度——4500 元。一般而言，用户消费得越多，而且信用状况良好，其蚂蚁借呗额度就会相应地有所增加。

专家提醒

不管是银行实体信用卡，还是银行虚拟信用卡，都与网络虚拟信用卡相类似，办卡额度都是用户信用价值的具体体现。因此，平时注重信用的积累是很重要的，有助于额度的增加。

1.2.2 透支额度

透支额度指的是信用卡最高可以使用的额度，透支额度的高低与信用卡持有者的信用息息相关，两者之间的关系如图 1-56 所示。

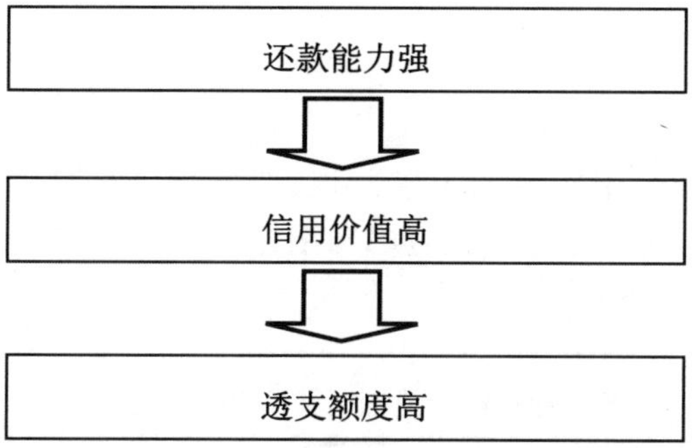

图 1-56　透支额度与持卡者信用度的关系分析

值得注意的是，信用卡的透支额度与持卡者的各方面经济能力也是相关的，主要是收入证明和资产担保两方面，其中，资产担保的具体内容如图 1-57 所示。

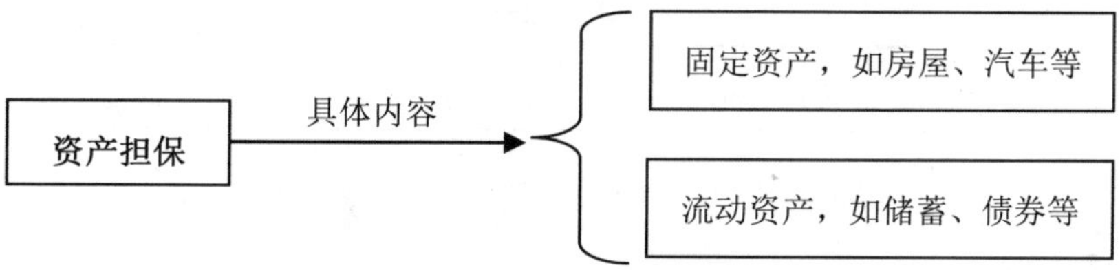

图 1-57　资产担保的具体内容

一般而言，透支额度也就是消费额度，如果想要提升可透支额度，可以从如图 1-58 所示的两个方面进行努力。

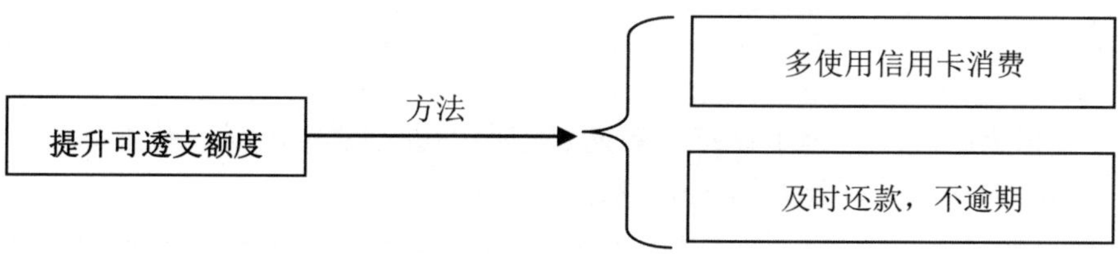

图 1-58　提升可透支额度的方法

专家提醒

普通的信用卡一开始的透支额度在 5000～8000 元，如果想要取现，额度一般为 2000 元。当然，透支额度可以不断增加，前提是必须合理利用信用卡。

1.2.3 临时额度

临时额度很好理解，就是指临时调整的信用额度，这也是信用价值的体现。通常在哪些情况下银行会给持卡者调整临时额度呢？主要分为两种情况，下面为大家详细介绍。

1. 持卡者申请调整

在持卡者需要提升信用额度的时候，也就是原有的信用额度不够用的时候，例如，房子要装修、想出去旅游等，就可以向银行提出调整额度的请求。持卡者申请调整临时额度的过程如图 1-59 所示。

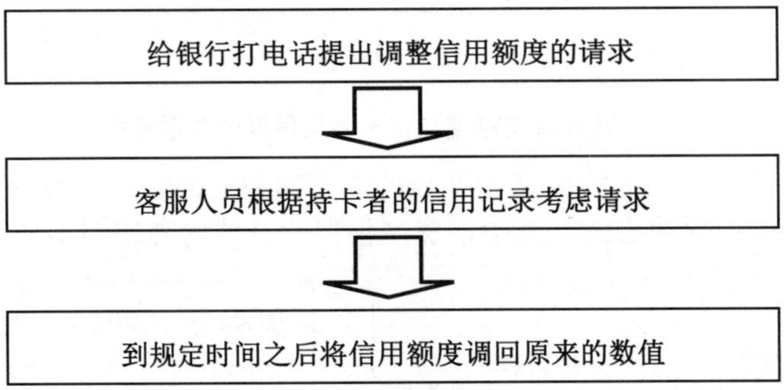

图 1-59　持卡者申请调整临时额度的步骤

专家提醒

临时信用额度的提升范围一般控制在固定额度的 20%～50%，当然，提升临时信用额度的基本前提是持卡者的信用记录保持良好，不能出现逾期或者其他不良行为，否则就无法成功申请临时信用额度的调整。

2. 银行主动调整

在节假日来临之际，为了让持卡者通过信用卡进行消费，银行会主动对持卡者的额度进行临时调整，其好处如图 1-60 所示。

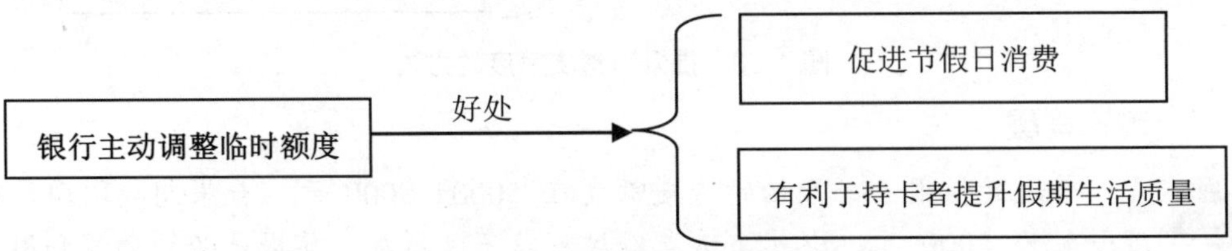

图 1-60　银行主动调整临时额度的好处

银行主动调整的临时额度一般是固定额度的 20%，而且在节假日结束后的一个月内就会调整回原有的固定额度。临时额度主要是为了促进消费，也是持卡者解燃眉之急的一种有效途径。

1.2.4 贷款额度

贷款额度是指信用卡现金分期的额度，很多人只知道信用卡可以刷卡消费和取现，但却不知道信用卡还可以用来贷款。

事实上，信用卡贷款就是信用卡现金分期。那么，现金分期到底是什么意思呢？其定义要点如图 1-61 所示。

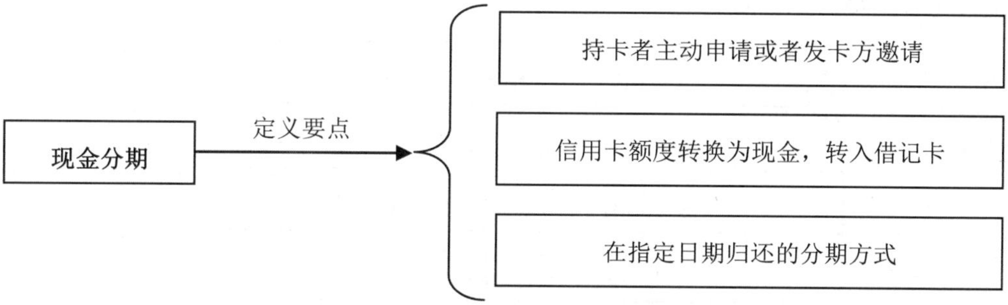

图 1-61　现金分期的定义要点

贷款额度根据信用额度而定，一般不会超过信用额度，同时根据银行的不同，贷款额度也不尽相同。绝大部分银行都提供了现金分期业务，典型的例子如图 1-62 所示。

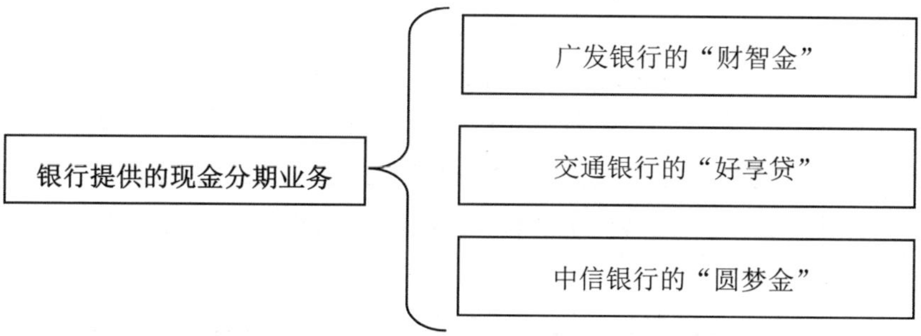

图 1-62　银行提供的现金分期业务

虽然大部分银行的贷款额度在信用额度范围内，但也有的银行较为特殊，如中信银行的“圆梦金”，贷款额度就可以达到信用额度的 3 倍。贷款额度的多少与持卡者的信用是分不开的，因此可以看出无论哪个银行的额度，都是信用在为其做支撑，而且体现了信用的具体价值。

专家提醒

在申请信用卡贷款时，应该提前了解各大银行的相关注意事项，如额度、到账时间、收费信息等，有的银行对于资金的用途还有专门的规定，如招商银行规定贷款不得用于投资，仅限于消费。

1.2.5 资产抵押额度

资产抵押额度是指借款人通过房屋、汽车等自有资产作为抵押获得的贷款额度，要了解资产抵押额度，首先就要弄清楚资产抵押银行贷款的程序，图 1-63 所示为房产抵押银行贷款的具体步骤。

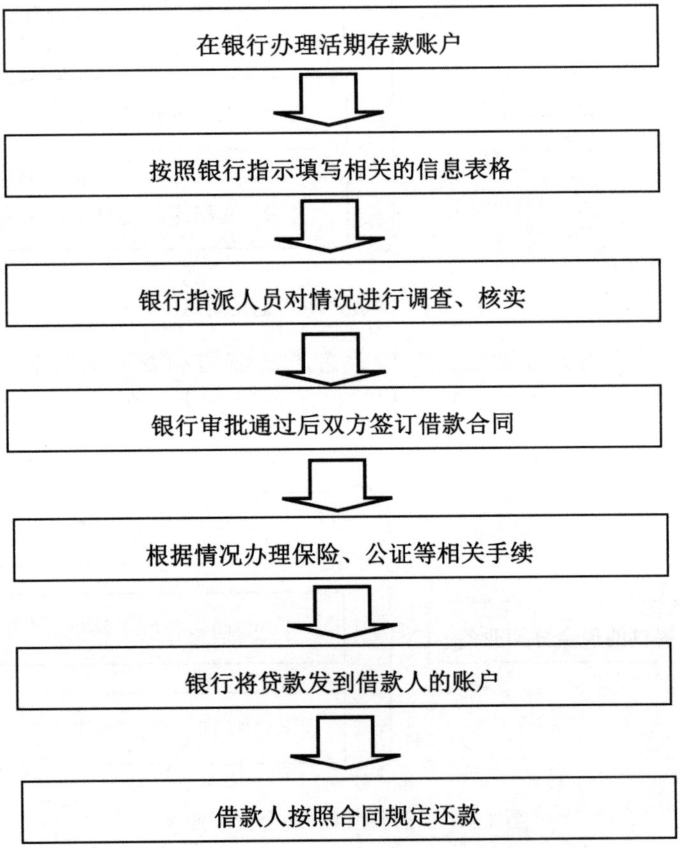

图 1-63　房产抵押银行贷款的程序

资产抵押贷款适用于工作收入相对不太稳定的借款者，或者是借贷额度高的借款者，一般而言，银行可以接受的抵押物包括如图 1-64 所示的几种类型。

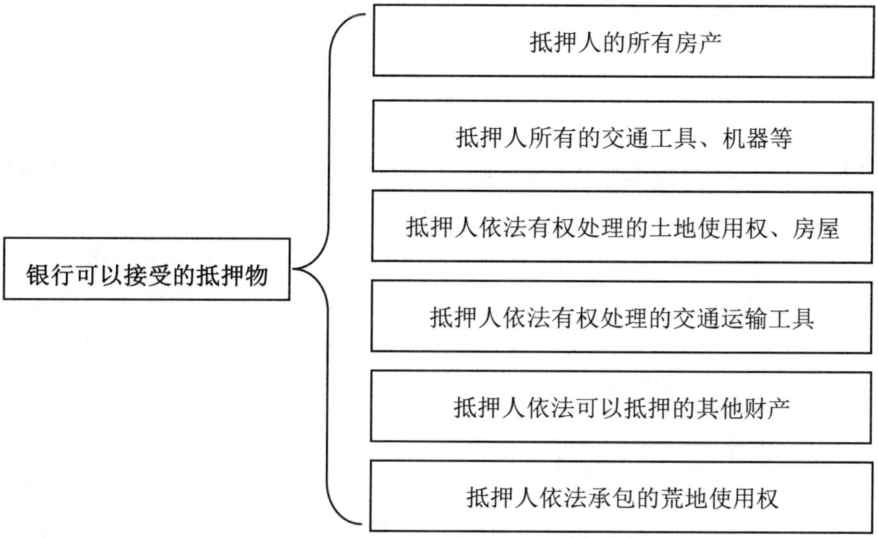

图 1-64　银行可以接受的抵押物

资产抵押额度与信用价值也是分不开的，因为良好的信用记录是抵押贷款的敲门砖，同时，资产抵押额度的高低还取决于借款人资产的多少，这也是显而易见的。

1.2.6　信用资产额度

信用资产额度是信用价值的集中体现，同时证明了良好的信用是赢得财富的原因，信用资产额度的多少主要取决于如图 1-65 所示的几个因素。

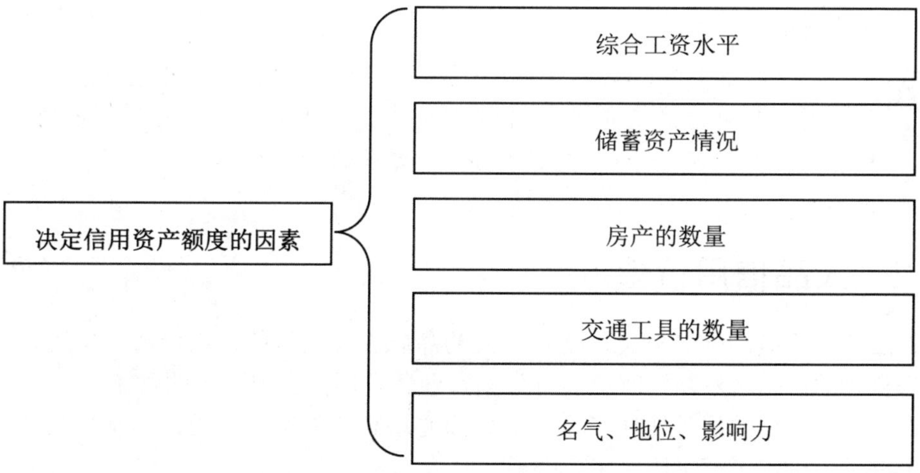

图 1-65　决定信用资产额度的因素

信用资产额度就是信用究竟能带来多少价值，这个价值既是抽象的，又是具体的，信用对我们的生活产生了巨大的影响，颠覆了以往我们对于信用价值的认知。我们必须认识到，只要懂得利用和掌握信用，它的价值可能远远不止百万。

1.3 人品信用价值：信用是“经济身份证”

信用在人类社会中一直扮演着十分重要的角色，而且起到越来越重要的作用。对于个人而言，信用就是一张“经济身份证”，言而有信的人走到哪里都会受欢迎，言而无信的人则会受到他人的指责，无论从道德伦理角度，还是从经济角度来看，人品信用价值都是一笔宝贵的财富。

1.3.1 一诺千金，信用＝财富

信用就是财富，相信很多人对这句话已经耳熟能详，事实也是如此。信用的积累就是财富的积累。

例如，有两个和你关系都不错的朋友同时向你借钱，一个说到做到，从不失信于人；另一个则是言而无信，经常失信于人，你会把钱借给谁？一般的人都会选择把钱借给讲信用的朋友，因为“有借有还，再借不难”。看重信用的人会信守承诺，还钱更加有保障，这就是信用的力量。

一个人处于社会生活之中，并不是孤立地存在，而是与身边的人密切联系的，信用的作用就体现在人与人之间的交往中。小到个人、企业，大到国家、国际，都需要信用来维持秩序。

专家提醒

“一诺千金”，出自《史记·季布栾布列传》：“得黄金百，不如得季布一诺。”讲述的就是关于信用的故事。古时候讲求信用，注重的是道德素质的提升，而如今的信用则包含了更多的价值内容，包括经济、文化、法律等。

1.3.2 人品信用价值

人品信用价值，顾名思义，就是个人的品质表现获得的信用价值。信用是你向别人推广自己的一张名片，同时也能有效拓宽业务范围，赢得更多的财富。

人品信用价值的好处比比皆是，需要用心培育才能发挥作用，其优势具体体现在如图 1-66 所示的三个方面。

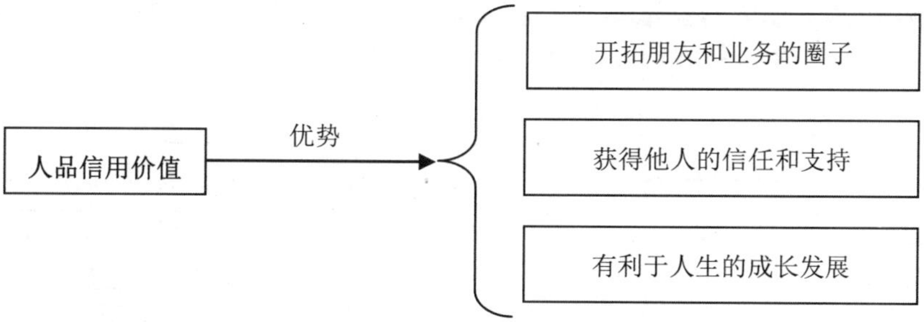

图 1-66　人品信用价值的优势

随着社会经济的不断发展，个人的一举一动都是信用的表现形式，无论是在工作还是生活中，都会产生相应的信用记录，具体形式如图 1-67 所示。

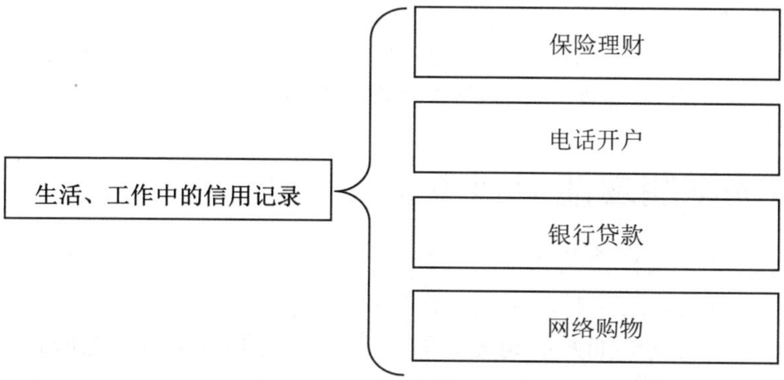

图 1-67　生活、工作中的信用记录

个人的信用状况已经逐步转变为“经济身份证”，也就是说，人品信用价值正在逐步提升，它在社会生活中的地位越来越重要，这也是我们要重视信用的原因。

1.3.3　跟亲戚能借到多少钱

人品信用价值的多少主要从身边亲人朋友的角度来衡量，假如你现在由于某些原因急需资金，你有如图 1-68 所示的三种办法可以筹到钱。

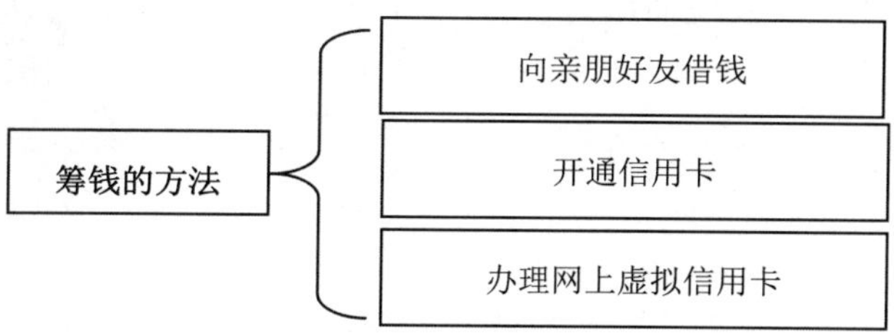

图 1-68　筹钱的方法

向亲戚借钱是筹钱的办法之一，但亲戚是否愿意借钱给你呢？这就涉及信用的问题，信用又与自身拥有的各方面条件分不开，这些条件主要包括如图 1-69 所示的几点。

工作情况	工作稳定且收入比较固定，有保障
信用历史	借贷情况良好，没有不良记录
资产情况	有一定的固定资产，家庭情况稳定

图 1-69　向亲戚借钱需要具备的条件

专家提醒

人品信用价值也是一种财富，它在日常借贷方面起着不可替代的作用，亲戚不会无条件借钱给你，除非你的信用达到一定价值。

1.3.4　跟同学朋友能借到多少钱

同学朋友也是个人社会关系中重要的一环，通常我们在遇到困难或者棘手的事，都会找同学朋友帮忙，这也是基于朋友之间的往来。

人品信用价值从同学朋友的角度来看主要体现在跟同学朋友能借到多少钱，假如你现在需要买房子，还差 2 万块钱，想向同学朋友借，能有多少同学朋友愿意助你一臂之力呢？

这就是考验人品信用价值的时刻，如果你平时“有借有还”，而且言出必行，没有任何不良的信用历史，那么你的同学朋友很有可能毫不犹豫地把钱借给你；相反，如果你平时的信用记录存在哪怕一个小小的污点，就会影响同学朋友对你的信用判断，很有可能没有人会借钱给你。

这就是人品信用价值的力量，虽然在日常生活中没有人会注意到这些细节，但如果真的遇到需要向身边的朋友求助的情况，就只有依靠平时积累的人品信用。信用可能更值钱，只是你还没有发现而已。

第 2 章

信用是最大的资本，如何增值最大化？

学前提示

信用既是一种财富，也是资本的表现形式，要想将信用转换为资产，就要学会为信用增值。

值得注意的是，虽然信用本身就是一种资本，但如果不懂得利用，就无法展示其较好的效果。因此，信用增值可以从资产、人品、消费等角度来进行探索，本章将详细介绍增值技巧。

要点展示

- 资产增值：资产额度的提升
- 人品增值：信守承诺的保障
- 信用增值：信用分数的增加
- 消费增值：良好的消费习惯

2.1 资产增值：资产额度的提升

从资产角度让信用额度进行增值，实际上就是研究各种额度的提升方法，信用的价值前面已经提到过，那么具体要怎么做才能使得资产额度增值呢？本节从可用额度、抵押额度、贷款额度等三个方面来讲述资产增值的具体方法。

2.1.1 可用额度的增加

可用额度是指还没有被使用的额度，一般来说，可用额度会随着消费的增加而减少。普通信用卡的可用额度计算方式为：

可用额度=银行核定的信用额度-尚未交还的账单上欠款-
未入账但已发生的交易金额-其他相关利息、费用

蚂蚁花呗的可用额度可能稍有不同，但总体还是一致的，其可用额度也会随着每一次消费相应地减少，图 2-1 所示为蚂蚁花呗的可用额度。

图 2-1 蚂蚁花呗的可用额度

专家提醒

从图 2-1 中可以看出，总额度为 5000 元，已使用 4080.7 元，可用额度为 919.3 元，右上角的明细就是已经使用的额度具体支出，每一笔都会详细记载，让用户清楚自己的额度明细。

那么，究竟是哪些额度占用了蚂蚁花呗的可用额度呢？笔者将其总结为如图 2-2 所示的几点。

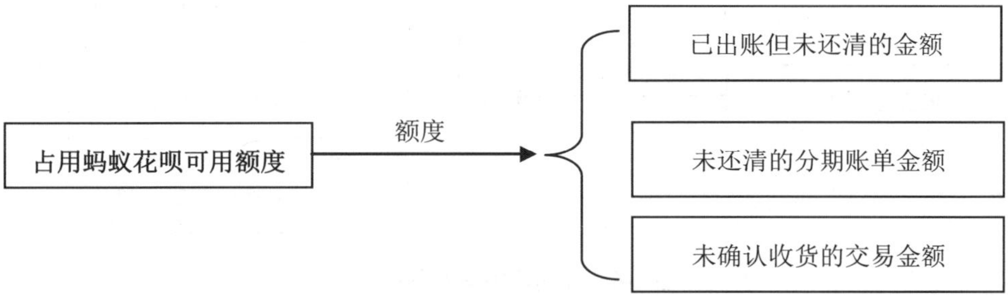

图 2-2　占用蚂蚁花呗可用额度的额度

因此，用户想要提升蚂蚁花呗的可用额度，可以从这几个方面入手。总之，可用额度的增加需要根据对象的不同从而设计不同的方案，围绕信用的培育进行即可。

2.1.2　抵押额度的增加

抵押贷款的额度通常存在于银行贷款中，其中房产的抵押又是抵押贷款中的重点。一般而言，个人抵押类消费贷款的抵押额度的算法为：

贷款额度=抵押物价值×抵押率(即贷款成数)

从这个公式可以看出，抵押额度的增加可以从两个大的方向入手，即提升抵押物价值和提高抵押率。下面详细介绍具体的增值技巧。

1. 提升抵押物价值

提升抵押物价值的方法通常分为三种，具体内容如图 2-3 所示。

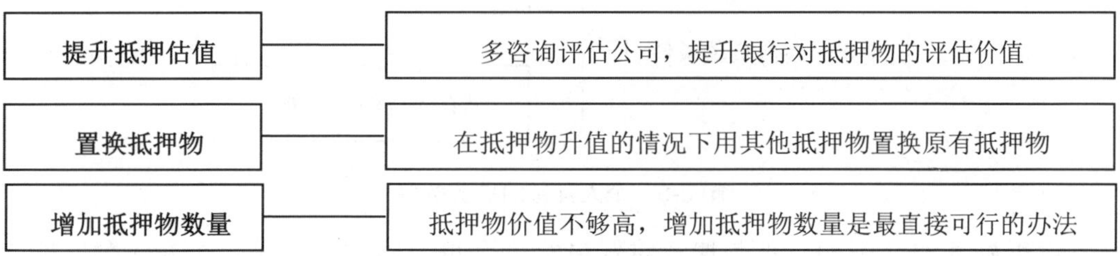

图 2-3　提升抵押物价值的办法

2. 提高抵押率

一般而言，银行会根据抵押物的评估价值来确定贷款抵押率，通常范围在抵押物价值的 50%～70%，当然，具体的抵押率还是要对贷款人的各方面情况和抵押物评估价值进行调查后才能确定，这个确定工作是由银行的信贷人员来完成的，因此，可以此为突破点，研究如何提高抵押率，具体方法如图 2-4 所示。

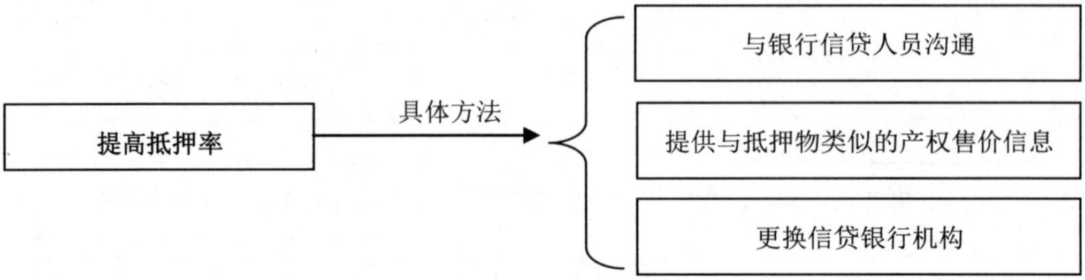

图 2-4　提高抵押率的具体方法

专家提醒

当然，个人信用也是提升抵押额度的有力保障，如果你的工资、储蓄、家庭等都比较稳定，那么，银行也会相应地增加抵押额度。

2.1.3　贷款额度的增加

贷款额度的增加可以从企业和个人两个方面入手，由于贷款额度也与信用额度密切相关，因此企业和个人都要重视信用价值的作用。

1. 个人贷款额度的增加

对于个人而言，银行之所以会贷款给你，是因为你基本具备了如图 2-5 所示的两个条件。

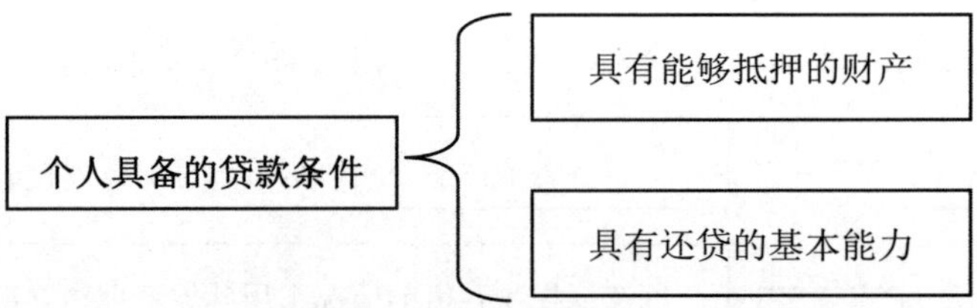

图 2-5　个人具备的贷款条件

这很好理解，例如，你是愿意将钱借给一个百万富翁，还是一个身无分文的乞丐？显而易见，乞丐没有资产，也不具备还款能力，因此你不会选择借钱给他。银行也是如此，如果一个人想要从银行获得高额的贷款，就需要出示自己资产和能力的相关证明，这样才能获得银行的信任。

因此，个人想要提升贷款额度，应该从如图 2-6 所示的几个方面做起。

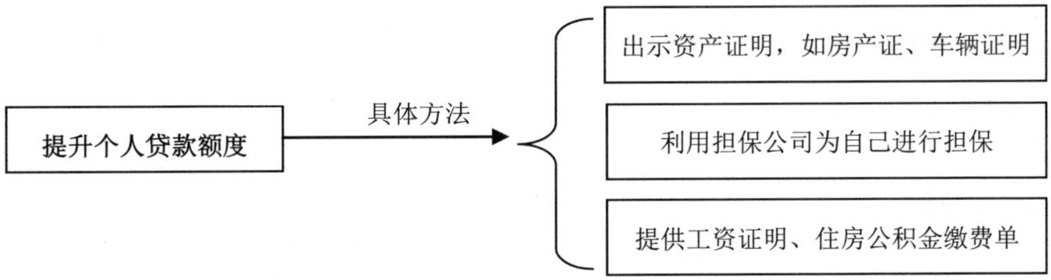

图 2-6　提升个人贷款额度的具体方法

专家提醒

如果是企业的管理者或者领导者个人进行银行贷款，可以通过提供信用卡消费记录和还款记录展示自己的良好信用记录，同时学历证明、专利证明以及获奖证明等都可以帮助个人提升贷款额度。

2. 企业贷款额度的增加

企业贷款额度的增加，大致方向与个人相同，但在细节上有些许差别。因为企业是比个人更复杂的组织结构，所以提升贷款额度的方法有所不同，具体方法如图 2-7 所示。

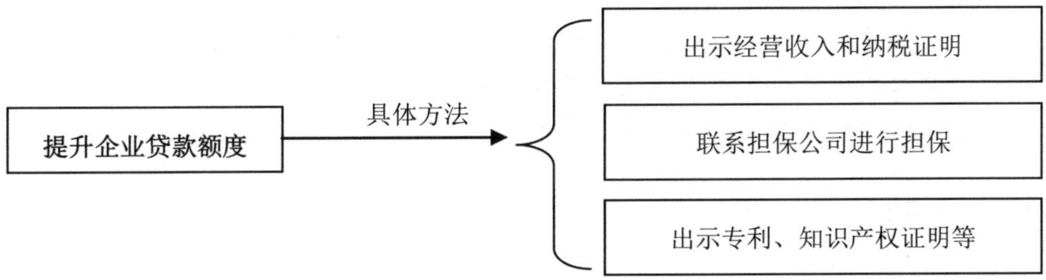

图 2-7　提升企业贷款额度的具体方法

此外，企业想要提升贷款额度，还可以对各大银行进行调查和比较，不急于一时，看准了额度和贷款利率再贷款，这样也有利于贷款额度的增加。

2.2　人品增值：信守承诺的保障

人品增值实际上就是信用的增值，因为只有信守承诺才能提升人品价值，无论是个人还是企业，都应该注重人品价值的提升，否则就无法取得别人的信任，人品信用价值也就无从谈起。

2.2.1 有借有还

俗话说："有借有还，再借不难。"向别人借钱靠的是信用，如果没有信用作为保障，是很难借到钱的。失信于人不仅容易影响自己的人品价值，还可能会影响到家庭的信誉问题。

想要从人品方面进行信用增值，需要从如图 2-8 所示的几个方面进行努力。

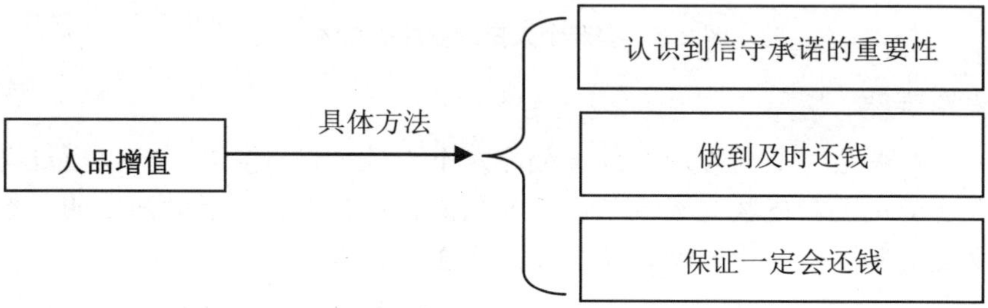

图 2-8 人品增值的具体方法

"有借有还，再借不难。"这句话虽然听起来简单，其实蕴含了丰富的信息，人品价值的增值就是依靠人的守信。

专家提醒

如果一个人借了钱会及时归还，而且确保每次都会还清，就更加容易得到他人的信任，下次借钱就会更加便利。因为这个人已经在别人心中留下了守信的印象，形成了良好的信用记录，人品自然也就增值了。

2.2.2 提前、多还

人品增值除了确保借了钱一定会还的方法之外，还可以通过提前、多还的方式赢得他人的信任。

信用一直没有引起人们足够的重视，很多人都拥有不守时、不守信用的不良习惯，而且他们不以为然，甚至对此熟视无睹。实际上，这对他们的人品增值造成了恶劣的影响，在借钱等方面可能会遇到难题。

如果借钱之后提前还款，就会让被借方感到有保障，如果还附上一些利息，就更容易取得对方的信任。如何使得人品增值也是一种与人交往的技巧，这个技巧具体体现在如图 2-9 所示的几个方面。

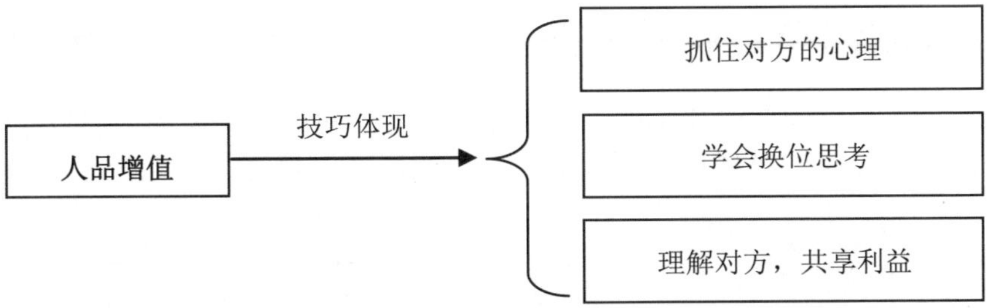

图 2-9　人品增值的技巧体现

2.3　信用增值：信用分数的增加

信用增值是本章的核心，如何提升信用分数是信用增值的关键。要想让亲朋好友以及银行信任你，愿意借钱给你，就要证明你拥有良好的信用历史和稳固的职位。随着信用地位的逐渐上升，以及社会对信用的重视程度的提升，信用增值越来越不可忽视。

2.3.1　确保你的职业正当且稳定

要想取得银行和他人的信任，正当稳定的职业是较好的保障。举个简单的例子，当一个月收入 3000 元的公务员和一个月收入 4000 元的私营企业员工同时向银行大额贷款时，银行更愿意将钱借贷给公务员。这是为什么呢？笔者将其原因大致总结为如图 2-10 所示的几点。

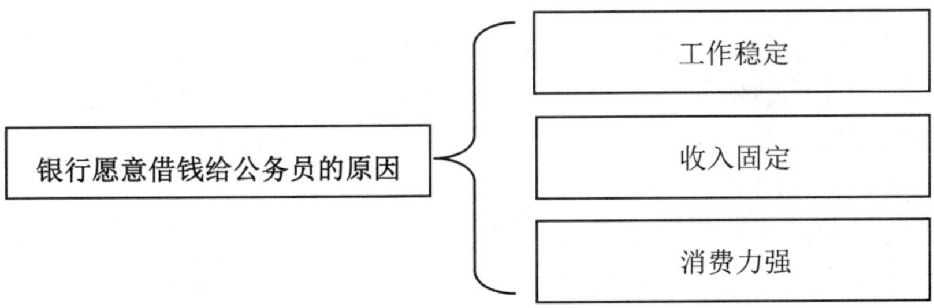

图 2-10　银行愿意借钱给公务员的原因

可以看出，稳定职业对于信用增值的作用是不言而喻的，而且银行会根据职业的稳定性来确定贷款人的信用额度，因为这些人员不仅消费能力较高，而且还款能力也较强。稳定的职业有利于信用的增值，同时还能借贷到更高额度的资金，对贷款人而言十分有利。

2.3.2 证明你有足够的资产

当然，拥有稳定的职业还不够，如果贷款人能够通过相关证书证明自己有足够的资产，就更容易使得信用增值。一般而言，证明资产充足的方法包括如图 2-11 所示的几种。

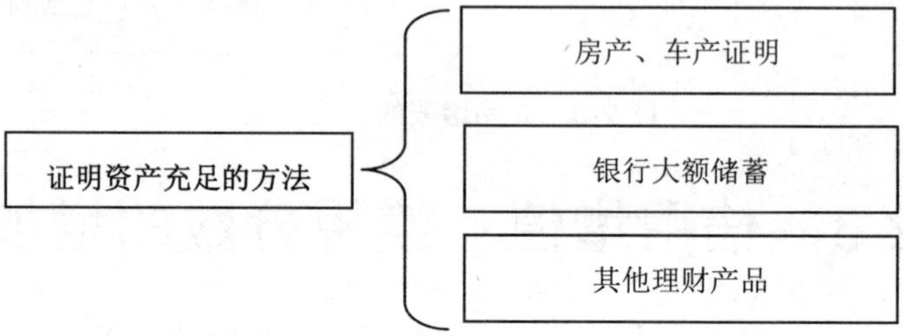

图 2-11　证明资产充足的方法

通过各种证明可以让银行觉得你有足够的还款能力，这也是信用增值的一种良好方法。

专家提醒

需要注意的是，资产的证明仅仅是一种形式，不能作为抵押物进行抵押，它本身不存在价值，是一种体现信用的方式。

2.3.3 减少所欠的债务金额

增加信用分数还有一大技巧就是减少所欠的债务金额，欠债金额会影响借贷人的信用问题。举个简单的例子，如果一个欠了很多债务的人向你借钱，你是否会对他的还款能力产生怀疑呢？答案是肯定的，与一个没有债务问题的人相比，欠债金额较大的人再次借贷会比较困难。

因此，信用增值的较好办法就是尽量减少所欠债务金额，增加他人对自己的信任感，当然也需要注意一些误区，具体内容如图 2-12 所示。

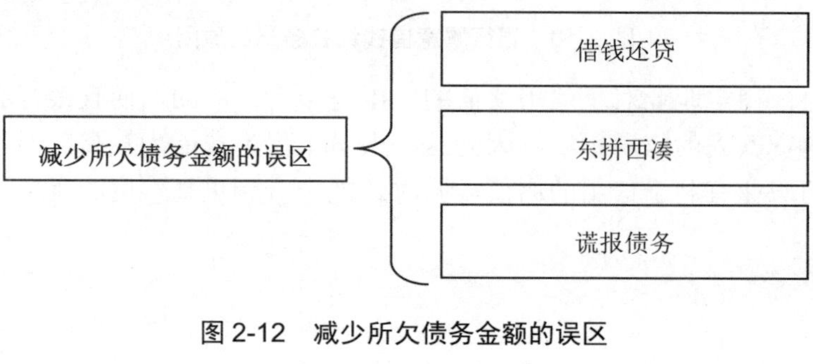

图 2-12　减少所欠债务金额的误区

2.3.4 没有不良贷款记录

不良贷款记录是信用增值的较大阻碍，因为信用问题比较特殊，尽管很小的污点，都有可能被看作是大问题。因此，保持良好的贷款记录是增加信用分数的前提，一般的信用记录通常包括如图 2-13 所示的几点。

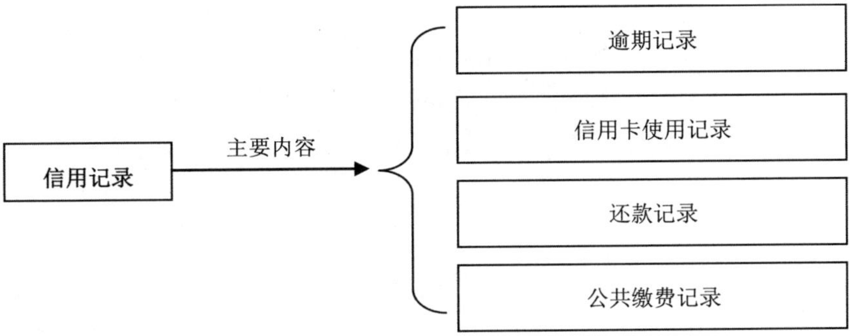

图 2-13 信用记录的主要内容

从这些信用记录中可以看出一个人的信用情况，同时也可以了解一个人的偿还能力，一般信用记录良好的人都会得到更高额度的贷款。

专家提醒

值得注意的是，并不是有过不良的贷款记录就无法再次进行贷款了，但相对来说，信用价值会有所降低。当然，你也可以对以前的不良贷款记录做出弥补，但效果不如一直保持良好信用记录那么好。

2.3.5 各种信用积分要保持好

保持信用积分也是信用增值的良好途径，很多人使用信用卡就是因为信用积分可以兑换礼物，那么，应该如何提升信用积分呢？具体方法如图 2-14 所示。

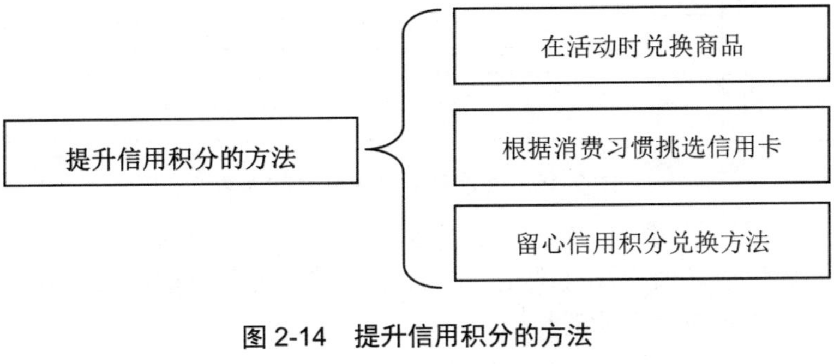

图 2-14 提升信用积分的方法

信用积分的保持不仅要懂得积累，更重要的是知道使用的相关技巧，这样才能既增加信用分数，又收获了实际利益。

对于芝麻信用而言，信用积分的技巧更加多样，图 2-15 所示为芝麻信用的积分组成。

图 2-15　芝麻信用的积分组成

从图 2-15 中可以看出，影响芝麻信用积分的因素主要包括五点，具体如图 2-16 所示。

身份	基本信息，如学历学籍、公司邮箱、驾驶信息等
履约	资产信息，如房产、公积金、车产等
历史	信用历史，按时履约有助于信用提升，反之则降低
人脉	人际往来之间的信用情况、好友的信用记录
行为	购物、缴费、转账等活动中体现的行为特点

图 2-16　影响芝麻信用积分的因素

总而言之，无论是实体信用卡，还是虚拟信用卡，只要保持良好的信用积分，就能有效提升信用价值。值得注意的是，如果不注重信用积分的积累，就可能会忽略信用的重要作用，从而损害相关的利益。

2.4 消费增值：良好的消费习惯

消费增值主要是从消费的角度来提升信用价值，就信用卡而言，良好的消费习惯是提升信用价值的较好渠道。要想通过消费行为增值信用，就应该全面掌握消费的技巧。

2.4.1 用积分消费

积分消费是一种常见的消费模式，其定义要点如图 2-17 所示。

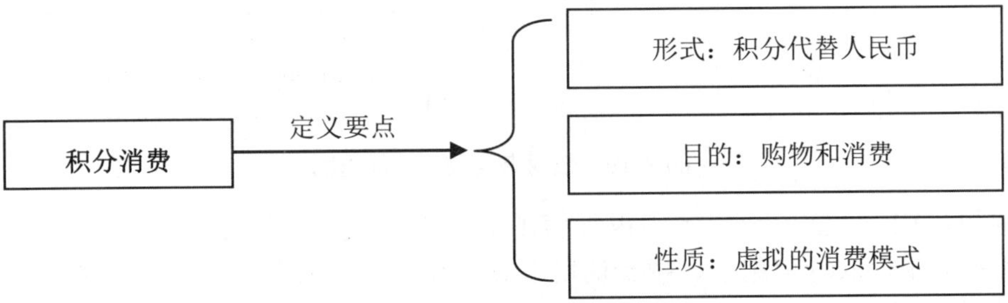

图 2-17 积分消费的定义要点

这种消费模式不仅出现在信用卡中，还出现在各种电商网站上，通过信用积分进行消费的方式可以带来诸多好处，具体表现在如图 2-18 所示的几个方面。

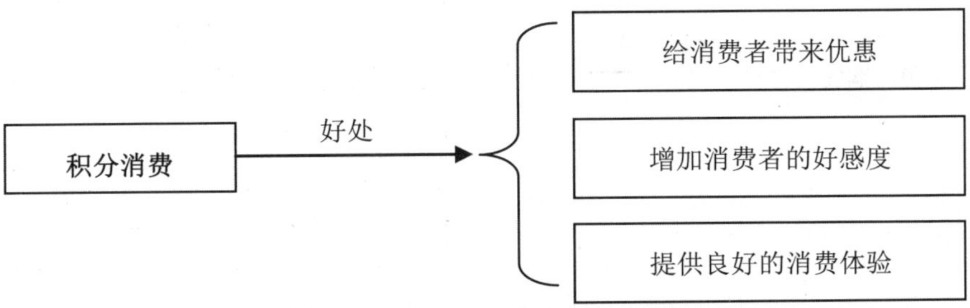

图 2-18 积分消费的好处

专家提醒

从对积分消费的定义和优势分析可以看出，积分消费有利于信用的积累。值得注意的是，各大银行的积分用途是不一样的，而且不是每一笔消费都有积分。因此要先了解哪种消费会产生积分，然后通过消费积分来积累信用。

当然，利用积分进行消费的方式有很多，比如汽车可以直接利用积分加油、积分直接兑换礼品等。

2.4.2　在免税店用信用卡购物

很多人都有在免税店购物的经历，但不是所有人都懂得利用信用卡的优势，在免税店用信用卡购物也是消费增值的一种有效手段，因为用信用卡购物比较优惠，这是为什么呢？笔者将其原因总结为如图 2-19 所示的几点。

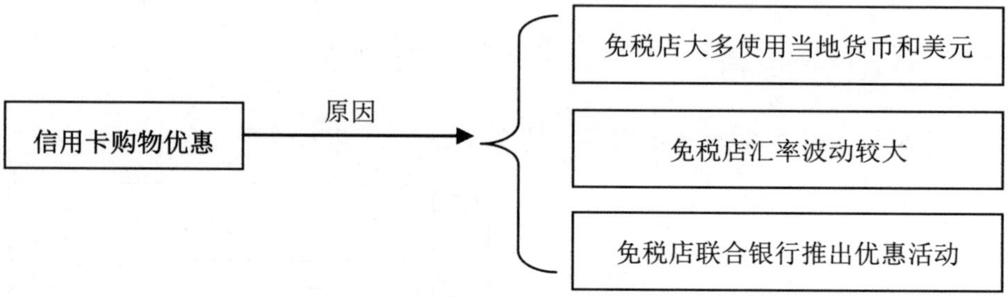

图 2-19　信用卡购物优惠的原因

例如，VISA 信用卡、中国银行信用卡、工商银行环球旅行卡、交通银行信用卡、建行龙卡、农行信用卡、招行信用卡等，都可以在免税店享受不同程度、不同类型的优惠，总的来说，优惠方式如图 2-20 所示。

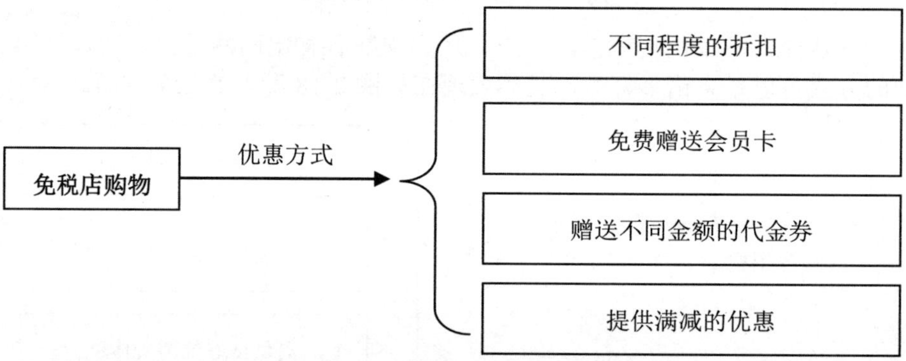

图 2-20　免税店购物的优惠方式

专家提醒

在免税店用信用卡进行购物是消费增值的良好渠道，一方面持卡者可以获得相应的优惠，另一方面还可以提升信用价值。

2.4.3　频繁刷卡购物

值得一提的是，消费增值还有一个有效途径就是频繁刷卡购物，频繁的消费能够积累更多的信用价值，从而转换为额度和资本。

频繁刷卡消费也称为“超额消费”，具体的操作方法如图 2-21 所示。

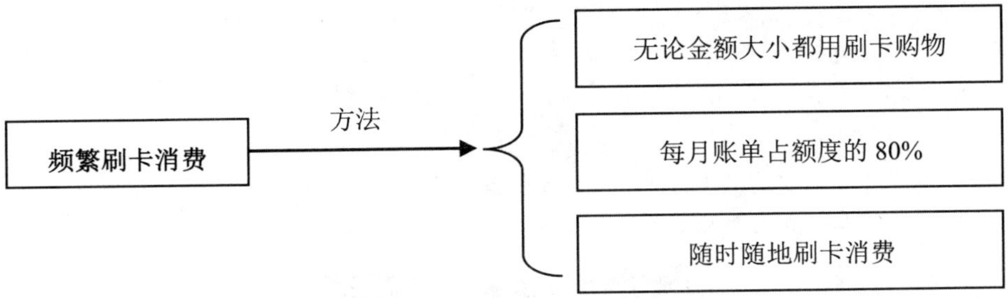

图 2-21　频繁刷卡消费的方法

频繁刷卡购物是消费增值的主要方法，也是比较简单可行的方法，很多持卡者都知道这一信用增值方式，也在实际运用中操作过。

专家提醒

在频繁刷卡消费的时候，也要注意理性消费，特别是刷卡后要记得按时还款，避免出现逾期等不良信用记录。如果出现不良信用记录，对信用转化为资产是十分不利的，而且还会影响信用额度的提升，甚至不能再享受各种优惠服务。

第3章

实体信用卡的选择、办理、刷卡、用卡技巧

学前提示

对于使用信用卡的新手而言，第一步就是选择和办理信用卡，在此过程中，需要谨记的一点是：最适合的信用卡就是最好的选择。

信用卡办理完成之后，刷卡与用卡便成了新手需要掌握的重要内容。该阶段新手需要做的就是通过刷卡与用卡技巧的掌握，让自己从新手变成高手。

要点展示

- 选择和办理：最好的莫过于最适合的
- 刷卡与用卡：用卡高手是这样养成的

3.1 选择和办理：最好的莫过于最适合的

实体信用卡的选择与办理虽然是使用信用卡的第一步，但是，它对信用卡新手来说却是非常关键的一步。如果用户拥有完善的选卡和办卡技巧，选择到适合自己使用的信用卡，那么，在未来的信用卡生活中就能获得更舒适的体验。

3.1.1 信用卡的选择

信用卡并非只是用户“先消费后还款”的一个可有可无的工具，对于会用信用卡的高手而言，一张信用卡可以帮助其获得更优质的生活体验。

除了“先消费后还款”外，使用信用卡还可以获得更多的服务功能。图 3-1 所示为信用卡的 5 种特色功能。

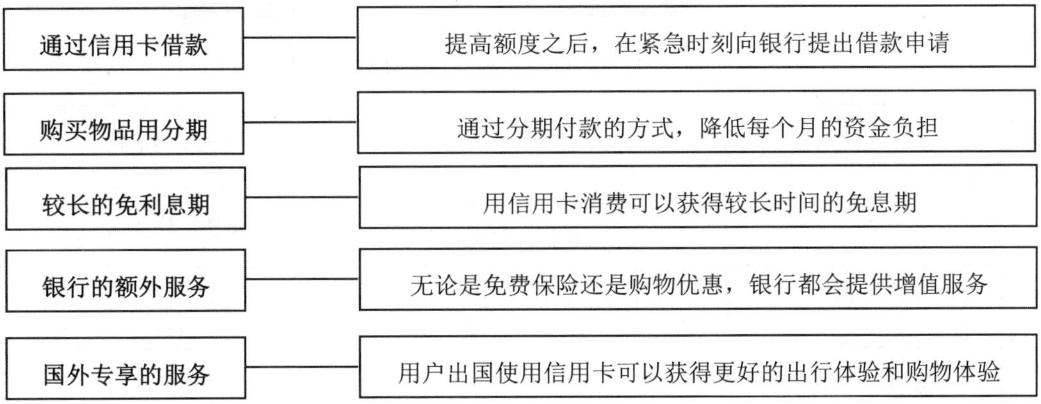

图 3-1 信用卡的 5 种特色功能

不同银行的信用卡在部分功能上是不同的，同一银行的信用卡在不同会员等级上也有不同的用户功能，同一银行的信用卡在同一会员等级上也存在不同的用户功能。如图 3-2 所示，这是中信银行信用卡官网上展示的同属金卡会员的多种信用卡。

专家提醒

对于用户而言，信用卡主要是简化了付款手续，为大众的消费生活提供了便利。虽然用户使用信用卡可以获得更好的生活服务，但是要注意合理用卡，尤其是不要出现盲目透支与过度消费的情况，在还款期限内及时还款。

信用卡已经逐步成为在一定范围内替代传统现金流通的电子货币，更是未来用户生活中不可缺少的支付工具。作为一种高科技产物，尽管不同信用卡的特色功能有所不同，但是所有信用卡都具备类似的基础功能。图 3-3 所示为信用卡拥有的 8 个基础功能。

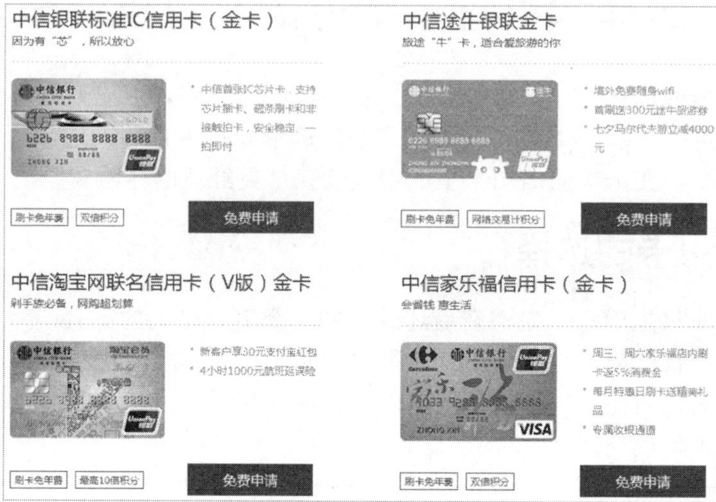

图 3-2　中信银行同属金卡会员的多种信用卡

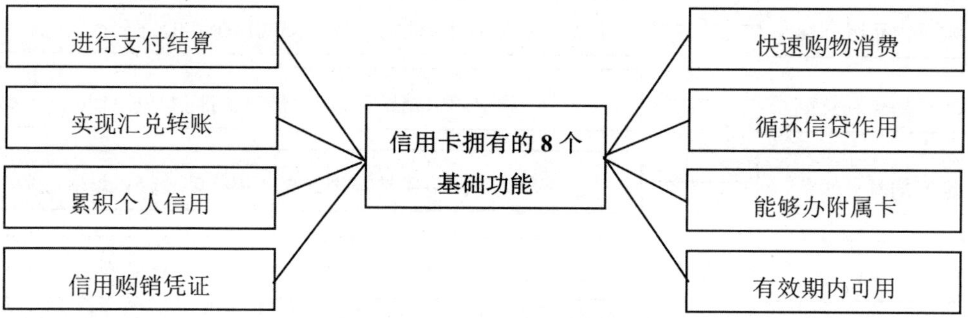

图 3-3　信用卡拥有的 8 个基础功能

用卡高手使用信用卡，并不是追求越多越好，而是越适合越好。因为即使用户拥有满满的一沓卡，也不是每张卡都能够用到的。用户拥有信用卡过多，不仅会使银行对用户的信贷还款承受力产生怀疑，还会因为逾期还款等原因而在无形之中花掉不少冤枉钱。

想要找准一张适合自己的信用卡并不容易，但是选准之后对自己的信用卡生活能够有很大的帮助。下面针对用户如何选准信用卡从 3 个方面进行分析。

1. 将银行作为选择对象

用户在对银行进行选择时，主要考虑的是银行的影响力，例如，银行的网点数量、银行的覆盖范围等，用户需要具体考虑的因素包括如图 3-4 所示的 6 个方面。

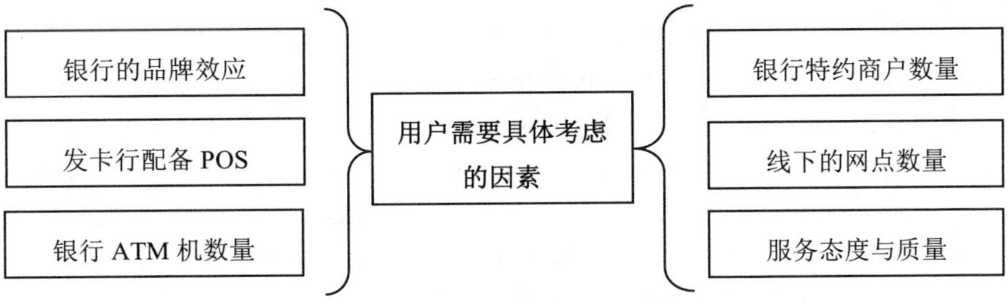

图 3-4　用户需要具体考虑的因素

专家提醒

在银行的选择方面，对于新手而言，五大国有银行是首选，无论是线下网点、ATM 机数量，还是银行机制的完善程度，国有银行相对较好，其中中国工商银行的信用卡发行总量截至 2016 年 6 月已经超过 1.15 亿张。

对于高手而言，选择国有银行的信用卡并非主流，主要原因在于办理的手续较多，优惠条件较少，消费积分用处不大。商业银行在用户的生活优惠方面更加突出，对于喜欢线下消费的用户而言，商业银行更符合需求，比如招商银行就很受欢迎，其信用卡发行量仅次于中国工商银行。

2. 参考自身实力选择对象

几乎所有发行信用卡的银行都将信用卡分为多个等级，以便不同经济实力的用户进行选择，对于一般人来说申请普通的信用卡即可，而金卡、白金卡、钻石卡、无限卡是银行推出的高端信用卡。

如果是申请金卡与白金卡，用户可以先考虑自身是否满足要求。图 3-5 所示为申请高端信用卡的基本条件。

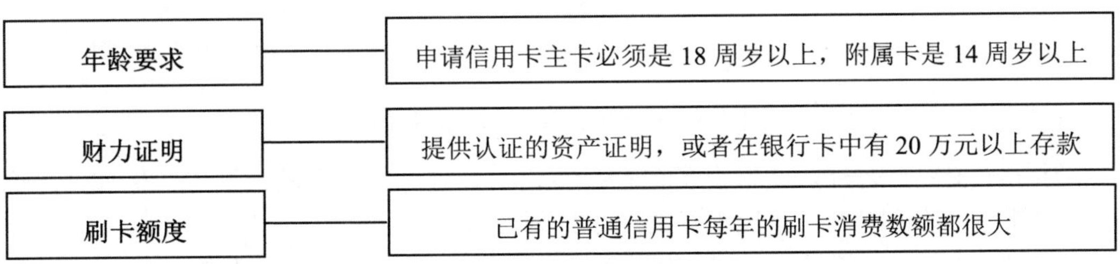

图 3-5　申请高端信用卡的基本条件

专家提醒

对于普通用户而言，即使申请到高端信用卡，也是非常不实用的。因为高端信用卡的使用年费都相对较高，而且不能通过刷卡次数来免年费。

以招商银行的信用卡为例，经典版白金信用卡的主卡年费为每年 3600 元，即使是附属卡的年费都需要 2000 元。运通百夫长白金卡的主卡年费为每年 3600 元，而附属卡年费则为每年 1800 元。银联白金卡的主卡年费为每年 800 元，附属卡年费为每年 300 元。

3. 把办卡目的作为选择对象

除了银行对象和自身实力之外，办卡的目的也直接决定了用户可以选择的银行有哪些。尤其是联名式信用卡，更是银行直接根据用户群体的消费目标推出的，最贴切用户的办卡需求。下面简单地分析 5 种信用卡的用户群体类型。

(1) 有车人士：针对车辆的加油、洗车等服务，银行推出信用卡享折扣等功能，甚至直接赠送车辆保险与人身保险、免费道路救援等功能。图 3-6 所示为平安车主信用卡的申请界面，用户可以查看该卡的服务功能。

图 3-6　平安车主信用卡的申请界面

除了平安银行之外，其他很多银行都推出了针对有车人士的信用卡，例如，工商银行的牡丹中油信用卡、建设银行的龙卡信用卡等。

(2) 购物人士：以购物为主的联名卡主要有两种，一种是线下的百货商城联名卡，另一种是网络购物平台的联名卡，这种信用卡是根据持卡人、商家、银行达成的共识而推出的，能够给热爱购物的消费者带来更多实惠。图 3-7 所示为中信银行推出的淘宝网信用卡和家乐福信用卡。

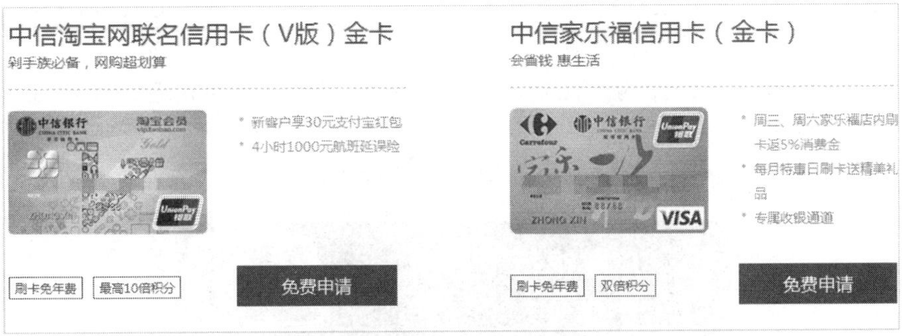

图 3-7　中信银行推出的淘宝网信用卡和家乐福信用卡

专家提醒

中信银行的金卡信用卡和白金卡信用卡的申请条件都相对较低，在同类型卡片中是最容易申请的。对于喜欢线上与线下购物的用户而言，还可以通过刷卡免年费的方式免除高额年费，更可以通过购物获得最高 10 倍积分。

(3) 大学生：无论是国内的大学生，还是国外留学的大学生，都是信用卡的重要用户群体。针对学生群体，银行推出了各具特色的信用卡服务，其中，游戏信用卡与双币种信用卡最受学生群体欢迎。图 3-8 所示为招商银行的梦幻西游信用卡。

图 3-8　招商银行的梦幻西游信用卡

专家提醒

对于学生群体而言，消费、住宿、租车等，很多都要靠信用卡来完成。尤其是国外留学的用户，拥有一张双币种信用卡，也就是具备人民币与美元消费功能的信用卡非常必要，能够减少汇率损失，而多币种信用卡的适用范围更加广阔。

(4) 商旅人士：许多银行针对商旅人士的用卡特点，推出了适合商旅人士使用的信用卡，这类信用卡往往具有独特的附加价值，例如，广发商旅白金信用卡，就是专为商务旅行频繁的客户设计的，在功能类型上主要是机场贵宾礼遇、飞行旅程兑换、国内外消费可享多倍积分等。

图 3-9 所示为广发银行商旅白金信用卡的卡片外观。

图 3-9　广发银行商旅白金信用卡

不同银行推出的商旅类信用卡在功能上往往不同，而且存在不少联名卡，比如航空联名信用卡、旅游网站联名信用卡等。

(5) 旅游爱好者：以旅游为主题的信用卡能够为热爱旅游的用户提供实实在在的优惠。以建设银行的芒果旅行龙卡为例，其 6 种服务功能如图 3-10 所示。

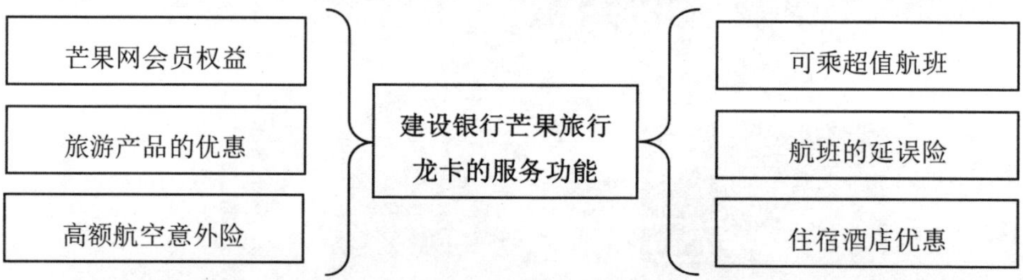

图 3-10　建设银行芒果旅行龙卡的 6 种服务功能

专家提醒

建设银行针对旅游领域推出了诸多龙卡，比如知音龙卡、世界旅行龙卡、欧洲旅行信用卡、龙卡韩国旅行信用卡等，持卡人可以专享“旅游类期刊优惠”“旅游特惠计划”“旅游优惠产品”和“免税店优惠”等配套增值权益。

3.1.2 办卡银行的寻找

选择信用卡时根据银行对象进行分析是很重要的一个方面，但寻找适合个人的办卡银行，并不仅仅是根据银行的相关要素来分析。

寻找方式有很多种，图 3-11 所示为寻找适合办卡银行的 3 种方式。

注重卡面的设计	漂亮的卡面设计能够成为用户寻找办卡银行的一个决定因素
根据工资卡类型	工资卡属于哪个银行，就办哪个银行的信用卡，还款最便捷
考虑特色的功能	寻找办卡银行，还需要考虑它提供的功能是否刚好满足需求

图 3-11 寻找适合办卡银行的 3 种方式

专家提醒

用信用卡的种类越多，就会发现信用卡的功能基本一致，只是不同的信用卡在特色上有所不同。所以最好的办法是用户在各家银行的信用卡官网上了解该银行主推的信用卡类型，认识各家银行的信用卡优势与缺点，然后结合个人需求，确定最适合自己的银行。

3.1.3 选卡也能省钱

银行推出信用卡的目的是吸引高收入的用户人群，但随着市场经济的发展，信用卡已经成为大众生活中必备的消费工具。对于用户而言，申请信用卡并不只是为了提额，也是为了获得信用卡带来的优惠服务，进而省钱。

信用卡在省钱方面的功能与各种商城、平台推出的会员卡类似，通过刷卡积分的累积，可以获得回报或者购物折扣，从而实现省钱的终极目标。

下面以笔者的经历为例，针对如何选信用卡更省钱提供实例借鉴。笔者在 4 个月前通过官网活动申请了招商银行的英雄联盟信用卡。该活动为长期活动，活动的相关界面如图 3-12 所示。

英雄联盟信用卡的申请条件非常低，卡到手之后笔者开始刷积分，其中参加活动申请信用卡，平台一次性赠送 99 积分。开卡之后使用该卡刷满三笔交易，即可领取银行赠送的 1000 积分，同时获得 100 个刷卡积分。

需要注意的是，玩游戏同样可以获得积分，用户在英雄联盟游戏中赢 1 盘可以获得 5 积分，最高为一个月 500 积分。图 3-13 所示为笔者的游戏胜场数查询界面，4 个月有 100 次胜场，共获得了 500 积分。

图 3-12　活动的相关界面

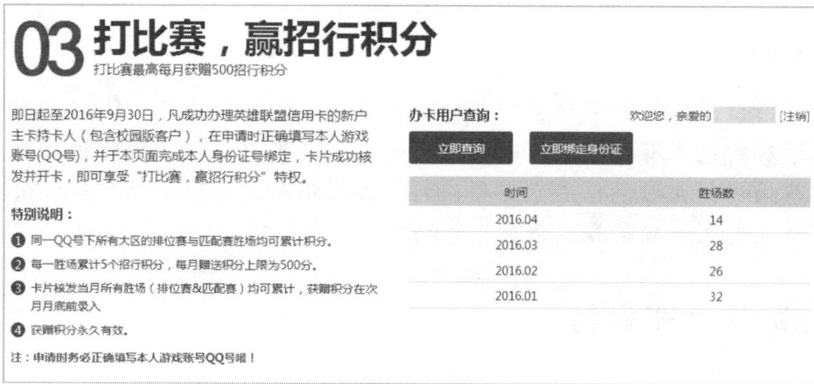

图 3-13　笔者的游戏胜场数查询界面

加上笔者在 4 个月的时间里通过网络购物、线下购物获得的积分，累积起来已有 3000 积分，同时笔者的招商银行信用卡获得了一笔提额，从 1 万元额度提升到 15000 元额度。笔者通过招商银行的积分兑换平台免费换取了《译林》杂志的一年订阅权，而且快递包邮。图 3-14 所示为招商银行积分兑换的订单详情界面。

专家提醒

如果按照正常的购物渠道，《译林》杂志的一年订阅权需要 120 元人民币，而笔者免费获得一年的杂志订阅权并没有付出太多劳动，只是关注一下银行的活动，然后休闲时玩玩游戏，在购物时刷下信用卡而已。

招商银行提供的积分兑换类型非常多，用户可以根据个人需求自由选择，大部分都是完全免费并且包邮的。

图 3-14　招商银行积分兑换的订单详情界面

除了积分兑换礼品省钱之外，选信用卡时选择联名卡更能够在购物时直接享受折扣，而积分仍然可以用来兑换礼品。

比如航空卡，航空卡的用处非常多，出门、回家、旅游或者出差时都可以用到，办一张经常搭乘的航空公司的联名卡，不仅可以省保险费用，还能换飞行里程，直接省购票费用。

再比如超市联名信用卡刷卡返现，用户如果拥有沃尔玛的联名信用卡，就能够获得高达 1%的返现。

专家提醒

信用卡的种类特别多，不同信用卡的特色各有不同，申请者需要根据实际需求进行选择。

选信用卡不仅是为了获得先付款后还款的权限，主要是最大限度地开发信用卡潜在的经济价值，让信用卡成为帮助自身获得更好生活服务质量的有力工具，而不是成为“卡奴”。

3.1.4　了解 4 种特色卡

各银行的实体信用卡中，常见的特色卡主要有 4 种，即联名信用卡、出国留学卡、儿童信用卡和无上限黑卡。接下来，笔者就对这 4 种常见特色卡分别进行介绍。

1. 联名信用卡

在银行卡类型中，联名信用卡是最常见的形式之一。联名双方会在各自的平台上推出宣传活动，实现共赢的目标。图 3-15 所示为优步 App 与中信银行联合推出的申请联名信用卡的界面，从 2016 年 7 月开始使用该信用卡乘坐优步车辆的用户能够在完成出行订单之后，获得每单 20%的乘车金返还。

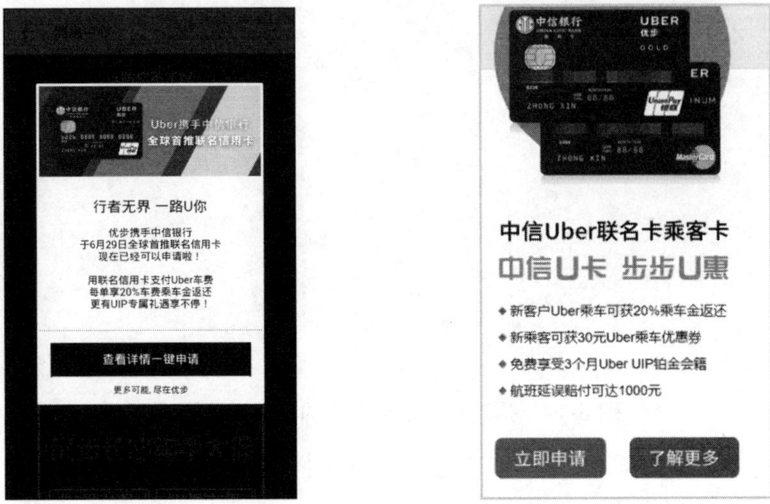

图 3-15 优步 App 与中信银行联合推出联名信用卡

相比出行类的联名信用卡，更常见的是百货联名卡、航空联名卡和旅游联名卡。这些信用卡都是由银行和社会机构联合发行，经常使用两方服务的用户能够获得较高的优惠。

图 3-16 所示为 3 种常见联名信用卡的说明。

百货联名卡	这类信用卡适合经常购物的用户，而且对品牌的忠诚度高
航空联名卡	根据最常乘坐的航班选定航空公司，获得更多搭乘优惠
旅游联名卡	面向某些旅游平台的忠实用户，便于用户的国内外旅游出行

图 3-16 3 种常见联名信用卡的说明

2. 出国留学卡

随着出国留学在便利性上进一步提高，国内出国留学热潮依旧在持续增长中，多家国内银行紧盯留学生金融服务这一市场，向留学生推出信用卡海外消费服务。从留学生的角度而言，之所以信用卡非用不可，主要有两个方面的原因。

(1) 使用便捷。留学生拥有的信用卡，至少都是双币信用卡，部分甚至是多币信用卡，不仅能够在国外刷卡、取现，还可以便捷地完成国外假期旅游。在国外，信用卡的使用范围更加广泛，大部分消费都能够通过信用卡完成，甚至可以用信用卡来给服务者小费。

图 3-17 所示为中信银行的出国留学生双币信用卡申请界面。

图 3-17　中信银行的出国留学生双币信用卡申请

(2) 控制消费。低龄的留学生可由家长申请主卡，然后留学生本人持有附属卡，留学生在境外的全额消费都由境内的家长来还款。图 3-18 所示为信用卡消费与还款的流程分析。

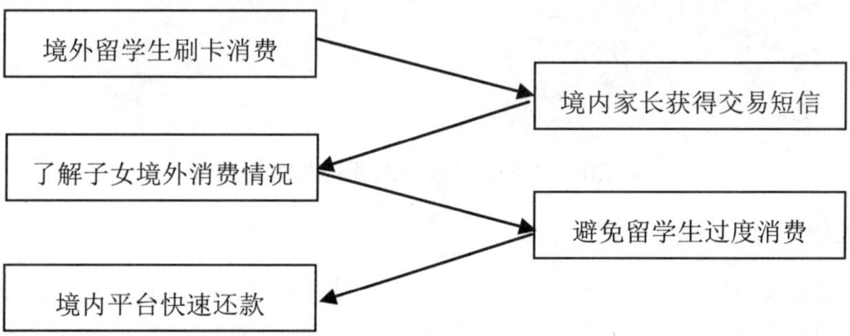

图 3-18　信用卡消费与还款的流程分析

3. 儿童信用卡

儿童信用卡是专属类型的信用卡，其他用户不可申请。五大国有银行中的中国工商银行、中国银行、交通银行都有推出儿童信用卡。图 3-19 所示为三个银行儿童信用卡的服务功能。

银行	服务功能
中国工商银行	可存取款、消费、转账等，也可设置账户变动提醒、消费限额
中国银行	实现存取款、消费、转账等功能，可实现代收代缴功能
交通银行	用户可以存取款、消费、转账等，还可以开通网银支付

图 3-19　三大银行儿童信用卡的服务功能

儿童卡的办理只需凭本人的户口簿及监护人有效证件即可，与其他信用卡相比，儿童信用卡的功能较少，但具备存取款、消费、转账等基本服务功能。图 3-20 所示为交通银行推出的两种儿童信用卡，分为男生与女生。

图 3-20　交通银行推出的两种儿童信用卡

4. 无上限黑卡

信用卡是根据用户等级进行区分的，在信用卡中顶级的产品就是无上限额度的黑卡，在中国国内拥有发行运通黑卡资格的银行只有工商银行、招商银行与民生银行，其基本门槛为年消费境内 200 万元人民币或境外 100 万元人民币。

即使满足基本门槛，其中 99%的用户都不会被银行邀请，因为国内黑卡的发行量仅为数千张，银行也不接受任何人的主动申请。图 3-21 所示为运通黑卡。

黑卡的基本特点就是可以透支，至少可以透支 50 万元人民币，甚至部分黑卡的持有者直接用黑卡购买一架直升机都没有问题。银行甄选出的黑卡客户是整个银行用户中最为优质的，而且年费高昂，所以银行对黑卡卡主的服务非常周到，比如“全能私人助理”服务，对于用户提出的要求，只要是银行能够办到的，都能完成。

拥有这种黑卡的用户可以轻松进入上层社交圈，出入各种高档的俱乐部，因为黑卡在本质上就属于一种身份的象征，比一辆超豪华轿车要显著得多。

图 3-21　运通黑卡

专家提醒

除了运通黑卡之外，世界上常见的黑卡还有花旗黑卡，发行量同样非常少，也有与黑卡同档次的白卡，更为少见。

黑卡呈现出的形式为黑色，但是其材质是钛合金，属于特制的金属卡。国内的黑卡有采用钛合金材质制作的，也有采用 PVC(聚氯乙烯)材质完成的，根据银行的不同而有所不同。

3.1.5　办卡渠道的选择

用户在申请信用卡时，并非只有去营业厅办理一种渠道，为了方便用户的信用卡申请，银行开通了多种申请方式。用户可以根据个人的情况进行选择，一般网上申请较为便捷、快速，但信用卡的发卡额度受限较多。

图 3-22 所示为 3 种常见的信用卡申请方式。

营业厅申请	去银行领用合约(信用卡章程)和相应申请表，填写信息
网上申请	通过网络链接进入银行的信用卡申请界面，填写信息
手机申请	登录手机网上银行，在专属页面上申请工作人员上门服务

图 3-22　3 种常见的信用卡申请方式

专家提醒

手机已经成为大众生活中必不可少的一部分，银行推出的一些创新申请形式都需要手机，如中信银行推出的刷二维码申请。

除了这些常见的信用卡申请方式，随着微信、支付宝等超级 App 的兴起，在这些平台上用户也可以直接申请不同银行的信用卡，比如微信银行平台可以申请大部分银行的信用卡，而支付宝平台可以申请浦发银行或者光大银行的信用卡。

3.1.6 把握好办卡时间

用户不能在要用卡的时候才去办卡，从申请信用卡到卡片下发并不是一两天的时间，而且用户申请信用卡并不是每一次都绝对会通过的。如果用户申请信用卡被拒，再次申请会花费更多的时间。

不同的银行办理信用卡所需的时间各有不同，表 3-1 中列出了部分银行办理信用卡所需的大致时间。

表 3-1 部分银行办理信用卡所需的大致时间

发卡银行	信息录入及审核	寄送信用卡方式及时间
中国工商银行	15 个工作日接到银行发卡通知	用挂号信方式邮寄到账单地址，时间不定
中国农业银行	10 个工作日内完成	由上海总部统一审核下发的，15 个工作日内
中国银行	20 个工作日内完成	用邮政挂号信方式，15 天内寄到用户手上
交通银行	一周或者 10 个工作日内	用邮政挂号信方式，10 天左右送达
招商银行	5 到 8 天	批卡之日后的 7～10 天卡片送达
广发银行	15 个工作日左右，可以加急	加急情况，半个月内能收到信用卡
中信银行	两周左右审核完成	以挂号信或快递形式寄发

如果用户对于申请信用卡较为急切，可以在申请时注意不同申请渠道的区别，一般情况下，通过线下的银行营业厅进行申请，时间相对较长，通过银行的网络平台进行申请，时间相对较短。某些银行会推出新卡即日享活动，活动期间的办卡速度会非常快，但这种活动相对较少，需要用户留意。

专家提醒

普通用户办理一张信用卡的时间根据银行的不同而不同，但是一般情况下都需要 15～25 天，对于急于办理信用卡的用户而言，可以通过加急的方式来提升速度，即便如此，用户还是需要提前行动，留出适当的办卡时间！

3.1.7 提升申请成功率

大部分用户都有过申请信用卡结果被拒的情况，根据笔者了解的信息，即使有一份工作及公司证明，也是有可能被拒的。

笔者在半年内申请了 6 张不同银行的信用卡，但是没有一张被拒，主要原因是以下 3 个方面。

(1) 恰当的资产证明。对于大部分用户而言，第一次申请信用卡时的额度都比较低，而且成功率也相对较低，主要是因为银行没有用户的任何消费信用记录，对此银行为了降低产生坏账的风险，主要依靠查询用户的收入资产状况来决定。

图 3-23 所示为资产证明的 6 个方面。

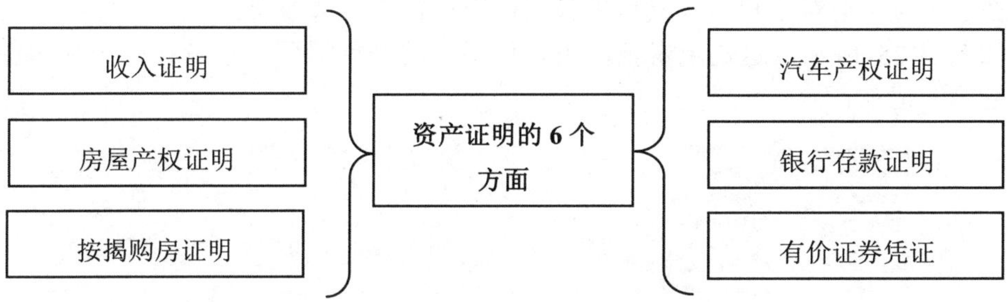

图 3-23 资产证明的 6 个方面

即使申请者完全没有这些证明，但是申请者拥有学历证书、技术等级证书以及其他资格证书，那么成功的可能性仍然很高。有些工作无法直接提供收入证明，但是申请者确实有工作，而且是在大公司，那么申请成功基本没问题。

专家提醒

如果工作单位无法直接提供收入证明，那么普通用户可以适当地提高个人年收入金额，并将数据上报，比如年收入 5 万元可以上报为年收入 10 万元。

申请者的年收入金额直接影响申请者信用卡的初始额度，如果申请者所在公司属于影响力较大的公司，那么信用卡的下发会很迅速。

(2) 填写的表格信息。表格信息中的各方面内容都会影响银行对申请者的信用评估得分，而评估得分直接影响信用卡的申请成功率。

图 3-24 所示为影响评估得分的 6 个方面。

银行会根据申请人所提交的内容进行综合评估，表格信息是评估的重要方面，但是并非唯一方面，如果用户偏离这个标准过多，银行不会通过申请。

图 3-24　影响评估得分的 6 个方面

(3) 良好的刷卡习惯。新手用户经常会听到“以卡办卡”的申请方式，这是因为银行在查询个人信息时，会查看用户已有信用卡的额度和等级问题，而信用卡等级很难修改，但是额度却是可以靠刷卡的习惯来保持的，尤其是银行上调用户某张信用卡的永久额度时，会对用户申请其他银行的信用卡带来长远效果。

如图 3-25 所示，这是笔者招商银行信用卡的账单提醒，笔者在每个月都保持了良好的刷卡记录。

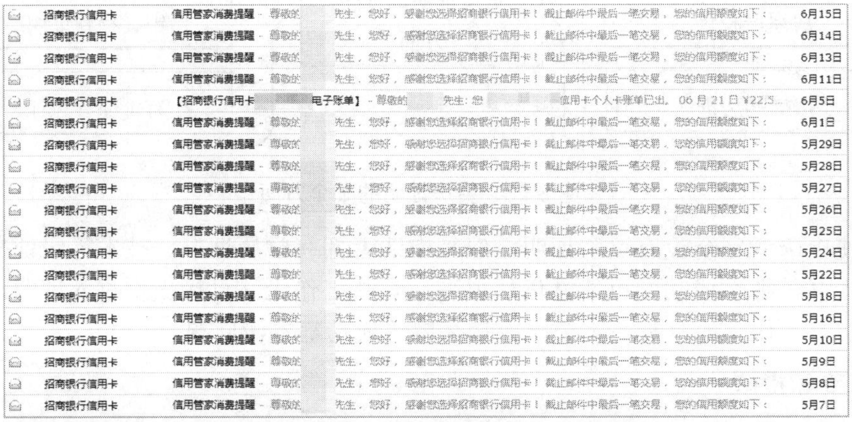

图 3-25　笔者招商银行信用卡的账单提醒

专家提醒

用户申请到某个银行的信用卡之后，要保持良好的使用习惯，每个月的刷卡消费记录最好不要低于 10 次，同时刷卡额度尽可能地高一些。

除此之外，用户还可以根据实际情况合理地进行理财规划，时常消费，按时还款，不要产生还款延期记录。

3.1.8　4 种实用激活技巧

银行为用户提供了便捷的激活服务，一般情况下有 4 种激活方式，用户选择合适

的激活方式需要注意一定的技巧。

图 3-26 所示为用户可用的 4 种激活方式，用户选择合适的方式能够节省时间，同时效率也更高。

银行营业厅激活	持卡人本人直接带着信用卡及证件到柜台办理激活
网银平台激活	网银注册用户通过网银平台直接激活信用卡
人工服务激活	通过银行工作人员核对用户信息之后激活信用卡
自助服务激活	用申请信用卡时的电话拨打银行电话，根据提示自助激活

图 3-26　用户可用的 4 种激活方式

专家提醒

对于绝大部分用户而言，通过电话服务中的自助服务来激活信用卡是最适合的，既节省时间，又提升效率。

银行针对网络平台申请信用卡的用户，要求用户必须带着信用卡及证件到柜台办理激活，不能通过其他激活方式来激活信用卡，主要是为了保障用户的信用卡安全问题，防止不法分子通过网络的虚假信息申请信用卡。

3.2　刷卡与用卡：用卡高手是这样养成的

刷卡与用卡是用户获得信用卡之后需要特别注意的问题，如果能够抓住机会，掌握相关技巧，不仅能够让信用卡为用户省钱，还能够赚钱。利用信用卡刷积分，同时享受优惠，再利用积分兑换礼品，节省购物资金，一张信用卡能带来多种实惠方式。

3.2.1　5 种必备刷卡技巧

信用卡与储蓄卡在支付方式上存在一定的相似之处，但是比储蓄卡支付更加方便、快捷而且安全。下面介绍用卡高手必备的 5 种刷卡技巧。

1. 电话支付

电话支付属于电子支付形式中的一种特殊情况，不仅操作简单，而且支付的成本非常低。信用卡用户只需要使用电话或类似设备，连接银行系统进行相关操作就可以完成支付行为，不过部分银行有推出专门的支付电话终端。

图 3-27 所示为建设银行推出的针对个体经营群体的电话支付服务。

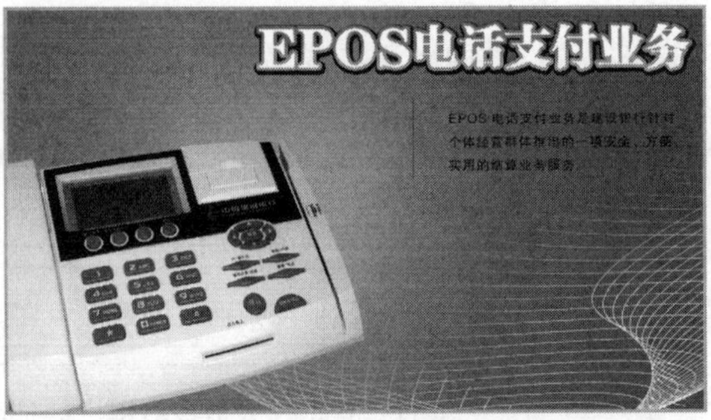

图 3-27　建设银行针对个体经营群体的电话支付服务

专家提醒

除了可以连接进入银行的系统进行支付，用户还可以拨打某些交易平台的电话，直接根据语音提示自助进行相关交易，并且通过电话进行支付，一般用于基金购买等服务。

这种支付方式与信用卡的网络支付方式类似，主要通过输入卡号、有效期、安全码、支付密码等信息来进行支付，完成交易。

2. 多功能 POS 机支付

笔者非常喜欢通过多功能 POS 机刷卡，主要原因就是非常方便，无论需要支付的金额是多少，信用卡都可以一笔支付，不需要额外找零，更不需要携带现金。更主要的是，如果用户想要快速提额，那么通过 POS 机刷卡是必须要做的。

所有的大型商城及大部分商铺都有多功能 POS 机，POS 机能够实现信用卡资金的消费、预授权、余额查询等基本功能，同时在使用时较为安全可靠。图 3-28 所示为超市内的多功能 POS 机，主要用于客户刷卡消费。

图 3-28　超市内的多功能 POS 机

专家提醒

通过 POS 机消费，与常见的输入密码支付有着很大区别，POS 机刷卡成功之后，会打印出用户刷卡支付的收据，至少是两联，信用卡持有者检查收据上的信息确认无误后在收据上签字。

操作员收到收据的签名后，要和信用卡背后的签名进行对比，要求姓名和笔迹基本相符，然后将信用卡及刷卡支付收据交给持卡人。

3. 移动 POS 机支付

用户在淘宝或其他购物平台购物时，往往会选择信用卡支付，其中一部分用户会选择货到付款，当快递送达时，用户就需要在快递员携带的移动 POS 机上刷卡消费，支付购物费用。移动 POS 机刷卡非常常见，其优点比较突出。图 3-29 所示为移动 POS 机刷卡的 3 个优势。

快速支付	通过信用卡支付，整个交易过程只需几秒钟，速度非常快
避免找零	解决现金不便携带、找零费时费力、钞票真假难辨等问题
不需排队	用户可以快速实现交易，不需要长时间等待排队

图 3-29　移动 POS 机刷卡的 3 个优势

4. 网络支付

网络支付就是用户通过第三方提供的支付接口来完成的实时支付，相比于其他支付方式，网络支付的好处在于到账迅速，不需要人工确认。

用户可选的网络支付形式有很多种，包括绑定信用卡、电子钱包、特殊终端设备支付等，图 3-30 所示为中国建设银行支持的 Apple Pay 网络支付。

图 3-30　中国建设银行支持的 Apple Pay 网络支付

专家提醒

网络支付的风险相对于其他支付方式而言更大，重点在于不法分子通过网络钓鱼、窃听网络信息、假冒支付网关等手段就可以窃取到用户的刷卡资料。

网络支付时需要的资料仅仅是卡号、有效期、验证码和交易密码即可，而这些数据容易丢失，从而产生信用卡被盗刷的情况。所以用户在进行网络支付时要注意网址、平台及其设备的安全性。

5. 支付宝及微信支付

无论是支付宝支付还是微信支付，用户都可以通过二维码支付、转账支付等方式进行支付，由于支付宝和微信的用户数量极多，所以这种支付方式也成为现阶段支付的主流模式。

支付宝、微信已经成为大众生活中不可缺少的生活工具，人们通过在平台上绑定信用卡，就可以通过支付宝和微信获得更便捷的生活服务。如图 3-31 所示，这是现实生活中用户使用支付宝购物的情景，在付款时选择信用卡即可。

图 3-31 现实生活中用户使用支付宝购物

专家提醒

尽管支付宝和微信都支持信用卡支付，但是两者在影响力和用户数量上存在差异性，其中中国人民银行在 2011 年 5 月向支付宝平台颁发了《支付业务许可证》，这是国内首次出现第三方支付牌照。

相比于微信支付的相关功能，支付宝支付要更加专业，支付方式更多，而微信平台主要还是以用户社交功能为主。

3.2.2 10种必知用卡禁忌

由于信用卡的额度高低直接涉及资金的可用度，所以银行针对信用卡使用有很多要求，一旦触及刷卡的禁忌，就有可能出现银行封卡的情况。下面针对高手必知的10种刷卡禁忌进行分析，更深入地进行了解。

1. 通过中介提交资料

由于信用卡具备提现功能，所以有不法分子会通过信用卡进行非法集资，为了打击这种非法中介，银行会对大规模申请信用卡的机构进行严格审查，往往这类机构提交的资料在通过率上相对较低。

如果用户想要申请到一张适合的信用卡，最好还是自己通过营业厅或者网上平台进行申请，避免出现申请资料无法通过的情况。一旦资料申请失败，用户需要等待数个月的时间才能重新申请。

2. 同一POS机上持续刷卡

这是最容易出现封卡的情况之一，用户长期在同一台POS机上刷卡会直接触及信用卡非法套现的禁区，而信用卡非法套现是银行一直打击的非法行为，所以用户如果需要用卡，就尽可能在多家POS机上刷卡。

如果用户使用的是大型连锁超市的POS机，则银行的要求相对降低，尤其是在用户刷卡额度占据可用额度的比例并不高的情况下。如果用户在大型连锁超市的POS机上每次都刷卡上千元，而且次数频繁，很快就会引起银行的怀疑。

3. 直接刷完可用额度

如果用户信用卡的可用额度为1万元，而信用卡下发不到一个星期的时候，银行收到的信息就显示用户已经将全部可用额度刷完，这种情况有一定概率会引起银行的怀疑，并由客服人员打电话进行咨询。

信用卡虽然具备先消费后还款的功能，但是为了防止用户产生透支的情况，银行会针对异常情况进行追踪查处。

4. 特殊时期大额刷卡

信用卡消费有一定的免息期，在免息期内用户无须缴纳利息，而部分用户就利用这个功能，在账单日还款期限的前一天还款，后一天又通过POS机将资产全部消费，这种情况如果长期发生，就会引起银行的警觉。

5. 非营业时间内刷卡

在非正常的营业时间内出现多笔交易，比如商场的下班时间突然有刷卡记录，并且次数较多，这种非正常情况会引起银行的调查，比如电话咨询、查询该 POS 机的其他消费记录。

正常消费的用户是不会在营业时间之外进行刷卡的，即使有这种情况，次数也不会太多，所以用户需要注意避免。

6. 接近额度的刷卡代付

大众使用支付宝、微信支付非常常见，但是如果用户每次通过支付宝进行信用卡消费，额度都接近平台限制，就应该引起注意。

比如用户的招商银行信用卡通过支付宝最多一笔只能支付 1000 元人民币，而用户多次以 1000 元人民币接近的额度进行刷卡，并且次数较多，那么这种异常数据会直接导致银行进行调查。

7. 长期信用卡套空额度

用户的信用卡长期处于套空的情况，比如用户只在还款日进行相关交易，而且还款的金额很快就被消费，在其他时间阶段内用户的消费记录较少，甚至完全没有，那么银行的后台系统会直接检测到，并且有可能封号。

8. 在 POS 机上直接套现

POS 机的办理条件并不高，绝大部分商家都可以自己办一台 POS 机用于业务处理，在这种情况下，就会有部分人通过自己的 POS 机直接套现。

与其他的用卡禁忌相比，这种情况属于低智商的刷卡操作，银行打击信用卡套现的情况非常严厉，而这种直接能够查询到的套现行为属于证据确凿的类型，银行可以直接对用户进行罚款。

9. 多笔整数的刷卡消费

在正常的交易中，信用卡刷卡很少会出现刚好整数的情况，尤其是在超市等零散商品的场所，用户进行整数刷卡消费，同样会触发银行针对信用卡套现的警报，次数较少的情况下银行会进行电话认证，次数较多则会封卡。

用户刷卡消费要尽可能避免 10000、15000、20000 等整数消费情况的出现，单笔交易最好有一位小数点的数据。

10. 同卡短期内多终端操作

短时间内同一张信用卡在多个终端机器上进行操作，包括查询额度、取现、消费或者转账等，无论是否成功，都会让银行产生怀疑，认为用户是否将信用卡送给他人使用，或者是否出现盗刷的情况。

同卡在多终端上操作之后，如果涉及的额度较大，银行一般都会通过电话进行确认，了解是否为本人操作，并且需要知道该操作的原因。

3.2.3 一卡在手资金我有

通过信用卡购买车辆或者按揭贷款、分期付款等是部分用户申请信用卡的主要原因，更常见的是，信用卡的持卡人用信用卡购买手机、电脑、家电等大型商品。比如购买一台笔记本，如果通过存钱的方式来购买，需要长久的时间，而通过信用卡分期付款则可以提前使用。

无论用户是通过信用卡分期付款，还是用信用卡提现，都能够在用户出现流动资金不足的情况时帮助用户缓解经济压力。这种方式需要用户支付一定的手续费，但是与可以提前享用半年甚至一年商品所产生的无形价值相比，还是较为实惠的。

以笔者为例，为了获得一笔急需的资金，笔者拨打银行电话直接申请将信用卡的19200 元人民币现金额度进行分期，银行在核对相关信息之后直接通过申请，在两个小时内就将 19200 元人民币现金直接转入笔者的储蓄卡中。图 3-32 所示为现金分期办理成功的通知邮件。

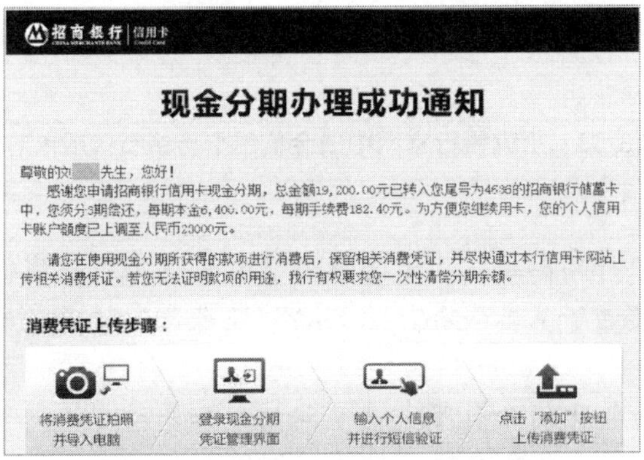

图 3-32 现金分期办理成功的通知邮件

专家提醒

无论是现金分期，还是还款分期，用户都要选择适合的分期期数，合理规划还款金额，期数越多，还款的利息金额越高。

需要注意的是，如果用户通过笔者的方式采取现金分期，那么原有的信用卡 23000 元人民币临时额度就会转为永久额度，同时用户又可以再次申请临时额度，所以这也是一种快速提升信用卡额度的方式。

3.2.4 等级等于服务质量

在刷卡与用卡的过程中，不同会员等级的用户能够获得的信用卡服务是有所不同的，越高级的会员越会得到银行相应的重视。下面以平安银行的白金信用卡与钻石信用卡为例进行分析说明。

用户拥有平安银行的白金信用卡，可以直接享受到平安银行信用卡的所有基本服务，同时可以获得的特色服务包括延误险 2000 元、境内同城机场 6 次接送、综合交通意外险等。

如果用户持有的是平安银行的钻石信用卡，能够获得的服务类型更多，服务档次更高，比如延误险高达 6000 元、境外 6 次和境内 3 次免费机场接送，附属卡可免年费等。

图 3-33 所示为平安银行官网中白金信用卡与钻石信用卡的对比，包括卡片设计和功能内容。

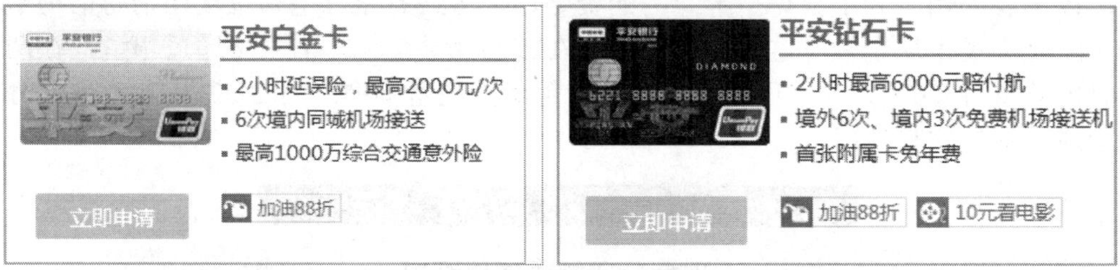

图 3-33　平安银行官网中白金信用卡与钻石信用卡对比

专家提醒

大部分银行的高端信用卡客户都享有致电客服热线优先接听、业务优先受理、优惠礼遇等基本服务，除此之外还可享受紧急挂失、紧急取现、紧急补换卡等服务。

不同银行推出的会员服务是不同的，如果用户达到了申请条件，可根据自己的需要选择成为哪个银行的高端信用卡客户。

3.2.5　打造别样的出行体验

在出行时选择使用信用卡，用户可用的出行功能类型就会相应增多，这些信用卡功能能够为用户带来不一样的出行体验。

尤其是在每年的旅游旺季，不少银行会与其他第三方平台合作，推出一些境内外旅游优惠活动和费用减免，而旅游达人的联名旅游信用卡更是能够为持卡人获得较大的优惠条件。

下面笔者整理了部分银行信用卡在 2016 年暑假期间的出行优惠，并展示出来，如表 3-2 所示。

表 3-2　部分银行信用卡在 2016 年暑假期间的出行优惠

发卡银行	优惠类型	具体方式
工商银行	免费租车	绑定工银环球旅行信用卡至易到用车账户，最多可获赠 218 元代金券 1 张
中国银行	消费返现	长城环球通自由行卡持卡人在日韩、港澳台地区及东南亚进行消费，可享 5%现金返还
农业银行	八折优惠	农行 VISA 白金信用卡在希尔顿集团旗下酒店享最高 8 折，最低 15%优惠
建设银行	境外享首刷礼	龙卡 EMV 信用卡在境外产生的当日消费中，可享 12%返现奖励，但最多为 72 元人民币
交通银行	免税店折扣	持卡人在全球 22 个国家和地区、60 个国际机场的免税店刷卡购物时可获得 5%左右折扣
招商银行	海购返现	全球酒店入住 5 折起，同时海外电商平台购物返现 5%的购物金
中信银行	旅游券与套餐	途牛银联金卡的持卡人首刷任意金额可以获得 300 元途牛旅游券一张，同时可以有 999 元抢购迪士尼门票的旅游套餐资格

专家提醒

银行在旅游季推出的旅游优惠非常适合用户出行，但是这种旅游优惠是有时间限制的，而且不同银行的优惠条件不同，用户如果确定出行，一定要选择好适合自己的信用卡，以及适合的优惠条件，最大化地利用信用卡带来的优惠。

3.2.6　信用凭证不可忽视

资信凭证是银行对客户的资金运动记录及相关信息的收集整理，进而出具的具有证明作用的函件，可以用来说明客户的信誉状况。用户也可以在中国人民银行的征信中心自主查询个人信用信息。图 3-34 所示为用户自主查询的流程分析。

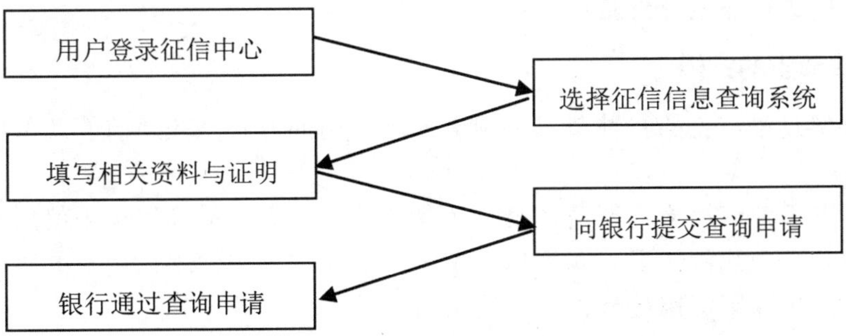

图 3-34　用户自主查询征信的流程分析

在中国人民银行的征信中心平台上，用户可以查询与个人相关的多方面征信记录。图 3-35 所示为征信中心的用户操作界面。

图 3-35　征信中心的用户操作界面

专家提醒

信用卡用户之所以不能出现延期还款的记录，就是因为这种记录会直接保留在资信凭证中，影响用户的个人信用形象，进而影响后期申请信用卡和提升信用卡额度方面的成功率。

拥有良好的信用卡使用记录是用户在刷卡与用卡时需要格外留意的，如果产生不良记录，会在个人征信报告中保留至少 5 年的时间。所以，信用卡还款记录是一个人建立良好信用的最简单有效的平台。

3.2.7　4 个费用节省窍门

信用卡用户在刷卡与用卡时节省费用是最初级的玩卡技巧，下面笔者针对节省费用的 4 个窍门进行深入分析。

1. 年费节省的窍门

节省年费是最常见的一种节省信用卡使用费用的方式，在之前的章节中也已经有所说明。

一般情况下，信用卡的年费在第一年是免除的，之后需要每年用信用卡刷满银行要求的次数才能免次年年费。对于信用卡用户而言，能够使用信用卡的时候尽可能地使用信用卡，免除年费也是节省了一笔支出。

2. 利息节省的窍门

理财高手使用信用卡最为关注的就是信用卡的账单日，在账单日之后的几天刷卡消费，用户就可以享受到较长时间的免息期，但是一定要在还款日之前还款，否则超出了免息期，用户产生的消费利率会按照一定的比例不断相加，短时间内就可以成为一个大数目。

如图 3-36 所示，这是笔者的交通银行信用卡账单，其中明确显示了该信用卡的到期还款日，用户可以设置短信提醒。

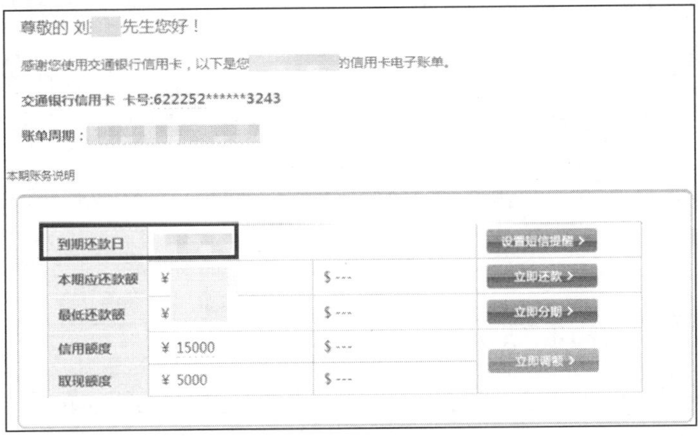

图 3-36　笔者的交通银行信用卡账单

3. 提高积分的窍门

信用卡消费都是可以积累积分的，但是信用卡积分的积累条件根据银行的不同而有所不同，有效期也存在一定的区别。例如，招商银行规定用户每消费 20 元人民币或 2 美元，就可以直接累计 1 分，而其他银行在累积积分计算方式上采取的都是 1 元人民币积 1 分。

同时，不同银行会推出不同时间段的活动，比如在黄金周，刷信用卡购物的优惠会多一些，而且信用卡的积分也会翻倍，甚至部分银行会推出积分兑现金等平时不会出现的热门活动。

专家提醒

在部分银行还存在 10 倍积分、25 倍积分等特惠活动，但是时间周期较短，参与的人数有限。

以民生银行为例，在 2016 年 7 月 1 日—9 月 30 日，用户使用民生银行信用卡计积分消费累计满 11 笔，同时每一笔交易额度满 111 元，已报名的客户就可以享受 11 倍的超高积分，活动期间客户最多可以获得 11 万积分。

4. 全额还款的窍门

银行在计算信用卡还款的利息时，有一个细节是新手用户容易忽视的，就是如果用户账单没有全额还款，那么即使只有 0.01 元，银行也会计收利息和手续费，而且这个利息是按照欠款的全部金额来计算的，如果用户欠款为 1 万元，那么利息将是一笔不小的款项。

用户在进行还款时，一定要注意全额还款，由于这个方式有些不符合人性化需求，所以已有部分银行进行了调整，但是仍有些银行采用这种方式，所以从节省的方面考虑，用户每次还款时都要全额还款。

专家提醒

全额还款分为分期的全额还款和不分期的全额还款，根据使用者的需求而定。

用户采用分期付款要偿付一定的利息或者分期手续费，但是能够最快地满足消费者的购买欲望，节省很多时间成本。

3.2.8 获取更多优惠折扣

对于用卡达人而言，通过信用卡获得消费折扣是办理信用卡的重要原因。随着大众生活水平的提高，在衣食住行方面的需求扩大，主打折扣方面的信用卡越来越受到用户的欢迎。

各大银行为了争取用户，扩大客户数量和增加客户黏性，推出的信用卡刷卡优惠条件也在不断升级，甚至推出了折上折的活动。比如白金卡用户本身就享受一定的折扣，再加上活动赠送的折扣，用户只需较低费用即可获得服务。

以招商银行为例，其针对用户的消费折扣就推出了特色信用卡，使用该信用卡的用户在每周的星期三都可以获得五折的超高折扣。图 3-37 所示为招商银行的信用卡办理界面。

专家提醒

招商银行之所以能够成为大众最喜欢的银行之一，在于其一直致力于为信用卡用户提供贴心的优质服务，同时在衣食住行等方面迎合用户的需求，为用户提供最实惠的消费折扣。

从甜品、火锅、咖啡到自助餐，招商银行的信用卡几乎无所不能，总有一款商品的折扣会打动持卡人。

例如，刘女士喜欢一款面包，每个星期她都会在某一家面包屋购买。恰好这家面包屋就是与信用卡进行了合作的商家，因此，如果她使用信用卡购买面包就可以节省一半的费用，但是如果没有信用卡，她就需要付出多一倍的资金，这种优惠对她而言可谓尤为重要。

图 3-37　招商银行的信用卡办理界面

对于真正的用卡达人来说，持卡者会根据优惠的不同而选择办理多张卡，比如这个银行的信用卡只在周一优惠，那个银行的信用卡只在周三优惠，还有的银行信用卡在周末优惠，那么合理地使用信用卡，就能够为用户节省很多钱。善用这些优惠，省钱就是一件很简单的事。

3.2.9　异地存取节省手续费

随着支付宝、微信等平台的免费转账等功能受到额度限制，大众又需要对异地存取款的手续费担忧。一般情况下，银行对跨省辖的异地同一家银行的取款行为进行收费，是按取款金额的 1%收取的，而且上不封顶。

从用户的角度而言，这个费用相当昂贵，尤其是在取款费用较多的情况下，用户需要为此付出的手续费高到惊人，但是利用信用卡的取款功能就可以很好地解决这个手续费问题。

办理一张信用卡之后，将大笔款项存入信用卡中，这部分存入款称为“溢缴款”，不产生利息，但是用户使用或者取现也不需要费用，或者费用较低，当然这种情况只限于部分银行的信用卡，大部分银行会按照信用卡取现的规则来计算，并且会收取每日利息费。

图 3-38 所示为笔者通过平安银行的信用卡取现部分资金的扣费记录。

主卡 Main Card	2016-06-16	2016-06-17		
	2016-06-17	2016-06-18		
	2016-06-19	2016-06-20		
	2016-06-19	2016-06-20		
	2016-06-19	2016-06-20		
	2016-06-20	2016-06-21		
其他 Other	2016-06-14	2016-06-14	银联 ATM 取现费	¥ 25.00
	2016-06-22	2016-06-22	利息	¥ 0.61

图 3-38　笔者通过平安银行的信用卡取现部分资金的扣费记录

3.2.10　境外信用卡消费攻略

境外消费，至少需要双币卡，如果拥有多币种的信用卡更好，但是针对不同的国家或地区，可以有更好的消费方式。

对于走出国门的游客来说，在国外刷卡消费在所难免。下面对用户在境外消费需要携带的 3 种信用卡进行分析。

首先，以“4”开头的银联 VISA 双币卡，招商银行就有这类具有储蓄功能的国际借记卡，名为一卡通金卡，只需要招商银行的用户在招商银行存储 5 万元人民币或等值外币就能申请。

其次，以“6”开头的银联单币卡，在部分国家和地区，银联卡也是可以用的。以笔者为例，在 2016 年年初去越南旅游，结果发生资金意外，同时携带的双币信用卡丢失，但是在越南的部分地区 ATM 机显示有银联标志，说明银联卡可用，笔者通过“6”字头的银联单币卡直接取现 1000 万越南币，解决了资金问题。

最后，带有 VISA 标志的多币卡，VISA 卡的加盟商户在全球范围内都有，而且在部分区域只有 VISA 卡才能使用，从便捷使用的角度考虑，带有 VISA 标志的多币卡是要有的。

第 4 章

实体信用卡的提额、还款、分期、管卡攻略

学前提示

如果将实体信用卡的使用比作一堂课程，那么，提额、还款、分期和管卡一定是其中的重点和难点。许多信用卡持有者就是因为没有掌握正确的处理方法而在实际操作时吃了大亏。

那么，如何才能掌握这些重点和难点呢？笔者认为，在此过程中，学习正确的攻略至关重要。

要点展示

- 提额攻略：掌握技巧，提额其实很简单
- 还款攻略：严控还款，绝不当“卡奴”
- 分期攻略：分期消费，你的钱永远够用
- 管卡攻略：安全用卡，谨防资金损失

4.1 提额攻略：掌握技巧，提额其实很简单

关于信用卡提额，每个信用卡持卡人都会有一定的了解。很多人认为信用卡提额很困难，其实不然，只要掌握相应的技巧，信用卡提额会变得很简单。不过快速提额是建立在持卡人信用良好的基础上的。

4.1.1 额度百科学习

新手用户拿到信用卡，首先要了解信用卡的额度相关信息，具体内容分为可用额度、永久额度和临时额度3个方面。

如图4-1所示为关于信用卡额度3个方面的内容分析。

可用额度	持卡人的信用卡能够进行消费的直接额度
永久额度	银行为用户提高的额度，永久有效，除非用户销卡
临时额度	银行为用户提高的额度，临时有效，一段时间后消失

图4-1 关于信用卡额度3个方面的内容分析

可用额度是银行第一次审核用户信息，给用户下发的信用卡额度，一般根据用户的自身条件和薪资能力而定。

用户使用信用卡一段时间之后就可申请提高额度，银行会根据持卡人消费情况进行额度调整，调整临时额度还是永久额度由用户决定。

专家提醒

一般情况下，用户提供新的资产证明，银行会提升永久额度，如果用户只是需要购物或者其他消费，那么银行会提升临时额度。

永久额度对用户的好处更大，能够帮助用户获得更多的服务以及更好的服务质量，而临时额度主要是临时的资金救急。

4.1.2 影响因素盘点

影响信用卡提额的因素有很多，比如持卡人的年龄、学历、经历、消费潜力、经济状况、信用记录等，但是最主要的因素在于5个方面，具体内容如下。

1. 经济因素

银行在考察持卡人的经济因素时，首先会查看持卡人是否拥有自己的固定资产，比如房产或者汽车，也可以是有资产证明的理财产品；其次是查看稳定的收入来源情况，如果用户没有大额储蓄，但有稳定的收入来源，那么用户提额很容易；最后是银行有大额储蓄，哪怕用户什么都没有，但是银行存有 100 万元，而且存的时间已经超过 3 个月，那么申请提升该行的信用卡额度是可以获得通过的。

2. 住房因素

信用卡提额的重要因素之一，就是住房情况。如果信用卡申请人名下有住房，说明持卡人有一定经济基础。

只要有住房，提额就容易，如果用户能够提供高级住房的相关资料，银行会经常主动地增加永久额度或者临时额度。

3. 信用因素

只要持卡人出现过不良的信用记录，而且时间很近，那么提升额度是不大可能的，甚至申请信用卡都不会被通过。

现在各行的信用记录都有联网，用户一旦产生不良信用记录就会被银行查知。如果用户没有不良信用记录，那么持卡人申请提额时，银行会酌情考虑，但至少不会因为信用问题而拒绝提额。

4. 婚姻因素

很多人觉得有没有结婚与信用卡申请或者提额没有关系，但这是影响银行评测的核心环节。

在银行的自动评审系统中，两个条件完全一样的用户，已婚人士可以获得比未婚人士高一个级别的信用提升，无论是信用卡额度还是等级。如果未婚人士可以拿金卡，那么已婚人士就可以拿到白金卡。

在银行看来，已经有家庭的人会在生活上更加稳定，而且信用卡的偿还能力也有更大保障，这类用户是银行的优质客户。

5. 工作稳定性

工作领域的不同直接影响提额的成功率，比如工程师、经济师、会计师、教师、律师等用户进行提额，银行系统会优先考虑提供更高的额度，无论是固定额度还是临时额度。

这种稳定性较高的行业从业人员同样属于银行的优质客户，其不仅具有较强的消费能力，而且具备较强的偿还能力。

4.1.3 各银行提额技巧

各大银行信用卡的提额方法存在一定的相似度，具体而言还是有一定区别的，接下来，笔者将对国内 7 大银行信用卡的提额技巧分别进行说明。

1. 招商银行信用卡提额

招商银行提额最喜欢查看用户的消费次数。这种刷卡消费并不一定是大额交易，只要是刷卡次数多，消费额达到一定的程度就可以。

招商银行信用卡持卡人如果需要提升额度，直接致电客服热线(400-820-5555)就可以自行申请。从成功率考虑，持卡人用卡 3 个月以上再提出提额申请会更容易通过，如果招商银行信用卡持卡人还能够提供房产、车产等证明，那么提升额度的申请会更容易被批准。

专家提醒

如果用户持有的信用卡是双币卡，用户在进行提额说明时，可以说是境外消费，需要提升美元额度，那么，银行提升美元额度时，人民币额度也会相应提升。即使人民币额度没有提升，美元额度提升带来的等值人民币额度也是提升的。

2. 工商银行信用卡提额

与其他银行相比，工商银行信用卡用户如果申请 10 万元以下的提额，申请被通过的可能性是很大的。

要想更进一步地提升成功率，需要持卡人的工行账户为六星等级。对于工商银行用户而言，最可行的方式就是购买工商银行推出的步步为赢理财产品。哪怕用户是重复地买与卖，都能够提升账户等级。

一般情况下，当用户的账户达到双六星后，用户提出永久额度申请，银行都会将额度调至 5 万元人民币左右。

3. 交通银行信用卡提额

交通银行发行的信用卡是大众较为喜欢的信用卡之一，其提额的方法有多种，大家可以自由选择使用。

第一种是以销卡为由，持卡人通过电话跟银行客服联系，说明要销卡，那么客服会说持卡人为银行的优质客户，并且努力说服持卡人不要销卡，过几天有银行工作人员会联系持卡人进一步说明，再过几天就会发现自己的信用卡提额了，而且一般是永久额度。

第二种是长时间不用，其他银行两三个月不用就有可能提额，但是交通银行的信用卡得半年或者一年不用，额度才会增加。当然这是建立在用户之前使用信用卡次数较多的情况下。

4. 建设银行信用卡提额

建设银行信用卡提额技巧与招商银行信用卡提额技巧类似，银行喜欢用户多次刷卡，哪怕额度不高，如果用户还会偶尔进行分期还款，那么正常情况下 6 个月就可以提永久额度一次。

建设银行信用卡提额的额度每次在 50%左右，其中普卡和金卡属于同一个等级，最高提额为 10 万元人民币，如果用户需要继续提额，就需要申请白金卡或其他高端信用卡。

专家提醒

建设银行信用卡持卡人有提额的需求时，可以随时拨打客服热线进行申请。

除此之外，持卡人也可以通过网银、微信银行、手机银行等方式提交提额申请。如果是客服热线，客服人员会先听取客户自身的目标额度，然后进行审核，最后根据客户用卡情况批准一定的额度。

5. 农业银行信用卡提额

农业银行的信用卡发行量并不算多，但是在提高额度方面，农业银行信用卡是最实用的。比如中国农业银行推出的 QQ 联名信用卡，不仅终身免年费，而且提额是没有上限的。

只要用户持续地使用农业银行信用卡，每隔一段时间申请一次提额，无论是固定额度还是临时额度，银行都会或多或少地提升信用额度，这对很多人来说都是很方便的。

6. 中国银行信用卡提额

对于用卡达人而言，中国银行的信用卡提额方式也是相当简单的，主要是将临时额度和固定额度相结合。

首先，用户使用信用卡一段时间之后，再向银行申请临时额度，可以通过申诉将额度要得高些，然后再申请一张新卡，银行发给你的新卡的永久额度就会是你之前的信用卡的临时额度。

专家提醒

根据网络上的技巧说明，如果这种方法失效或者不灵的时候，用户可以不断地申请新卡，然后注销旧卡，那么中国银行信用卡额度会逐步地小幅度上升。

用户保持良好的使用记录是非常有必要的，如果没有良好的使用记录，没有对信用卡长时间的使用，在任何银行提额都是不太可能的。

7. 广发银行信用卡提额

广发银行的全称是广东发展银行，是国内较早组建的商业银行之一，也是信用卡审批较为容易的银行。

广发银行的信用卡提额是自助式的，一般情况下，用户使用信用卡达到额度的80%～90%，等到出了信用卡账单之后，用户进行全额还款即可申请提额，提额申请一般会被通过。

专家提醒

预先存款也是提额的核心手段，如果持卡人需要提额，可在申请提额之前，先在银行存入几万元人民币的定期存款。这种定期存款不需要提前几个月存入，只要在申请提额时存入即可。用户向银行提出申请，一般都会提额，而且提额与用户存入的金额有关，用户可以等提额成功后再取走存款。

4.1.4 提额时间把握

用户在不同银行申请提额的时间是不同的，申请临时提额和永久提额的时间也是不同的，下面对各大银行的提额时间进行整理。

1. 提升临时额度的周期表

大部分情况下，用户用卡时间超过半年之后，持卡人向银行提出调高额度的申请会较容易通过。具体能否被通过，还是在于持卡人的刷卡频率是否较高，平时的刷卡额度是否较大，信用记录是否良好等信息。

每家银行都会参照自己的相关标准来制定用户的额度，如表 4-1 所示为各大银行信用卡提升临时额度的周期表。

表 4-1 各大银行信用卡提升临时额度的周期表

所在银行	第一次临时额度	第二次临时额度
招商银行	随时	随时
工商银行	随时	1 个月后
建设银行	2 个月后	1 个月后
农业银行	随时	随时
中国银行	有还款记录	随时
交通银行	银行邀请	银行邀请
广发银行	6 个月后	6 个月后
光大银行	3 个月后	3 个月后

2. 提升永久额度的周期表

提升永久额度的要求比提升临时额度的要求高得多，用户如果没有频繁使用信用卡，而且按时还款，那么，是不可能在短时间内提升永久额度的。如表 4-2 所示，为各大银行信用卡提升永久额度的周期表。

表 4-2　各大银行信用卡提升永久额度的周期表

所在银行	第一次永久额度	第二次永久额度
招商银行	3 个月后	3 个月后
工商银行	6 个月后	6 个月后
建设银行	6 个月后	6 个月后
农业银行	6 个月后	随时
中国银行	6 个月后	3 个月后
交通银行	银行邀请	银行邀请
广发银行	6 个月后	6 个月后
光大银行	6 个月后	6 个月后

4.1.5　避免陷入误区

信用卡提额是有误区的，尤其对于用卡新手而言，必须要了解下面两个误区才能够更高效地使用信用卡。

1. 盲目刷卡、提额

刷卡可以获得信用卡积分，也可以提额，但是过度刷卡对于还款能力有限但信用额度较高的工薪阶层而言非常不划算。

盲目刷卡的风险越久越大，利息会让用户成为“卡奴”一族，而且“羊毛出在羊身上”，持卡人刷卡获得的好处最终还是会通过其他方式返回给银行的。刷卡最有可能带来 3 大风险，分别是信用风险、财务风险和法律风险，用户要克制消费冲动，适度地使用信用卡。

2. 过于相信中介

尽管申请信用卡有一定的技巧，但是提额没有任何人能保证百分之百的成功。部分违法分子假借帮助持卡人提额的名义，借机获得持卡人的信用卡信息，也可能骗取不存在的手续费等。

信用卡中介非常多，有些中介完全就是骗人的。如图 4-2 所示为中介收费的陷阱流程。

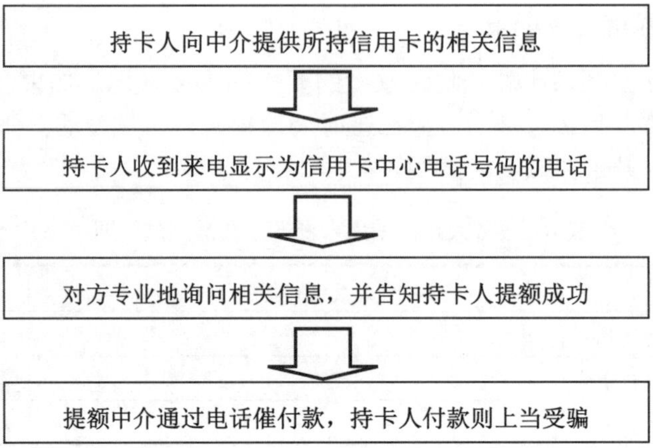

图 4-2　中介收费的陷阱流程

4.1.6　提额被拒的原因

信用卡提额被拒是信用卡持卡人经常遇到的，也是广大卡友较为关心的问题，下面针对这个问题进行剖析。

1. 开卡的时间较短

大部分银行对于使用信用卡时间较短的用户是不提额的，一般情况下，开卡使用半年才可申请提额。半年之后，银行会根据用户在半年内的用卡情况来判断能否提额，用户使用时间越长越好。

2. 消费远低于额度

如果用户使用信用卡，一个月的消费才到信用卡额度的一半，比如额度为 10000 元人民币的信用卡只用了 1000 元，那么要想让银行提额是不可能的，因为用户所用额度太低，都没有达到银行的最低标准。

很多申请了信用卡的人没有刷卡的习惯，在这种情况下，信用卡的额度很难有所提升，银行会视为审批的额度已经足够用户使用，所以常刷卡是信用卡提额的重要考虑因素。

3. 网络支付比例大

大部分人并不在乎的一个方面就是网络消费，但是信用卡对于网络消费是不太认可的，尤其是支付宝、微信支付等。

这种原因的出现不仅仅在于支付宝和微信抢占了银行的利润蛋糕，还在于网络支付会产生非法套现等情况，所以每月的账单出来时，如果用户的网络支付比例较大，是会影响用户提额的。

4. 个人信用记录不佳

个人信用是信用卡出现的根本原因，没有信誉就没有信用卡。用户申请提额时，如果有逾期导致的罚息问题，那么，所有的良好用卡记录都会化为乌有，提额的申请一定会被拒，用户必须重新累计使用记录。

4.1.7 掌握4种提额技巧

信用卡提额主要有4种提额技巧，下面针对这些技巧进行全面分析。

1. 让银行主动提额

要想让银行主动提额，必须进行持续和频繁的刷卡，要坚持长期刷卡消费，最好连续数个月都有刷卡的消费额度产生，另外，刷信用卡的次数和商家对象越多越好。

这两点是银行查看用户的信用卡活跃指数时直接关注的，除此之外，还有部分用户因素也是银行主动提额的关键。如图4-3所示为银行主动提额的相关要素。

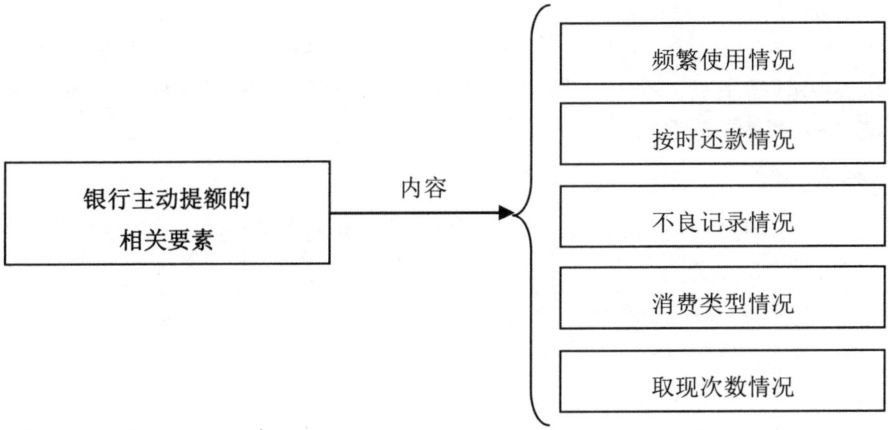

图4-3 银行主动提额的相关要素

2. 刷卡提升额度

能够证明持卡人有提额能力的事实，就是用户使用信用卡支付的金额越来越大，而次数也是银行关注的一个方面，但是额度更为重要。

一般来说，每月产生账单消费情况至少是信用卡总额度的30%，持卡人才会被银行认为具备提额能力。

3. 坚持提交申请

提额申请一般提交给客服会更好，而持续的电话提额申请，不同的客服会对用户的申请进行不同的处理。

因为每个人的情况不同，所以不同的客服或者工作人员在处理申请时的依据有所不同，就会出现上一次通不过，这一次就通过的情况。还有就是用户在账单日或者信用卡刚使用过时申请更容易通过。这会让银行的工作人员觉得用户是真的有提额的直接需求。

4. 进行曲线提额

曲线提额也是用卡高手常用的一个方式，尤其是在某些特殊卡片出现时，其操作方式就是用户不断地申请同一银行的信用卡。新发的信用卡一般与用户原有额度一致，甚至比原有的固定额度还要高。

申请多张信用卡并下发之后，用户的个人总额度就达到了原有信用卡不能达到的高度。比如一张信用卡额度为 2 万元人民币，那么 5 张信用卡的额度总和就达到了 10 万元人民币。

4.1.8 临时提额申请技巧

申请临时额度，最有效的方式就是告知银行，持卡人近期有大额的消费需求，需要银行提高额度。

在方式上持卡人可以通过拨打银行的客服电话进行申请，客服人员在核实持卡人的身份以及提额需求后，会在一段时间内为持卡人提高额度。这种方式方便快捷，所以是申请临时额度的首选方式。

专家提醒

通过网上银行进行申请，比客服申请到的额度要低，一般是原基础上调10%左右的额度。

用户也可以直接前往银行营业厅申请，但需要持卡人提供资产证明等信息，提升的额度根据资产证明而定。

4.2 还款攻略：严控还款，绝不当“卡奴”

信用卡最为重要的就是申请、办理、使用、积分以及还款，随着科技的不断进步，信用卡还款方式也变得越来越多。与传统的柜台还款相比，现在的便捷还款更加适合于用户，本节学习的内容便是信用卡的还款方式和还款注意事项。

4.2.1 把握还款日期

逾期还款不但会让用户的信用卡账户增加一笔滞纳金，更为重要的是，用户的信用记录将受到影响。

如果是一人持多卡的现象，那么用户了解和记录不同卡片的还款日期就非常重要，用户可以在本子上记下每张卡的最后还款日期与还款金额等，也可以通过第三方平台的 App 来进行管理。

如图 4-4 所示为 51 信用卡管家的信用卡管理界面，用户可以同时看到不同卡片的还款日期。用户了解还款日期后，要提前一周做还款准备。

图 4-4　51 信用卡管家的信用卡管理界面

4.2.2　还款方式选择

还款的方式多种多样，信用卡只需选择相对方便的一种即可。接下来，笔者就对其中较为常见的 8 种还款方式分别进行简单的介绍。

1. 柜台还款

在银行营业厅柜台进行还款是基础的还款方法，也是长久以来大部分信用卡持卡人的还款方式。

用户可以在所在城市中找到银行的线下营业厅，进入营业厅向工作人员说明情况，并直接用现金实现对信用卡的还款。

这种还款方式接受他人代还和无卡还款，而且还款是即刻到账的，不需要用户额外支付手续费。

专家提醒

用户在柜台进行还款，可以分为两种方式，分别是本行柜台还款和他行柜台跨行还款。

与本行柜台还款的时间不同，他行柜台跨行还款的到账时间一般为 2 天左右，而且部分银行会收取一定的手续费，还款金额入账后恢复信用卡额度。用户如果要追求稳妥，最好提前 3 天还款。

2. 自动还款

自动还款分为两种模式，一种是银行提供的自动还款功能，只需要用户在同一家银行办理一张储蓄卡即可，让银行将储蓄卡与信用卡进行绑定。还有一种是通过第三方平台设置自动还款，还款款项的来源可以是任何银行的储蓄卡。

如果用户选择银行方面的自动还款，那么从第二个月开始的还款日，银行会自动从用户的储蓄卡中全额扣除信用卡的欠款。这种模式让用户享受了还款的便利性，用户不需要到银行排队还款，也免除了利息问题。但是储蓄卡账户里需要保持足够的资金，以免无款可扣。

专家提醒

用户在与银行签订账户还款协议时，银行会让用户选择“全额还款”和“最低额还款”，持卡人选择“全额还款”的模式更好，也就是一次性全部还款，能够更好地避免利息问题。如果用户选择“最低额还款”，还需要支付一定的利息。

3. 电话还款

电话还款是银行为了进一步服务用户推出的便捷功能，也是诸多信用卡还款方法中最简单、最方便的方法。

需要还款的时候，只需要拨打银行信用卡客服电话，还款即可轻松搞定。如图 4-5 所示为用户电话还款的操作流程。

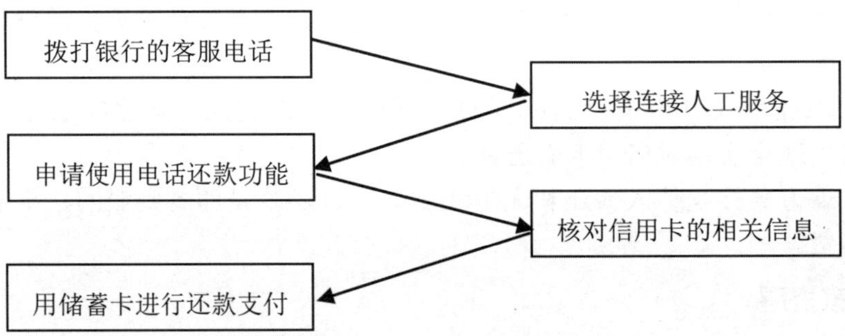

图 4-5　用户电话还款的操作流程

大部分银行都是提供电话还款业务的，从本质上看与银行推出的自动转账功能类似，但是电话还款的自由度更大，也更适合用户进行快速还款，而且这种还款方式可以由用户决定还款时间、还款金额等。

4. 线下支付还款

随着互联网技术的发展，用户可以用的线下支付工具也越来越多。比如银联推出的智能支付电话、拉卡拉和富友推出的刷卡支付工具等。在这些支付工具上，用户可以通过其信用卡还款功能对信用卡进行还款操作。

如图 4-6 所示为用户线下还款的操作流程。

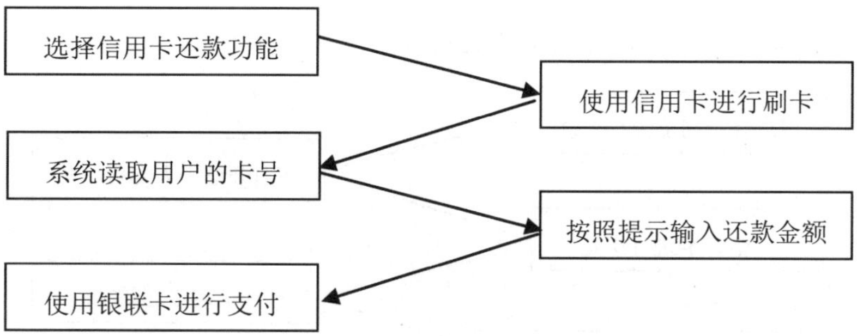

图 4-6　用户线下还款的操作流程

如果出现“交易失败，请确认转出卡”或“交易失败，请咨询发卡行”等情况，用户可以通过支付工具上的联系电话进行查询，可能用户所持有的银行卡卡种、功能、类型对于线下支付有限制。

专家提醒

在这种支付工具上，用户只需要用一张储蓄卡，就能够及时还款，而且除了向同行的信用卡还款外，还可以向其他银行的信用卡进行还款，还款过程不产生手续费。

这种自助刷卡终端还为用户提供信用卡余额查询、手机充值、查看账单等其他服务项目，功能非常实用。

5. 遥控器还款

电视遥控器还款是一种新型的还款方式，在 2013 年，中信银行长沙分行与中国银联湖南分公司进行合作，正式上线电视支付业务。

电视支付业务，是以湖南有线电视网的智能电视终端为基础进行的，用户通过智能电视上的支付通道，进入支付业务操作界面，该业务支持信用卡和储蓄卡，分为无磁无密、无磁有密等模式。

专家提醒

从长远来看，电视支付业务的潜力非常大，用户只需要在家里就可以通过电视机遥控器办理业务。

除了信用卡还款，智能电视终端还提供移动、联通、电信的手机话费充值，有线电视缴费等各种类型的支付业务。

6. 网银还款

没有哪一种信用卡还款方式会比网银还款更快，无论是从操作方式还是到账速度，网银还款都是非常突出的。

如图 4-7 所示为用户网银还款的操作流程。

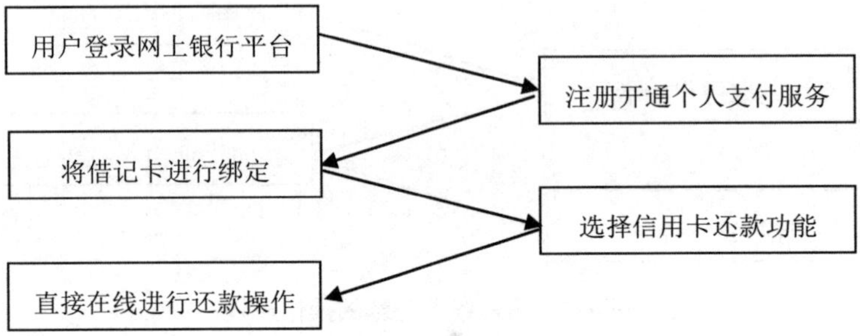

图 4-7　用户网银还款的操作流程

7. 手机还款

如果说网上银行的功能非常全面而且省事，那么手机版的网上银行在功能操作上更加便捷。

所有的银行都会开通手机银行，手机银行的功能与网上银行类似，全面性特点非常突出，比如快捷查询信用卡账单、查询银行网点信息、进行智能记账等操作，最主要的还是随时随地实时还款功能。

用户不用打电话、不用跑网点、不用开电脑，就能够通过手机随时随地进行还款操作，而且不分周末或者节假日，资金实时到账。

专家提醒

部分银行要求持卡人在柜台开通手机银行功能，用户在开通时务必使用本人的手机号码。

用户的手机银行账户和密码等个人信息不要轻易告知他人，如果手机丢失或更换个人号码，用户要注意注销或者修改相关信息。

8. ATM 机还款

通过在发卡行的 ATM 机进行还款，是大部分信用卡用户不知道的还款方式，但是随着 ATM 机的普及，越来越多的人正在使用这种方式。ATM 机还款的本质就是现金存储与转账功能，用户向信用卡中存入现金就是还款。

如图 4-8 所示为用户 ATM 机还款的操作流程。

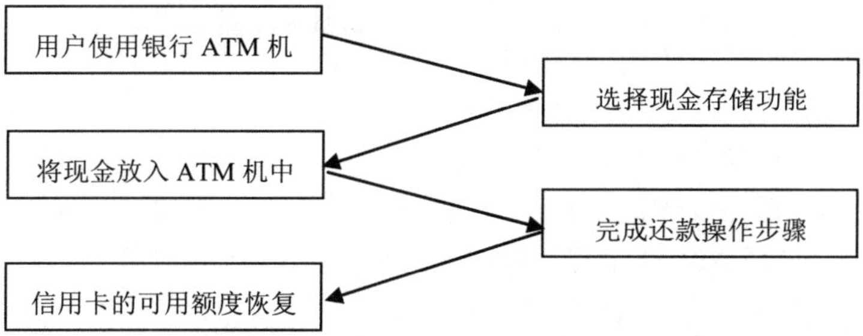

图 4-8　用户 ATM 机还款的操作流程

专家提醒

与其他的还款方式相比，ATM 机还款的操作步骤有些烦琐，而且现金还款根据银行的规定要收取一定手续费。

使用 ATM 机也可用跨行转账，分为同城跨行、异地跨行两种方式，银行会收取一定的费用，而且资金到账时间比较慢。

4.2.3　还款方式分析

从省钱和省时方面考虑，最适合的还款方式还是第三方平台还款，比如前面所说的支付宝、财付通、快钱等。

下面对所有的还款方式进行分析，分别从还款特点、便利程度、时效程度和安全程度等方面进行考虑。如表 4-3 所示为所有还款方式的对比分析。

表 4-3　所有还款方式的对比分析

还款方式	还款特点	便利程度	时效程度	安全程度
银行柜台还款	传统式	一般	非常高	非常高
自助 ATM 还款	较便捷	较高	较高	较高
自助终端还款	无障碍	较高	较高	较高
网上银行还款	到账快	非常高	较高	较高
第三方平台还款	最便利	非常高	较高	较低
账户自动还款	最省事	较高	非常高	非常高

4.2.4　外币还款技巧

部分用户申请的是双币信用卡，那么信用卡中的美元账户账单该怎么还款呢？这也涉及一定的还款技巧。

在用户还款的过程中，比如工商银行、中国银行、浦发银行等银行有规定，用户还款的金额会优先用于归还人民币账户的欠款，只有在人民币账户存在溢存款时，溢存款部分才能用于美元账户或其他货币账户的欠款。

除此之外，还有部分银行是提供只还美元账户账单功能的，但是需要用户在申请信用卡时就进行选择。具体规定在各个银行有所不同，一般都是通过购汇的方式进行还款，也就是人民币按照当日的汇率购买美元，再将美元进行还款。

专家提醒

需要注意的是，双币卡信用卡并不意味着用户可以直接使用人民币还外币的账单，持卡人在办卡之前就要询问清楚。在个人信用报告中，双币卡信用卡是分为人民币信用卡和美元信用卡两种的，也就是分为两张信用卡区别对待。

4.2.5 还款的注意事项

在进行信用卡还款的过程中，用户需要特别注意以下 5 个事项。

1. 及时联系银行

当用户实在没有办法还款时，可以用最后一种方法，就是跟银行联系，因为多数银行都是可以商量的，银行发行信用卡的目的是为了营利，而不是为了让用户逾期产生不良信用记录。

用户千万不能完全不去管信用卡的还款时间，造成逾期记录，这种情况是银行最不喜欢的。

只要用户主动联系银行，同时态度非常诚恳，表明自己一定会还款的坚定决心，银行还是会酌情地给予持卡人一定周转时间的。

2. 以卡养卡不可取

以卡养卡是“卡奴”的标准配置，一旦出现这种情况，就说明持卡人的资金已经出现了断裂，极有可能造成逾期记录。

对于“卡奴”而言，每个月发的工资几乎都要用于信用卡还款，在这种情况下，用户已经无法通过工资进行其他的正常消费了。

“卡奴”之所以会出现，在于用户难以控制消费的欲望，导致不停地刷卡，然后不停地还款，这种恶性循环会使债务逐渐增加，最后就会出现用一张信用卡去还另一张信用卡的最低还款额度的情况。

专家提醒

以卡养卡已经是最危险的时候了，一旦用户的资金链断裂，一张信用卡的最低额度额无法达到，就会产生连锁反应，导致所有信用卡都无法还上。对于持卡人而言，一定要尽量避免陷入这种以卡养卡的模式中。

3. 还款应该还全额

用户在还款时，往往不是一个整数，而是一个带有尾数的数字，比如 2865.03 元人民币，如果用户还款 2865 元，但是 0.03 元没有还款，银行会认为用户欠款未还，对持卡人会处以一定的罚款，同时还要加上整个欠款的全额利息，持卡人需要还款的金额会非常高。

用户对信用卡还款时，一定要记住全额还款，否则账单金额会以 5%的速度增长，这 5%就是银行的逾期利息费率。

4. 退款也会产生账单

信用卡购物的退款与信用卡的还款两者没有关系，只有在特定情况下，用户购物失败的退款才刚好补全了信用卡的还款。

比如，用户用 3000 元购买一台平板电脑，用信用卡刷卡消费之后，用户可能觉得价格不太合适，进而选择了退货，如果此时商家没有异议，那么，退款操作就会达成，但是到下个月的账单日时，用户可能就会看到账单上多了一笔平板电脑的 3000 元消费。

出现这种情况主要是用户的账单日和还款日时间问题，因为商品退款往往是一个相当漫长的时间，一旦退款时间超过了还款日，那么之前的消费就计入上个月的账单中。

专家提醒

大部分银行都采取同一种处理方式，即用户取消消费时产生的退款若在账单日后产生，大多不能抵扣当月的欠款。如果在当月账单中有这笔消费欠款，那么用户必须在下个月的还款日前还上，而之前的退款有可能作为还款，也有可能作为溢缴款。

5. 基金金额可用于还款

部分银行的基金金额是可以用来还款的，比如用户在交通银行签约了“快溢通”服务，而且设定一定的留存金额下限。那么用户的账户余额只要超过了该金额下限，多出的部分就会进行货币基金投资。

这种功能主要是让账户内的闲钱得到最大化的利用，如果用户同时开通了“快溢通”信用卡自动还款业务，那么到了信用卡的还款日，银行会将用户已经购买基金的资金进行还款。

持卡人在交通银行的营业厅或者网上银行，都可以签约“快溢通”业务，也可以办理信用卡自动还款的业务。

下面以交通银行网上银行的“快溢通”业务签约流程为例进行分析，用户首先登录交通银行的个人账户，进入“基金超市”之后，选择“快溢通”选项，选中“快溢通签约申请”按钮。如图 4-9 所示为用户签约快溢通的操作界面。

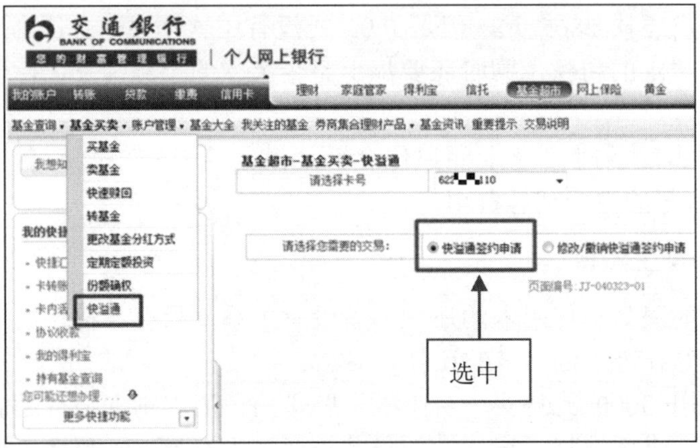

图 4-9　用户签约快溢通的操作界面

用户进入“快溢通”业务的详情界面后，直接选择签约的货币基金，然后输入账户备用金限额等相关信息，并选择关联信用卡卡号，最后提交申请即可。

4.3　分期攻略：分期消费，你的钱永远够用

信用卡的分期消费模式是用卡达人最为喜欢的，也是信用卡提供的主要附加服务之一。这种方式满足了那些想要提前消费，但是钱不够的用户。比如年轻人买车，就喜欢用信用卡进行分期消费。

4.3.1　初识分期付款

分期付款就是分成一定的期限，对贷款所欠的费用或者购物时的费用进行还款。以中信银行为例，用户在第三方平台购物进行支付时，可以直接选择分期付款方式：

付款金额=订单总金额＋分期手续费

大部分银行都提供分期付款功能，如图 4-10 所示为中信银行在信用卡账单中提供的某商品分期购买功能。

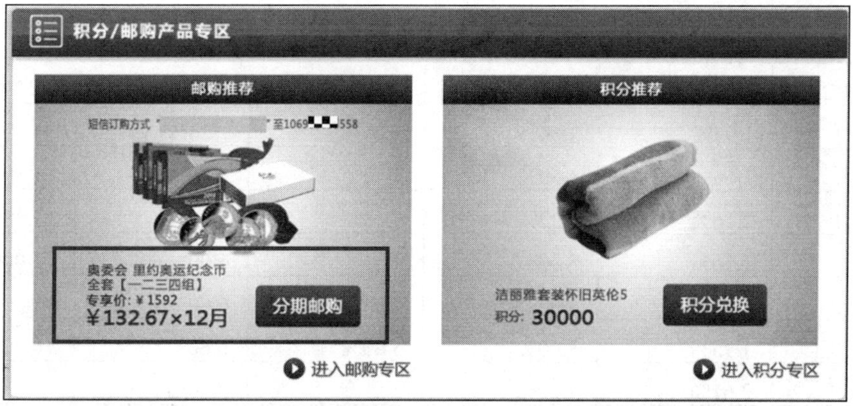

图 4-10 中信银行在信用卡账单中提供的某商品分期购买功能

通过这种模式，用户购物的资金支付就可以将总价平均分成 3 期、6 期、12 期等情况，先购买再慢慢地进行还款。

4.3.2 期数和手续费

分期付款对于大部分人而言并不陌生，今天买电脑用分期付款，明天买手机可能又用分期付款。

分期期数就是用户选择分成多少次来付款，期数越少，手续费用越低，期数越多，手续费用越高。不同银行推出的用户可选择的分期期数不同，而贷款和分期付款可选择的分期期数也不同。

专家提醒

用户还需要注意展期功能，展期功能是在分期付款的基础上再进行分期的功能。

比如农业银行的展期功能，用户进行分期付款交易时只能办理一次，对已经申请的分期期数进行调整，如果用户之前分期选择的是期数最多的，那么无法进行展期。分期期数少则可以分为更多的期数，比如将原本的 3 期分为 6 期、9 期、12 期，甚至 24 期等。

4.3.3 费率数据分析

银行不同，分期付款的费率数据不同，下面针对部分银行的分期费率数据进行分析。如表 4-4 所示为 7 家银行的信用卡分期付款费率数据。

表 4-4　7 家银行的信用卡分期付款费率数据

所在银行	3 期费率	6 期费率	9 期费率	12 期费率	24 期费率
中国银行	1.95%	3.60%	5.40%	7.20%	14.88%
工商银行	1.65%	3.60%	5.40%	7.20%	15.60%
交通银行	2.16%	4.32%	6.48%	8.64%	17.28%
光大银行	1.50%	3.00%	4.50%	6.00%	12.00%
华夏银行	1.50%	3.00%	4.50%	6.00%	12.00%
中信银行	1.95%	3.60%	5.40%	6.60%	14.40%
招商银行	2.61%	4.20%	—	7.20%	—

并不是所有银行的分期都分为 3 期、6 期、9 期、12 期和 24 期，所以表中的部分银行在某一期上没有费率说明。用户如果要查看更加具体的费率，可以进入信用卡所在银行的官网，查看分期付款的相关说明。

4.3.4　100 天免息技巧

100 天免息，这是很多用户都不知道的信用卡刷卡技巧，但是实际上却是可行的。用户要想获得 100 天免息，可以通过两个步骤达到目标。

首先，调整还款日，为了管理账单，便于还款，银行为用户提供调整账单日和还款日的功能，比如用户还款日为 20 日，那么向银行客服打电话申请更改信用卡还款日，银行会提供几个日期，用户选择最长的日期就可以延缓还款的时间。

其次，分期付款，需要注意的是，大部分银行的分期处理会将本期的金额分开，从下个账单日重新计算，也就是这个账单日是不需要还款的，这样就可以获得整整一个账单日的免息时间。

专家提醒

例如，某行的信用卡账单日为每个月的 6 日，假如持卡人在 6 月 7 日消费一笔金额，并于本月 27 日成功更改账单日为每个月 26 日，那这笔金额将会于 7 月 26 日出账单。然后申请分期，再获得最长 50 天的免息期，那么，持卡人总共就有 100 天的免息期。

4.3.5　最低还款与分期还款分析

最低还款和分期还款都是在用户无法直接还款时可以选择的还款方式，那么两者有什么区别？下面针对两种方式进行分析。

分期还款在一般情况下不需要利息，但需要手续费，各大银行规定的手续费率高低各有不同。

“最低还款额”则是用户在信用卡的还款日时可以按照最低还款额进行的还款，一般为规定还款额的 1/10。当用户按照最低还款额还款后，银行会收取较高的利息费用。

专家提醒

正常情况下，用户的长期大额欠款适合做分期，短期小额欠款可用最低还款的方式。无论选择哪一种分期方式，用户在选择之前都应该详细地了解该分期对应的相关成本及银行关于提前还款的相关规定，目的是避免用户盲目地选择不必要的付款方式。

4.3.6 分期付款应用技巧

通过分期付款，即便当前资金不足，人们也可以购入自己心仪的物品。分期买车和分期购房是两种较为常见的分期消费方式。接下来，笔者主要介绍分期购车的相关细节。

分期购车是银行推出的服务，无论是分期付款还是现金分期，用户的自主度都受到银行限制，而刷卡购车在自主度上由用户自己决定。

问题在于购买一辆车的费用往往不是一张普通的信用卡可以支付的，比如招商银行的普卡最高额度为 6.5 万元人民币，用这笔钱购买一辆中等档次的车还不够。至少需要金卡或白金卡，甚至钻石卡等高端信用卡才可能用信用卡刷卡。

如果用户持有最高等级的黑卡，那么直接用黑卡刷卡买一辆价值 1000 万元人民币的车都没有问题。

专家提醒

如果用户能够刷卡购车，那么通过刷卡的方式更好，因为银行有免息期，如果用户使用一定的技巧，还可以延长免息期。分期购车则是在一开始就需要用户缴纳手续费，而且大部分银行都要求先交首付款。

信用卡分期付款购车是部分用户购买汽车的主要模式，其优势在于审批的速度较快，而且手续相对简单，用户向银行提供身份证及信用卡信息即可。

如图 4-11 所示为用户通过信用卡分期付款购车的流程。

持卡人在选择车贷时，首先要了解银行手续费的利率，然后考虑个人的偿还能力，最后选好分期付款的期限。

只有充分地了解贷款方案的细节，才能和银行、经销商确定车型、价格与其他方面，选择适合个人的方案。

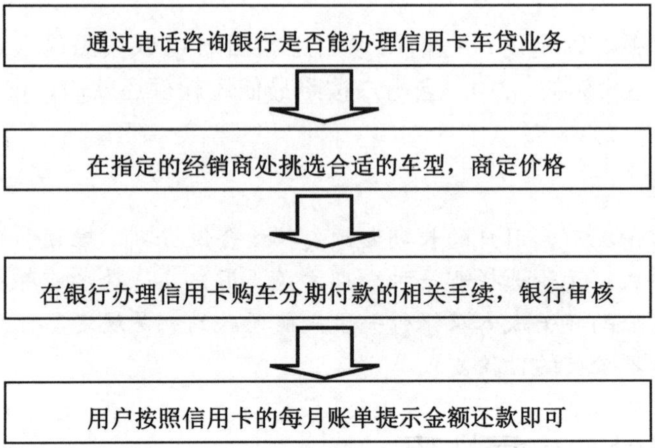

图 4-11　用户通过信用卡分期付款购车的流程

4.3.7　银行的专属分期

银行为了吸引用户，会推出各种类型的专属分期付款模式。比如招商银行就推出了“家装易”分期付款，这是招商银行消费信贷服务的内容之一。

“家装易”分期付款分为大额分期付款和普通分期付款，其中大额分期付款是指招商银行提高持卡人在指定商家的可用额度，用户能够直接将该额度分期，满足用户先进行家装的需求。

除了招商银行，其他银行也推出了类似的活动。比如建设银行推出了“龙卡信用卡安居分期付款”，与招商银行的“家装易”分期付款相比，其零利息、最低零手续费、最长时限和最高额度都较为突出。持卡人带好相关资料就能够到银行直接申请，当然只能选择特定的家装公司。银行审核之后，会给持卡人的信用卡中增加特别额度，用户可用特别额度在家装公司的 POS 机上刷卡。

专家提醒

银行推出的专属分期比较适合于现金流稍微吃紧的持卡人，用来缓解用户购买材料时的压力。用户使用专属分期功能只能在银行指定的商家，在购物自由度上比较受限。

4.3.8　分期付款的注意事项

分期付款虽然可以将实际可用的资金额成倍地放大，但是在实际操作时仍需特别注意以下 4 个方面。

1. 按需选择分期

分期模式除了可以按照期数来分之外，还可以根据分期的对象来分，主要有商场分期、邮购分期和账单分期 3 种模式。

首先，商场分期，就是用户在购物场所购物时，持有该商场支持分期的信用卡说明需分期付款，然后收银员会按照用户的需求进行分期处理。需要注意的是，商场分期中一般分为 3 期是免手续费和利息的，但需要在特定的 POS 机上刷卡。

其次，邮购分期，由银行邮购特定的商品手册给用户，用户进行挑选。随着网络的发展，用户也可以在银行的网上分期商城中选择。用户选择好商品，通过网上订购、打电话或者快递分期申请表等方式向银行提出申请。需要注意的是，邮购分期一般没有手续费，但是价格相对较贵。

最后，常见的账单分期，用户消费之后再向银行提出分期申请，这种模式在之前的内容中已经多次提及。

2. 慎用分期购物

与临时额度类似，分期付款也不是免费的午餐。用户在使用信用卡分期服务时，要充分考虑分期付款的费率。

持卡人要理性消费，这是使用信用卡的基本条件。另外，分期付款购买的商品不一定便宜，比如信用卡商城里可分期购买的家电、电器甚至饰品等商品，在标价上都要更贵一些，这是信用卡商城的不成文行规。所以，银行虽然为用户提供了分期付款的便利，但是用户花出去的钱并不少。

分期付款的低手续费具备一定的诱惑力，如果用户没有还款，那么逾期产生的高额利率就是银行为你准备好的陷阱。

3. 提前还费用更高

用户选择账单分期还款时一定是因为资金不足，暂时没有足够的资金，那么用户在还款的过程中有了足够的资金，想要提前还款，是否就一定可以免除后面几期的手续费呢？

这是不可能的。其实用户提前还款，一是手续费免不了，二是可能还要加收手续费。比如用户申请 24 期分期还款，每期还款 1000 元，其中每期手续费 66 元。等到 12 个月之后用户有钱了想直接还款，用户会发现不仅要还剩下 12 个月的手续费，还要加一定额度的提前还款手续费。

专家提醒

银行这样规定的原因非常简单，用户通过分期还款可以增加一个月的免息时间，如果用户下个月全额还款不需要缴纳手续费，那么银行就没有钱赚了。除此之外，用户申请部分银行的分期付款时，银行是会要求用户一次性缴纳所有手续费的。

4. 年化分期手续费率

信用卡的年化分期手续费率是指用户一年所需要付出的手续费，相比于按月的手续费计算方式，这种按年算会更容易让用户了解自己需要在一年内为分期付款付出多少手续费。

除了这个计算功能之外，还有就是部分银行为用户推出按年还的手续费率，最低为 6%，大部分银行在 8%左右。

以消费 20000 元为例，如果用户采用的是一年期的分期付款，那么需要支付的手续费为 20000×6%=1200 元；如果按照每月还的分期付款，那么用户贷款一年共计支付的利息为 20000×6.31%/12×13/2=685.8 元，要低于一年期的手续费。

在这种情况下，银行推出消费贷款的利率越高，采用分期付款越有利；而消费贷款利率越低，采用一年期的手续费率更有利。

4.4 管卡攻略：安全用卡，谨防资金损失

使用信用卡不能不关注的问题就是安全性，一旦用户的信用卡被人盗刷使用，那么，不仅用户会出现资产损失，银行也将因此受到负面影响。信用卡的安全问题一直被各方关注，对持卡人来说，安全用卡是使用信用卡时必须掌握的事情。

4.4.1 密码与签名保护

在国际上，信用卡消费主要是采用签名消费的方式，但是在国内一般是采用“密码＋签名”的方式来进行信用卡刷卡消费。

信用卡密码就是指信用卡的交易密码，与查询密码只具备电话查询或者网银查询的功能不同，有了交易密码，信用卡是可以实现无卡支付的。如果持卡人在办理信用卡并且激活时有设置属于自己的信用卡交易密码，那么进行消费时就需要输入密码才能够完成交易。

签名是指信用卡背面的签名，只有持卡人才能够在签名条上签名，用户进行消费时可以直接签名消费，不需要交易密码。如图 4-12 所示为平安银行某信用卡的背面持卡人签名处。

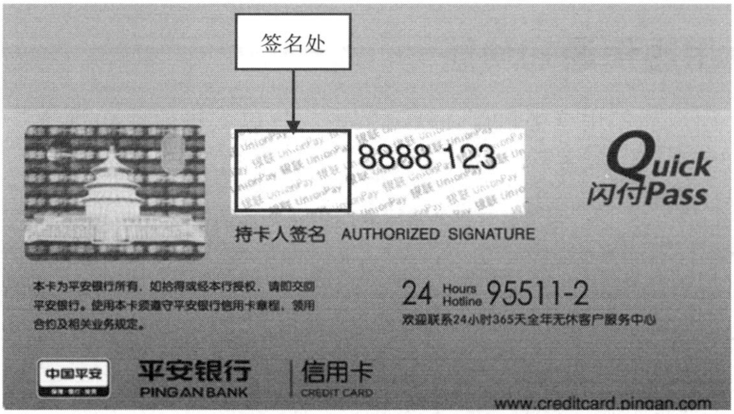

图 4-12　平安银行某信用卡的背面持卡人签名处

用户在申请信用卡时是可以设置交易模式的，比如设置为需要签名才能交易，或者需要交易密码才能交易，还可以设置为“密码＋签名”的方式，一般情况下以设置交易密码进行交易为主。

4.4.2　安全码的重要性

安全码就是 CVV 码，是英文 Card Verification Value 的简称，一般是由卡号、有效期和其他信息生成的 3 位数字，用户可以从信用卡背面的持卡人签名区看到，就是签名区数字的后 3 位数字。比如在图 4-12 中，安全码就是 123，而 8888 是该信用卡的后 4 位数字。

安全码的重要性非常突出，原因很简单，盗刷者可以通过信用卡的卡号和安全码修改用户的交易密码，甚至将用户原定的签名交易模式取消，也可以直接用卡消费，这样整张信用卡的所有额度就归盗刷者所有了。

安全码提供的是一种无磁无密的支付通道，使用者不需要用信用卡刷卡，也不用检验交易密码，直接通过卡号和安全码就能够完成支付。这种功能被称为“无卡支付”，常见于电话支付模式中。

专家提醒

对于任何用户而言，保护安全码不被盗取是非常必要的，但是信用卡在刷卡时别人是可以看到安全码的。

在这种情况下，用户首先要避免让别人看到安全码，其次是保护自己的个人信息，因为用户使用“无卡支付”时，银行一般要求用户提供个人信息，比如持卡人的生日、手机号码、信用卡有效期等。

4.4.3 善用短信通知功能

为了防止用户的信用卡被盗用，所有的银行都提供短信通知服务，但是不同银行的服务政策有所不同。如表 4-5 所示为部分银行的短信通知服务对比。

表 4-5 部分银行的短信通知服务对比

所在银行	线下消费	网上消费	取现消费	账单情况	收费情况
中国银行	免费	免费	免费	免费	免费，可自行设置金额
工商银行	免费	免费	免费	免费	免费，可自行设置金额
农业银行	免费	免费	免费	免费	免费
招商银行	免费	免费	免费	免费	100 元以上交易免费通知
交通银行	免费	免费	免费	免费	每月 4 元，部分卡免费

专家提醒

为了让用户更舒适地体验银行的服务，部分提供免费短信提醒服务的银行采取了更加灵活的措施，也就是推出自行设置金额的功能。

持卡人能够通过网上银行、手机银行等平台，自行设置个人短信提醒的金额范围，这种高度的自主度更有利于用户的持续用卡。

4.4.4 不安全的套现行为

用户使用信用卡套现是非法的，套现的方式有虚构交易、虚开价格、现金退货等，用户只需要支付小部分的手续费，就可以获得一大笔现金。随着信用卡用户的增多，信用卡套现的现象也逐渐增多。

信用卡套现如果是持卡人主动进行，虽然违法，但是安全性相对较高，相当于用户使用 POS 机进行交易。但如果持卡人相信某个黑中介，由中介机构拿卡去刷卡消费，那么安全性几乎没有。

中介拿卡消费取现，用户的所有个人信息以及信用卡信息都会被中介得知，用户除非销卡，否则不可能阻止中介盗用信用卡进行消费。

专家提醒

作为用卡人，管理好自己的信用卡非常有必要，尽量不要采取套现方式使用信用卡。这种行为一旦被抓到，用户损失的不仅是个人信用，还会在一定程度上违反法律，给自己带来诸多麻烦。

4.4.5 网络借贷有风险

网络借贷平台随着互联网的兴起而兴起，一般是由具有一定影响力的第三方公司作为中介平台。具体的操作方式是借款人在平台上发放借款标，其他人通过竞标来向借款人提供资金。

网络借贷从金融的发展趋势而言没有问题，比如资料、资金、合同、手续等都由网络实现的模式非常符合未来的金融发展。国内较有影响力的网络借贷平台有陆金所、宜人贷和红岭创投等。

从借贷本身而言，这是金融市场的组成部分。但是随着网络借贷 P2P 投资的兴起，信用卡领域也结合网络借贷形成了信用卡 P2P 投资。如图 4-13 所示为信用卡 P2P 投资的基本流程。

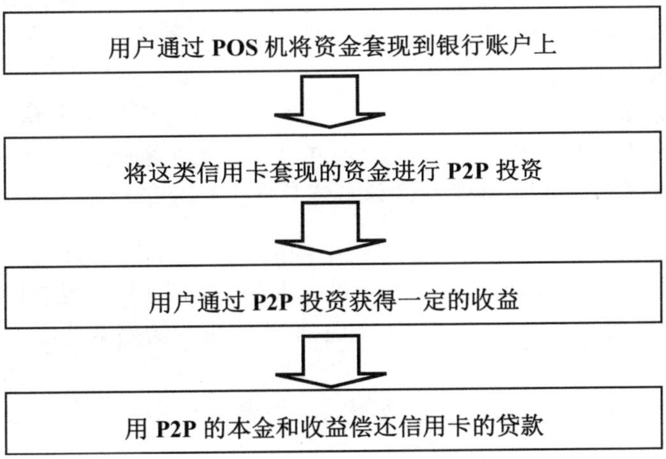

图 4-13 信用卡 P2P 投资的基本流程

专家提醒

信用卡 P2P 投资的风险非常大，主要有平台风险、不良信用记录风险、额度降低风险、信用卡的偿还风险与信用卡套现的法律风险。

对于用户而言，一旦平台或项目发生风险事件，投资者没有足够资金偿还信用卡欠款，就会面临信用卡的利息与逾期风险。

4.4.6 信用卡挂失技巧

随着诈骗手段的层出不穷，信用卡的丢失和被盗用的问题逐渐突出。对于用户而言，泄露信用卡信息甚至是完全没有自主意识到的，比如被人偷看、被人骗取、无意间告知他人、使用简易密码等。

信用卡丢失后，用户面临的资金风险是非常大的，所以在丢失后第一时间进行挂失处理非常重要。

下面介绍两种挂失方法，首先是电话挂失。用户直接打电话给银行客服办理挂失申请，需要注意的是，大部分银行还是要求用户在规定时间内去营业厅办理正式挂失才能生效，电话挂失只有 24 小时的有效期。

用户还可以选择到附近的银行营业网点进行挂失操作，任何一个网点均可完成。信用卡的持卡人要在银行填写挂失申请书，然后将身份证件复印件提供给银行，还需要缴纳挂失费和补卡费。

如果持卡人办理挂失后又取消挂失，可以在营业厅办理撤销挂失申请，但是用户已缴纳的费用是不退还的。

专家提醒

相对而言，用户丢失信用卡后先采用电话挂失的方式更方便，因为有 24 小时的有效期，如果用户在这段时间内找回信用卡，就不需要去银行营业厅办理挂失申请。

部分银行推出了“失卡保障”功能，也就是用户丢失信用卡后，可以立即进行挂失，那么银行会对持卡人在挂失信用卡前的短期时间内被盗刷的信用卡资金进行一定的补偿。这种功能只有少部分银行才有。

信用卡挂失的费用和补办卡的费用是不同的，信用卡的挂失费与储蓄卡也是不同的。一般情况下，信用卡的挂失费用在 50 元左右。如果用户一次性丢失了 5 张信用卡，那么挂失费用就在 250 元左右，再加上某些信用卡的办卡费用，这将是一笔不小的支出。

不同的银行收取的挂失费和补办费不同，如表 4-6 所示为各大银行的挂失费用和补办费用情况。

表 4-6　各大银行的挂失费用和补办费用情况

所在银行	挂　失	补　卡
工商银行	白金卡免费，其他 20 元	无
建设银行	50 元	无
中国银行	40 元	15 元
农业银行	金卡、普卡 50 元，白金卡免费	无
招商银行	60 元	无
交通银行	50 元，公务员卡免费	无
中信银行	60 元	无
兴业银行	50 元	25 元

4.4.7 信用卡防盗刷技巧

信用卡信息是很容易被人盗取后进行盗刷的，那么是否有防止信用卡被人盗刷的技巧呢？下面结合网络资源与实际操作分析用户可用的7个技巧。

(1) 用户收到银行发来的信用卡信封时，要当场检查信封的完好程度，如果信封有被人打开的痕迹，要马上向银行进行反馈。

(2) 使用信用卡进行交易时，用户要尽快输入密码，可以用手进行遮挡，以防密码信息被人窃取。

(3) 要妥善处理交易回单，尤其是不要随意丢弃，确保信用卡的账号信息不会泄露出去，也就不会给不法分子伪造卡片提供机会。

(4) 重要证件不要放在一起，尤其是出门办事时将信用卡与身份证分开放置，如果信用卡和身份证都被盗取，那么信用卡资金不保的可能性非常大。

(5) 在公共场所要注意个人物品，比如玩乐度假时不要遗漏信用卡等私人物品，防止出现遗失等情况。

(6) 出现危急情况，用户要马上联系银行，先通过电话与信用卡客服进行初步挂失，然后再去寻找信用卡。

(7) 如果有信息更改，必须及时告知银行。即使出现盗刷，用户也可以通过短信交易记录了解情况，进而快速挂失，防止损失的进一步扩大。

首先，用户安全用卡是防止盗刷情况出现的根本原因，所以应对盗刷情况的首个技巧就是保护个人的信息安全。无论是申请信用卡、办理信用卡、接收信用卡，还是使用信用卡消费、进行还款时都要注意安全问题，及早设置交易密码，保护个人的财产不受损失。

其次，用户需要熟记银行的热线号码，发现信用卡丢失后，马上通过热线电话办理挂失，多数银行是能够在接到用户电话后让挂失效果即时生效的，少数不能立即生效的银行也会尽快将用户的资料进行冻结处理。

最后，用户需要管理并保留各类信用卡的单据，比如用户的取款单据、消费单据和信用卡账单等，这些单据能够帮助用户在发生信用卡纠纷时将其作为证据。用户可以在保留一段时间之后集中进行销毁。

专家提醒

还有一个就是持卡人在信用卡后签名的问题，国内的用户大多数没有签名的习惯，签名时也可能随意签上，这是非常不安全的。

只要出现信用卡被盗刷的情况，就会围绕信用卡的问题产生纠纷，如果用户没有签名，难免会出现一些不必要的麻烦。

4.4.8 安全用卡的注意事项

安全用卡事关持卡人的资金安全，因此，对于相关事项需要特别重视。总的来说，为保证用卡的安全，持卡人应注意以下 8 大事项。

1. 做好必要的保护措施

即使用户没有开通网银，不使用网上支付等方式，甚至信用卡从不离身，还是有可能被不法分子获取到信用卡信息的。

如图 4-14 所示为信用卡使用电话支付的最低资料信息要求。

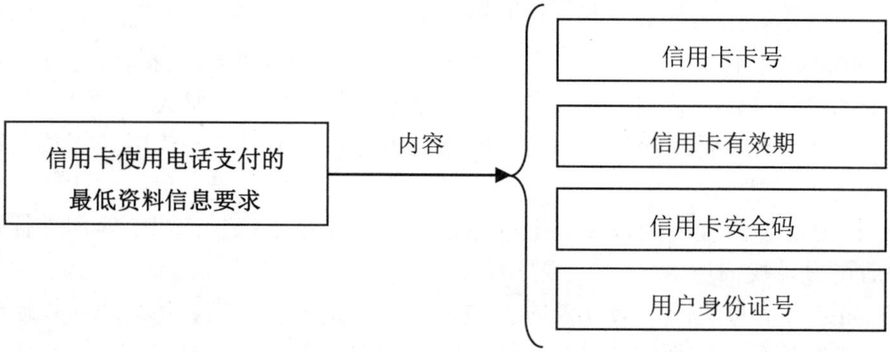

图 4-14　信用卡使用电话支付的最低资料信息要求

在所有的信用卡使用渠道中，电话支付所使用信用卡的信息要求是最低的。这种支付方式不需要用户的交易密码和签名，也就是说即使用户设置了交易密码和签名，也没有直接的保护作用。

专家提醒

由于电话支付不需要密码和签名，而信用卡卡面的信息又非常容易被人盗取，至于身份证复印件也非常常见，所以信用卡的保护措施必不可少。对于用户而言，只有将信用卡视同现金一样妥善地保管，才有可能避免被不法分子套取信息。

2. 境外消费注意细节

用户在境外进行刷卡消费时，由于环境的不同在刷卡消费的细节上可能会有一定的差别，持卡人需要注意以下几个方面的问题，才能够保证安全用卡。

首先，了解消费条款的内容，尤其是使用信用卡订酒店、旅游门票等服务，这些服务用户一经预订是不可随意取消的。所以用户在使用信用卡进行支付前，必须了解消费条款的具体内容，如果看不懂英文，可以求助于工作人员。

其次，国外的某些服务是需要用户支付小费的，用户在信用卡支付之前一定要查看消费条款，了解该服务的小费情况。

最后，用户进行刷卡后要认真查看消费的凭条，国外是要求刷卡后必须签字才有效的。凭条内容中的银行卡号、消费金额及结算币种是用户查看的重点，尤其要注意结算币种，要知道 100 日元与 100 欧元的价值是有着极大差距的。如果用户因为没有看清币种导致产生了不必要的消费，那么这类损失就太不划算了。

专家提醒

用户在国外进行信用卡刷卡消费时，签名是最为重要的，因为国外信用卡消费不需要输入交易密码。

用户在刷卡时一定要先在签名栏中写好持卡人的名字，才能在刷信用卡时通过签名进行消费。

3. 最好不要延时还款

用户使用信用卡所产生的账单需要按月进行还款，如果用户延迟还款，而且不接受银行的催款要求，银行就能够以信用卡诈骗罪为由将用户告上法庭，并且由法庭判处强制执行。

一旦由法院进行制裁，那么用户不仅要归还欠款，而且要追究刑事责任。这是依据 2009 年 12 月由最高人民法院和最高人民检察院出台的《关于办理妨害信用卡管理刑事案件具体应用法律若干问题的解释》而定的。

国家的信用制度尚处于不断完善中，有些用户对个人信用较为漠视，导致其利用信用卡恶意透支时毫无顾忌，这类用户必然会受到法律的制裁。

专家提醒

根据国家的法律规定，“恶意透支”型信用卡诈骗犯罪有固定的定罪量刑标准。

持卡人透支信用卡超过 1 万元，并且银行在两次催收之后，持卡人超过 3 个月的时间还不归还，就属于“恶意透支”型信用卡诈骗犯罪，银行可以直接通过法律手段进行刑事追诉。

4. 支付前先确认额度

在使用信用卡的过程中，不少消费者都有类似的经验，就是通过信用卡购物后需要输入密码，用户往往会直接输入，而不会仔细确认 POS 机上显示的交易额度。所以笔者提醒，用户通过 POS 机进行支付时，需要在确认密码并输入前，先查看显示屏上的消费金额。

在信用卡消费凭证打印后，用户还可以在凭证上签名，此时用户还可以再次确认交易金额，确认完毕方可签字。如果用户没有确认相关金额，那么产生账单纠纷时，附有持卡人签字的刷卡凭证会导致用户维权失败。

5. 做好凭证留存工作

用户使用信用卡购物，尤其是在超市等场所进行信用卡消费时，往往不在意信用卡的刷卡凭证，只是简单地看一眼就将其随意丢弃。

需要注意的是，这有可能会让个人的信用卡信息被不法分子所盗取，因为信用卡的消费凭证是证明持卡人使用信用卡的唯一证据。

专家提醒

为了防止出现账单纠纷或其他事情，用户可以保留账单凭证一段时间，比如两个月，两个月后再进行销毁处理，不要随意丢弃。

各大银行也推出政策以减少用户被盗刷产生的损失，比如推出 48 小时失卡保障服务，但是用户小心使用信用卡才是预防的根本。

6. 避免一单重复交易

无论是在线下用信用卡支付还是线上用信用卡支付，用户都要尽量避免出现多次交易的情况。

比如线下刷卡支付时被工作人员告知密码不正确导致交易失败，持卡人先要在错误的交易凭证上确认，并且让工作人员取消该次交易，然后才能够重新进行交易，输入密码与签字确认等。

如果用户是在网上进行支付，记住不要多次刷新交易的页面，尤其是密码输入界面，以避免平台会重复计算用户的支付行为，导致用户购买多次。

7. 个人信用需要维护

持有的信用卡越多，个人信用记录就越重要，也就更需要持卡人细心维护已有的良好信用。

在还款方面，主要有“记不住”和“来不及”两个问题，其中“记不住”的问题可以由银行的还款提醒短信来解决，帮助用户记住账单日和还款日，而“来不及”的问题可以由持卡人向银行申请延迟还款或者分期还款的方式来解决。

只要用户有心，那么维护好个人信用记录是没有问题的。为了防止出现意外的信用污点，导致信用额度下降，用户应当及时查看个人信用报告，同时养成核对信用卡账单与交易记录的好习惯。

8. 慎重点击陌生链接

随着互联网的发展，无论是在电脑端还是手机端，都有一些不法分子利用电子邮件、软件或者终端设备，来引诱持卡人点击虚假的网络链接，进而盗取用户的卡号、密码等个人信息。

针对这种情况，用户在网上进行支付或者使用网银时，不要轻易点击陌生的链接，还有就是登录时注意查看网站的名称、网址等信息是否正确。从安全角度出发，用户最好不要在网吧等地方的电脑上进行网银操作或者网上交易。

对于有个人电脑的用户，可以将正确的银行官网地址添加到浏览器的收藏夹中，以备日后使用该平台。

第 5 章

银行虚拟信用卡的申请、开通、提额、使用

学前提示

银行虚拟信用卡是新推出的一种无实物信用卡形式，很多人对它还不是很熟悉，实际上它的使用方法也十分简单。

本章将从银行虚拟信用卡的定义、特点、使用指南以及各大银行虚拟信用卡的特征进行讲解，为大家详细介绍银行虚拟信用卡的相关知识。

要点展示

- 走进虚拟信用卡
- 虚拟信用卡的使用步骤
- 各个银行虚拟信用卡的使用

5.1 走进虚拟信用卡

随着信用价值的不断深入发展，信用卡的形式发生了改变，新型的虚拟信用卡走进人们的视野，给人们的信用生活带来了巨大的影响。

本节将带领大家走进虚拟信用卡，初步了解虚拟信用卡的含义、类型、优点、不足以及它与实体信用卡的部分区别。

5.1.1 初识虚拟信用卡

初步认识虚拟信用卡，就要从它的定义开始入手，其定义要点如图5-1所示。

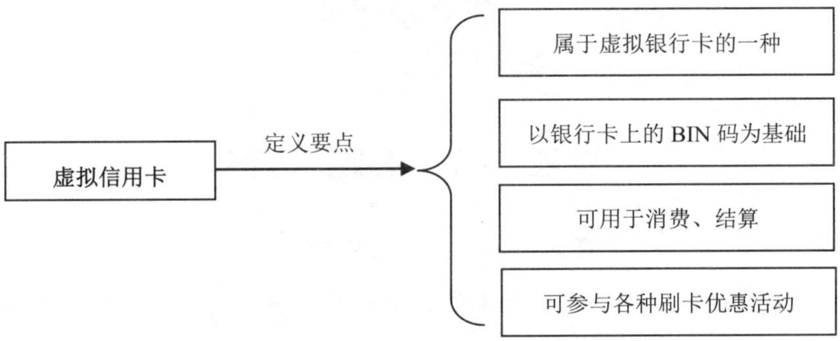

图5-1 虚拟信用卡的定义要点

总的来说，银行虚拟信用卡可以分为三种类型，具体内容如图5-2所示。

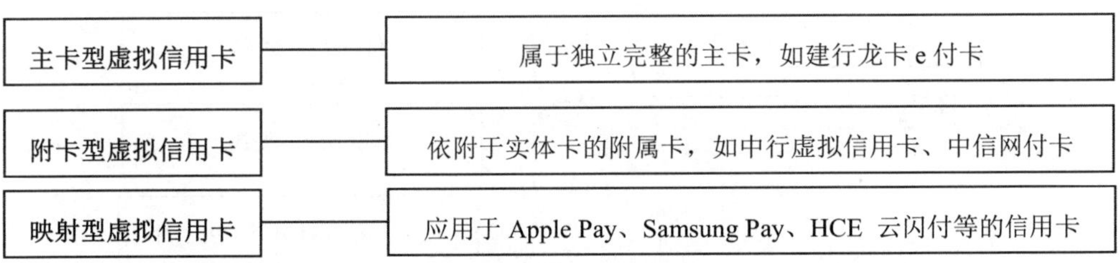

图5-2 银行虚拟信用卡的类型

专家提醒

映射型虚拟信用卡在所有的虚拟信用卡类型中是比较特殊的一种，因为它与移动支付相关，既不是独立的个体，也不是依附的从属，它也属于银行虚拟信用卡的一种类型。

5.1.2 虚拟信用卡的优点

为了给一些没有实体信用卡和对信用卡消费安全问题存在担忧的用户提供便利，虚拟信用卡应运而生，各种类型的虚拟信用卡如雨后春笋般涌现，图 5-3 所示为 VISA 虚拟信用卡的宣传图。

图 5-3 VISA 虚拟信用卡的宣传

那么，究竟是什么促使虚拟信用卡的诞生和发展呢？它自身又拥有哪些优势呢？笔者将其总结为如图 5-4 所示的四点。

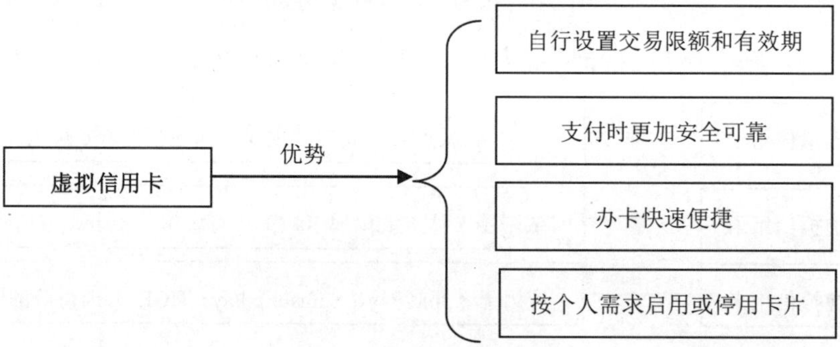

图 5-4 虚拟信用卡的优势

近年来，虚拟信用卡之所以势头不减，就是因为其自身拥有诸多优势，这些优势又使得虚拟信用卡在某些方面比实体信用卡更实用。

因此，不少用户开始踊跃办理虚拟信用卡，有的是办理独立的虚拟信用卡，有的则是根据自己原有的实体信用卡办理附属虚拟卡。

无论是通过哪种方式办理虚拟信用卡，都可以看出，虚拟信用卡的优势已经逐渐凸显，也开始为大众所接受。

专家提醒

虽然虚拟信用卡正在以强劲的势头向前发展，但这并不意味着实体信用卡就会马上消亡，因为虚拟信用卡只是支付手段发展到一定阶段的表现形式，未来信用卡行业还会发掘更多的不同的表现形式。

5.1.3 虚拟信用卡的不足

俗话说："金无足赤，人无完人。"虚拟信用卡虽然有诸多优势，但也不是十全十美，毫无缺点的。虚拟信用卡究竟有哪些不足呢？笔者将其总结为如图5-5所示的三点。

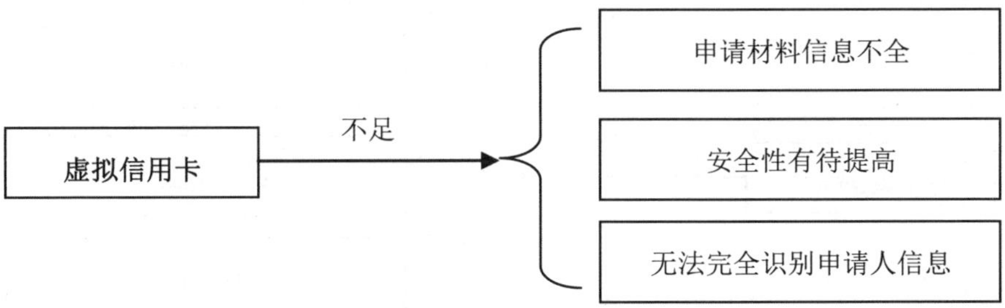

图5-5 虚拟信用卡的不足

首先来看申请材料信息不全的问题，相关办法明确规定，信用卡业务的申请材料需要包括如图5-6所示的四个方面。

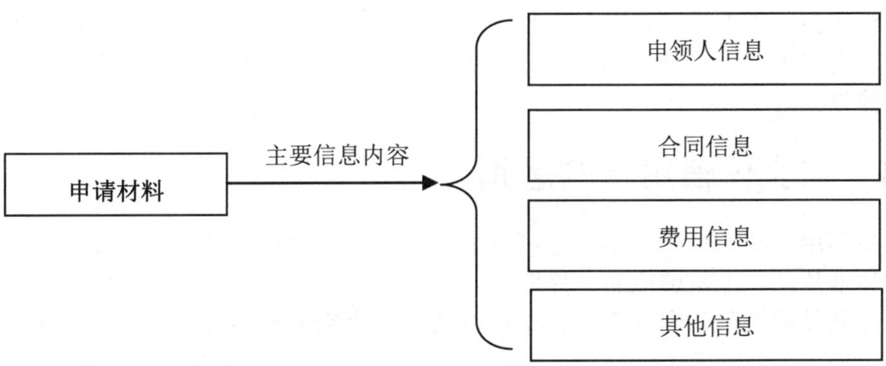

图5-6 申请材料的主要信息内容

专家提醒

虚拟信用卡的申请无法满足如此详细的信息要求，因此这是它的不足之处，要想提升虚拟信用卡的使用率，应该在申请时就做好相关准备工作，每一个细节都不可错过。

至于虚拟信用卡的安全性问题，前面提到这是它的一大优势，这里又说是不足，是否有所冲突呢？

实际上，这里提到的安全性问题主要是指用户不小心丢失手机后，账号可能被盗刷的问题，而且虚拟信用卡没有严密的监管系统，被盗之后很难追回。因此，安全性不够也是虚拟信用卡的缺点之一。

而对于申请人身份信息无法识别的问题，也是虚拟信用卡的一大不足。一般来说，实体信用卡都是需要本人亲自到柜台办理的，虚拟信用卡虽然更加便捷，但在信息提供方面还是有所缺失。从这一点也可以看出，任何事物都具有两面性，可以是优点也可以是缺点。

虚拟信用卡在身份识别环节提供的信息包括如图 5-7 所示的三点。

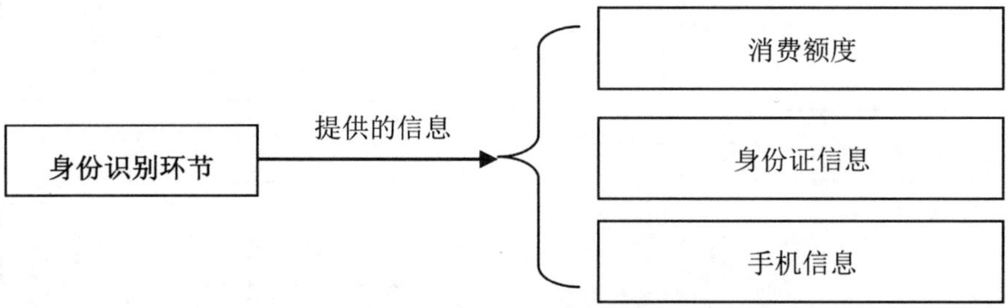

图 5-7　身份识别环节提供的信息

单单依靠这些信息，是无法对借款者的还款能力、信用记录进行评估的，因而极有可能产生风险。

虽然虚拟信用卡还存在很多不足，但随着监管技术、社会条件的不断发展，它终将会拥有自己的一片天地，为大众提供更为便捷的信用卡服务，有利于社会信用体系的全面建设。

5.1.4　与实体信用卡的区别

虚拟信用卡和实体信用卡虽然同样属于信用卡，但在很多方面还是有所区别：一个是实体卡片，一个是虚拟的卡片形式。

可以从使用期限、卡片形式、申请方式等角度来分析两者的区别，下面分别详细介绍。

1. 使用期限

虚拟信用卡的账号通常来说有两种使用期限，具体如图 5-8 所示。

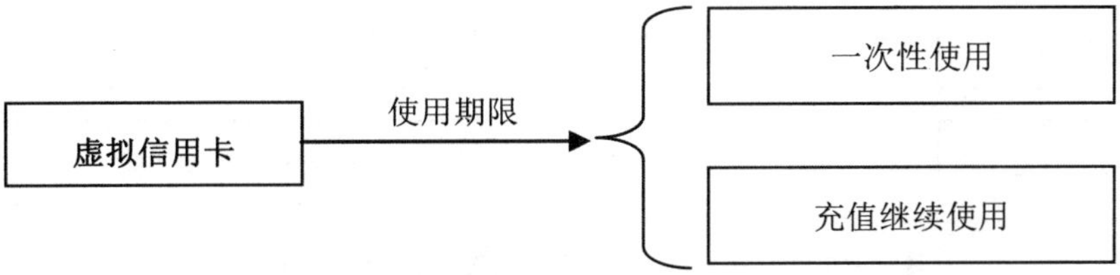

图 5-8　虚拟信用卡的使用期限

实体信用卡的使用时间也是有限制的，一般而言，使用期限为 3～5 年，过了有效期就要更换卡片，更换的方式包括如图 5-9 所示的两种。

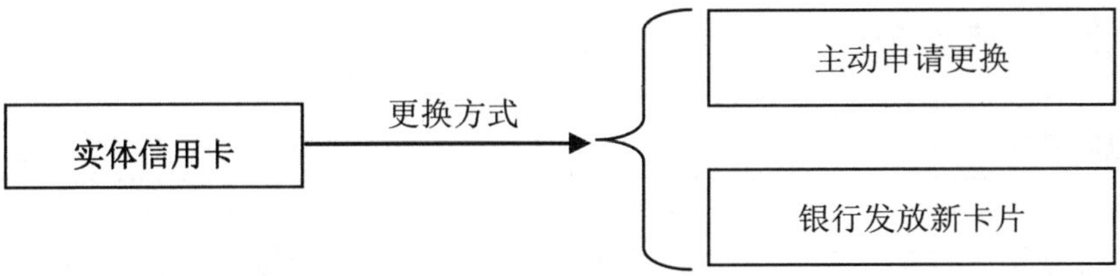

图 5-9　实体信用卡更换的方式

专家提醒

虚拟信用卡和实体信用卡在使用期限上的区别主要是由于形式的不同造成的，一个是通过充值的方式来延长使用期限，另一个则是利用更换卡片的方式继续使用信用卡。

2. 卡片形式

卡片形式就是开始提到的卡片的性质，从字面上就可以理解，“虚拟”和“实体”，具体分析如图 5-10 所示。

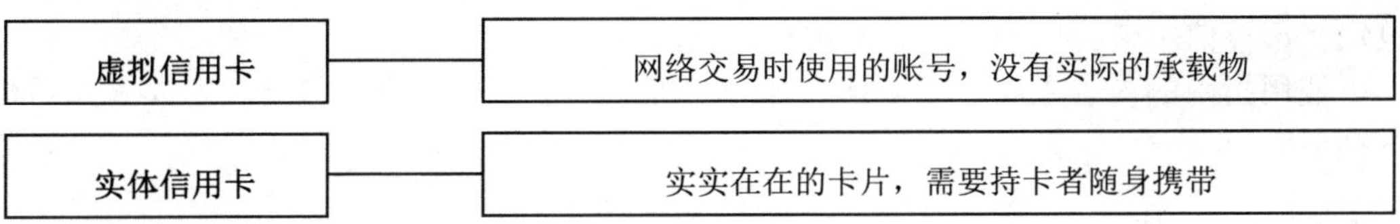

图 5-10　虚拟信用卡和实体信用卡的区别

同时，因为卡片形式的不同，所以也对卡片的使用产生了一些不同的影响，即持卡者在使用虚拟信用卡和实体信用卡时出现的不同情况，两者的具体分析如图 5-11 所示。

虚拟信用卡	虚拟账号，便于管理，较为安全
实体信用卡	容易丢失、被盗甚至信息泄露

图 5-11　使用虚拟信用卡和实体信用卡的不同影响

3. 申请方式

从申请方式的角度来看，虚拟信用卡和实体信用卡也是截然不同的，从虚拟信用卡的优势就可以看出些许端倪。

具体来看，两者的申请方式如图 5-12 所示。

虚拟信用卡	直接拨打银行客服或者网站申请
实体信用卡	提交各类申请资料，等待银行审核和邮寄

图 5-12　虚拟信用卡和实体信用卡的不同申请方式

专家提醒

从申请方式的不同来看，虚拟信用卡的申请程序比实体信用卡更加便捷，等待的时间缩短了不少，这也是虚拟信用卡的优势所在。

5.2　虚拟信用卡的使用步骤

了解了虚拟信用卡的相关基础知识后，就可以开始了解它的使用指南了，不同银行的虚拟信用卡的申请方式有细微的区别，但总体上还是相同的。因此，本节将以建设银行虚拟信用卡的使用方法为例进行介绍。

使用指南的内容主要包括申请、开通、提额、使用等，下面将一一为大家介绍相关细节。

5.2.1　申请

建设银行的虚拟信用卡申请是以银行开通的网银借记卡账户为基础和前提的，而且随着技术的逐步发展，申请办理虚拟信用卡的方式越来越多，主要可以分为如图 5-13 所示的五种。

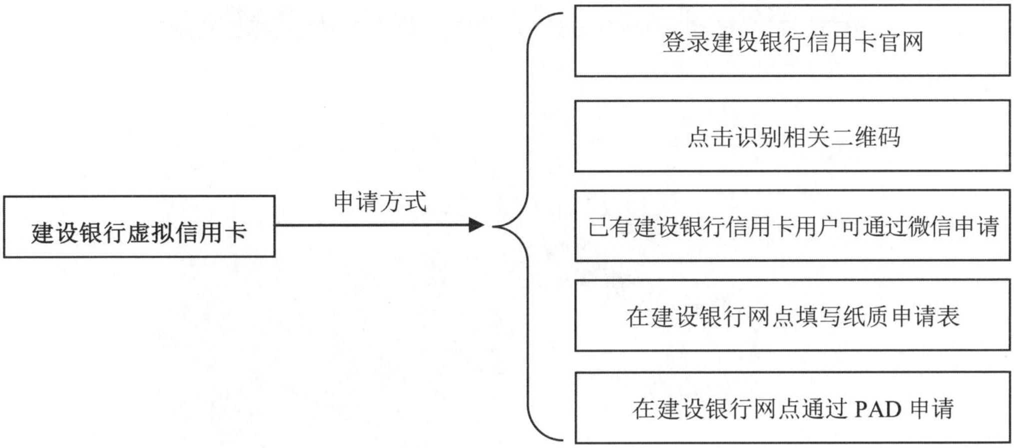

图 5-13　建设银行虚拟信用卡的申请方式

这里主要介绍登录建设银行官网和微信申请的方式，特别是申请过程中的细节需要格外注意。

1. 登录建设银行信用卡官网

步骤 1 用户进入中国建设银行官网的信用卡频道(http://creditcard.ccb.com/)界面，如图 5-14 所示。

图 5-14　中国建设银行官网的信用卡频道界面

步骤 2 用户点击“腾讯 e 龙卡”图标，即可进入虚拟信用卡的办理页面，如图 5-15 所示。

图 5-15　腾讯 e 龙卡的办理页面

步骤3 在腾讯 e 龙卡的主页面，可以看到如图 5-16 所示的“我要办卡”图标按钮，对其进行点击(主要是用鼠标单击)。

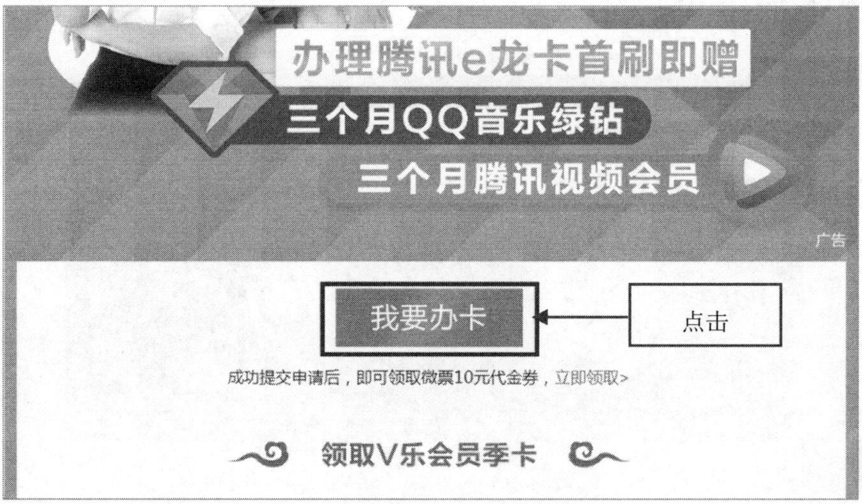

图 5-16　点击“我要办卡”

步骤4 用户点击“我要办卡”之后，就会进入腾讯 e 龙卡的申办页面，如图 5-17 所示。这里会简单介绍腾讯 e 龙卡的相关优惠，比如基金、出行、返现、服务等方面的优惠。

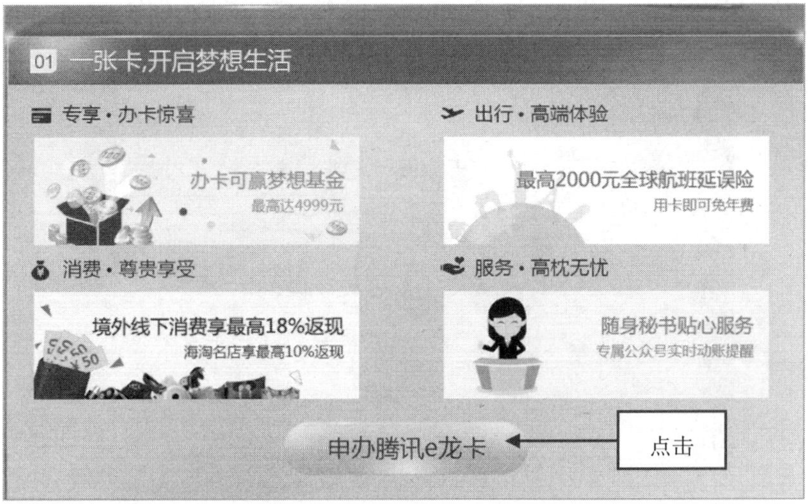

图 5-17 腾讯 e 龙卡的申办页面

步骤5 在点击“申办腾讯 e 龙卡”椭圆形图标按钮之后，就真正进入腾讯 e 龙卡的申请页面，在登录 QQ 账号之后，就会弹出如图 5-18 所示的三种虚拟信用卡类型以供选择，这时需要认真阅读各种卡片的详细信息，根据自己的需求进行选择。

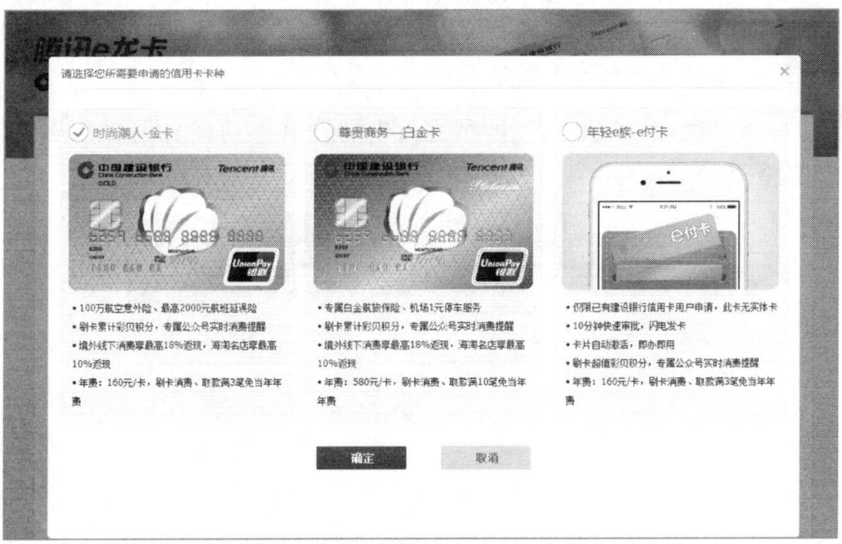

图 5-18 选择申请“腾讯 e 龙卡”类型

步骤6 这里选择办理第三种腾讯 e 龙卡，即“年轻 e 族-e 付卡”，只需选中卡片类型前方的圆形框即可，然后单击“确定”按钮，如图 5-19 所示。

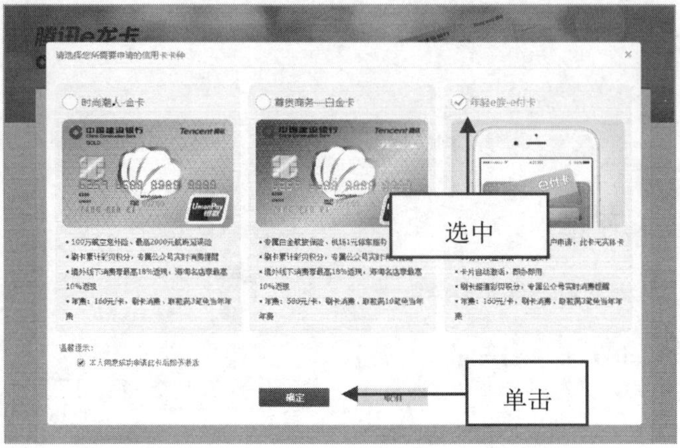

图 5-19　选中“年轻 e 族-e 付卡”前的圆形框

专家提醒

在选择需要申请办理的卡片类型后，页面左下方会出现一个“温馨提示”：“本人同意成功申请此卡后即予激活”，需要选中这个温馨提示前的复选框后才能确认卡片的类型选择。

如果有的用户不想在申请后激活虚拟信用卡，可以考虑取消该种类型虚拟信用卡的申请，这是信用卡发放方对部分用户可能出现的担忧而制定的相关对策，可以说是相当人性化且细心的考虑。

步骤 7 单击“确定”按钮后，即可进入申请腾讯 e 龙卡的基础信息填写页面，如图 5-20 所示。

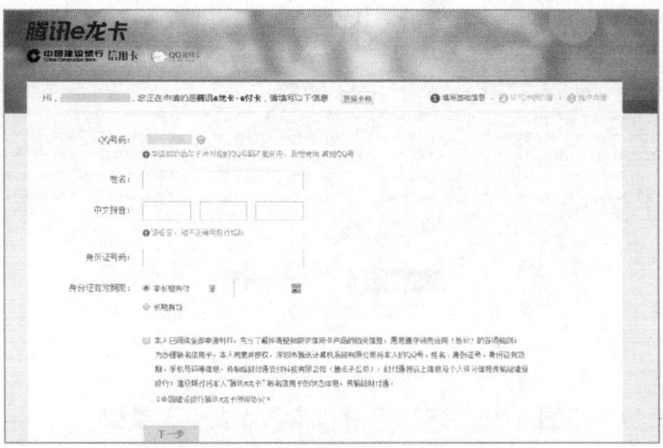

图 5-20　基础信息填写页面

步骤8 认真填写完各项基本信息后，信息填写页面如图 5-21 所示，单击变成蓝色的“下一步”按钮。

图 5-21 填写完基础信息后单击“下一步”按钮

专家提醒

在填写完所有的基础信息，如姓名、身份证号码、身份证有效期限等，还要注意页面下方出现的小字，最好仔细阅读，确认各项规范事项。如有必要，还可以点击《中国建设银行腾讯 e 龙卡领用协议》进行查看。

步骤9 跳转到如图 5-22 所示的详细信息填写页面，按照要求填写完各项详细信息。

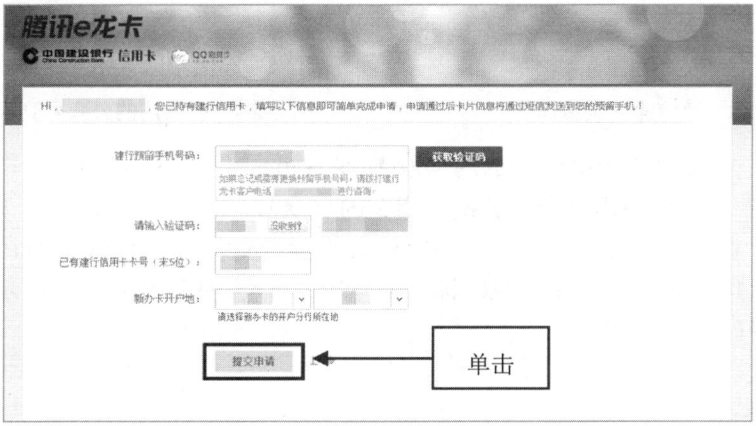

图 5-22 详细信息填写页面

步骤10 填写完详细信息后，就可以单击“提交申请”按钮，至此，腾讯 e 龙卡的申请步骤就结束了。

2. 微信申请虚拟信用卡

微信申请虚拟信用卡是以实体信用卡的办理为前提的，它的操作步骤也比较简单，而且有利于提升持卡者购物的便捷性。下面详细介绍通过微信申请虚拟信用卡的过程。

步骤1 打开手机微信程序，进入如图 5-23 所示的通讯录页面，点击“公众号”图标，进入已关注的公众号列表页面，如图 5-24 所示，然后点击右上方的“+”号。

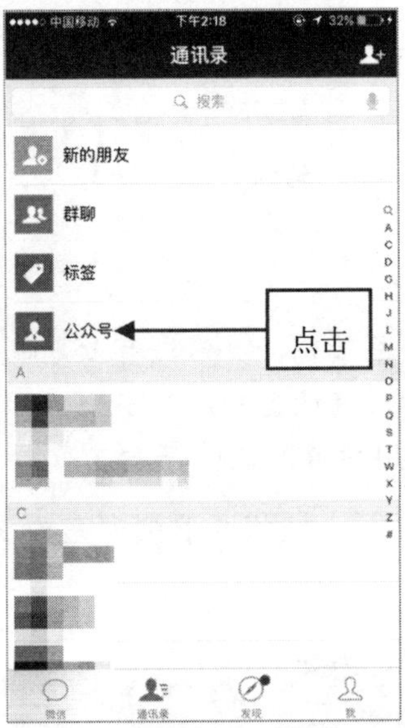

图 5-23　微信通讯录页面

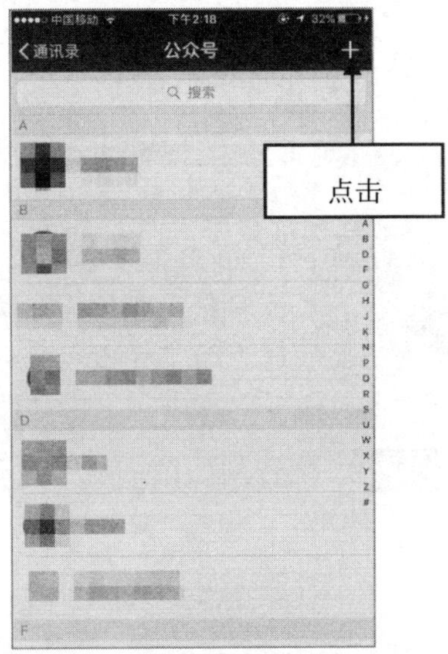

图 5-24　已关注的公众号列表页面

步骤2 弹出如图 5-25 所示的公众号搜索页面，在搜索框输入“中国建设银行”，就会弹出多个与关键词相关的公众号，如图 5-26 所示。

步骤3 点击如图 5-26 所示的中国建设银行公众号，就会进入到它的主页，如图 5-27 所示，点击绿色图标“关注”，就会出现如图 5-28 所示与建设银行进行对话的界面。

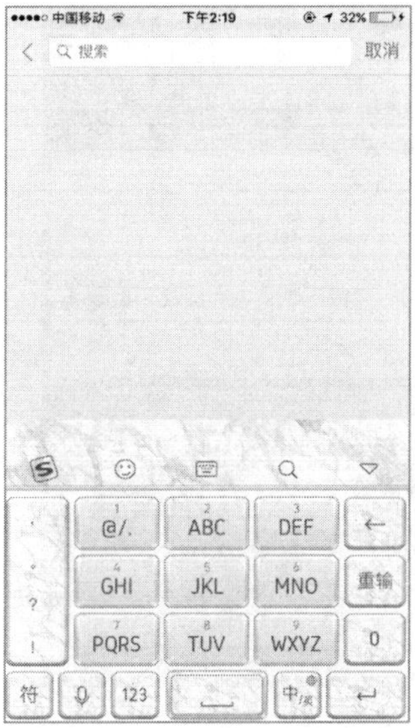

图 5-25　公众号搜索页面

图 5-26　输入“中国建设银行”出现的页面

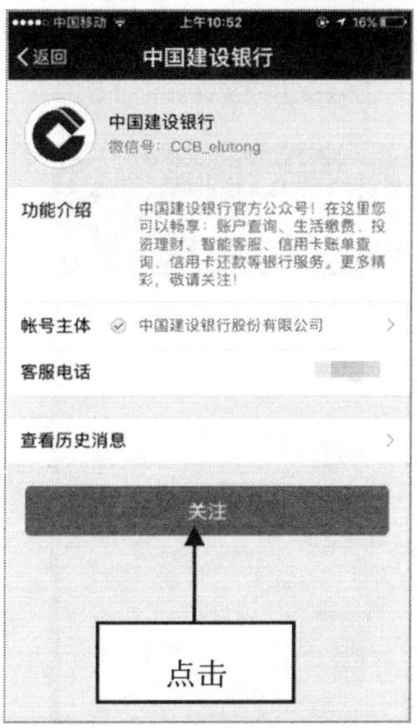

图 5-27　中国建设银行公众号主页

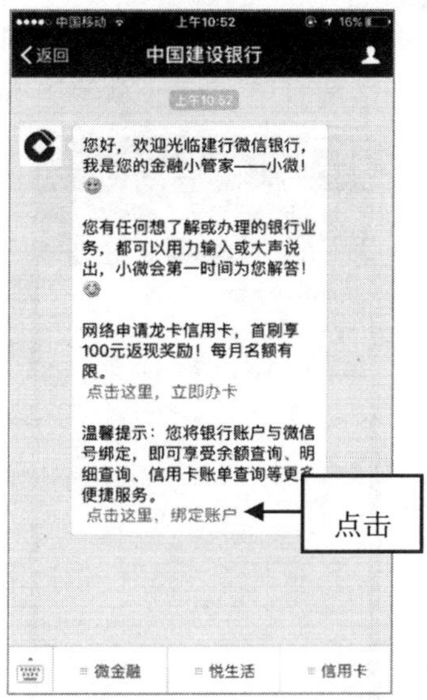

图 5-28　与中国建设银行进行对话的界面

步骤4　图 5-28 中已经出现了绑定的提示，因此可以直接点击蓝色字体，进入如图 5-29 所示的页面，即虚拟信用卡申请页面。点击蓝色图标“立即办卡”，接着就会弹出如图 5-30 所示的信用卡申请信息填写页面。

图 5-29　申请虚拟信用卡页面

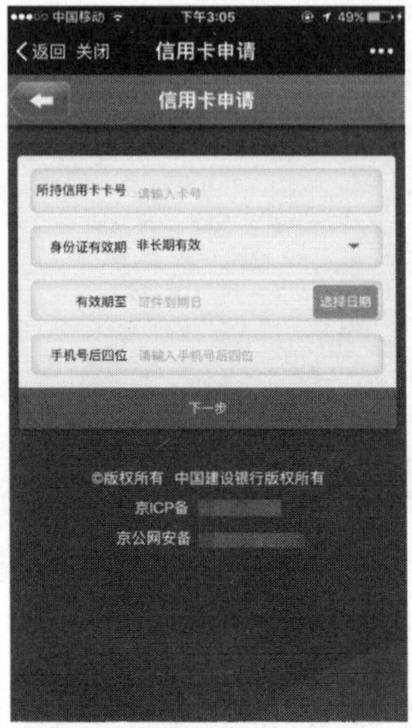

图 5-30　信用卡申请信息填写页面

步骤5 在填写相关信息后，点击蓝色图标“下一步”，就会弹出如图 5-31 所示的信用卡申请地区选择页面。申请人可根据自己的所在地选择省市，如选择湖南省长沙市，就会出现如图 5-32 所示的多种信用卡类型。

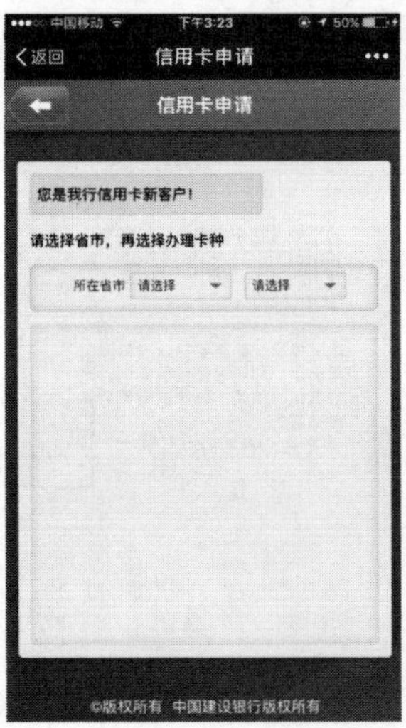

图 5-31　信用卡申请地区选择页面

图 5-32　选择省市后出现的信用卡类型

值得注意的是，在确认地区之后，还可以根据信用卡的用途选择想要申请的类型，如图 5-33 所示，有莘莘学子、地方特色、爱心公益等。同样，以腾讯 e 龙卡为例，点击选中该类型信用卡，如图 5-34 所示。

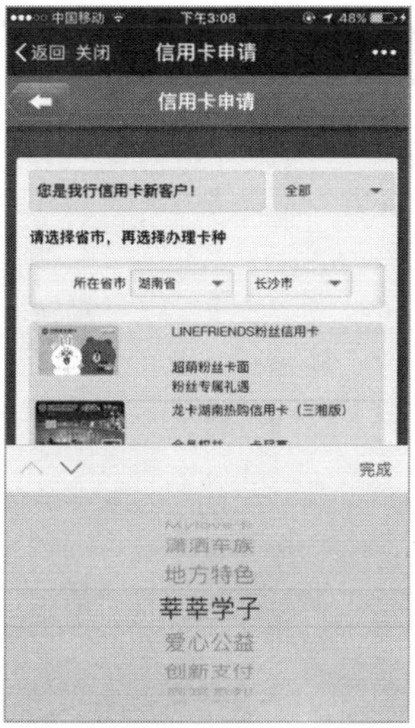

图 5-33　不同用途的信用卡类型

图 5-34　点击选中腾讯 e 龙卡

步骤6 选中申请信用卡的类型后，就会弹出如图 5-35 所示的腾讯 e 龙卡中的类型之一，在卡片图片左右滑动时，可以自主选择想要申请的信用卡类型，如图 5-36 所示为腾讯 e 龙卡系列的白金卡。

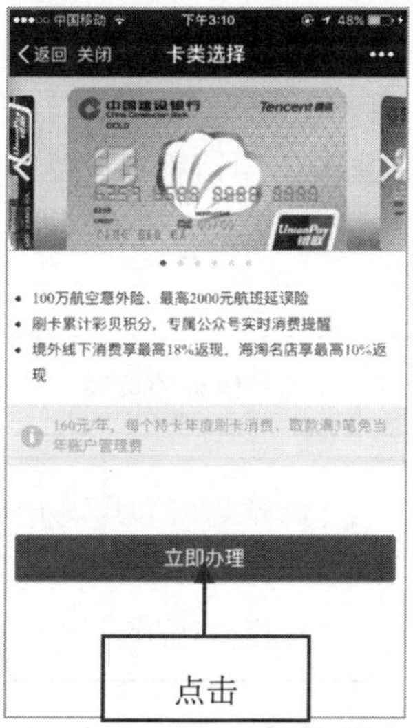

图 5-35　腾讯 e 龙卡系列的金卡

图 5-36　腾讯 e 龙卡系列的白金卡

步骤7 点击图 5-35 中的蓝色图标“立即办理”，页面就会跳转到如图 5-37 所示的基本信息填写页面。按照要求填写完相关信息后，点击“下一步”按钮，进入手机号码验证页面，如图 5-38 所示。

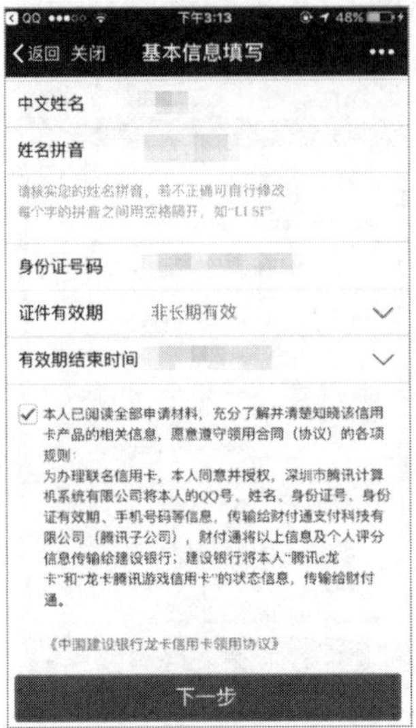

图 5-37 基本信息填写页面

图 5-38 手机号码验证页面

专家提醒

在填写基本信息和验证手机号码时，申请者需要认真阅读页面提到的相关授权信息，以及关注微信公众号的提醒，以免在申请后引起不必要的麻烦。

步骤8 点击图 5-38 所示的“提交申请”，腾讯 e 龙卡的申请程序就结束了。

总的来看，虚拟信用卡的两种申请方式都很便捷，而且操作步骤大同小异，需要特别注意的事项如图 5-39 所示。

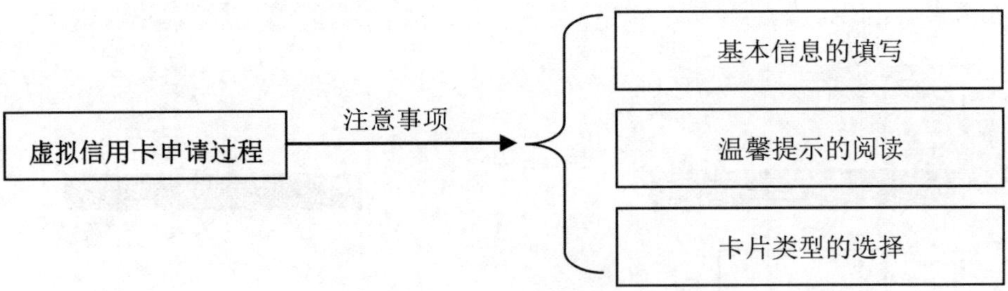

图 5-39 虚拟信用卡申请过程中的注意事项

5.2.2 开通

大部分虚拟信用卡在申请之后，不是马上就能使用，需要银行进行一段时间的审核才能开通。开通的程序相对于申请的手续更加便捷，具体步骤如图 5-40 所示。

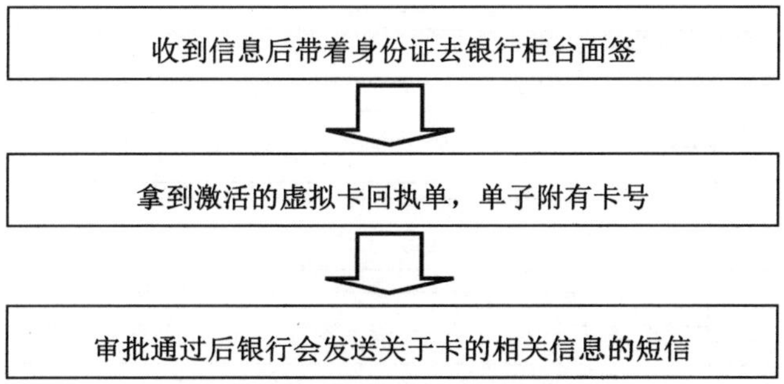

图 5-40 开通虚拟信用卡的步骤

专家提醒

有的虚拟信用卡是申请后即予激活，因此会少去开通这一步骤，但也有不少虚拟信用卡是要经过一系列手续才能使用的。

5.2.3 提额

银行虚拟信用卡的提额技巧与实体信用卡有异曲同工之妙，主要包括如图 5-41 所示的几种方法。

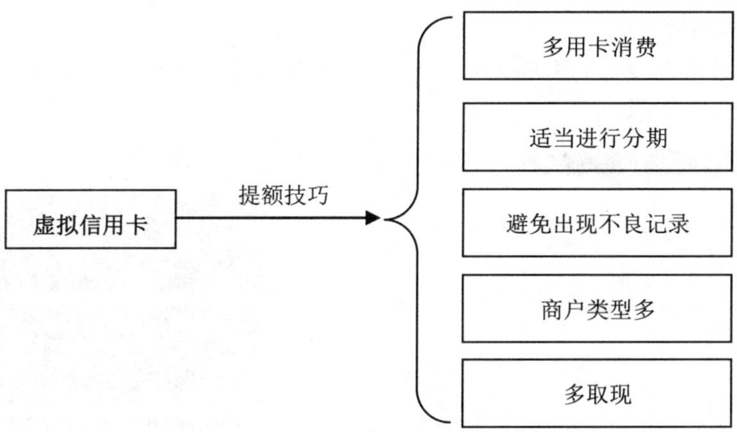

图 5-41 虚拟信用卡的提额技巧

除此之外，由于各个银行的政策不同，因此虚拟信用卡的提额方法也有所区别，具体内容如图 5-42 所示。

总的来说，银行虚拟信用卡的提额技巧还是比较容易掌握的，而且前面的章节已经提到过实体信用卡的提额技巧，大家可以从其中提取相关的经验，从而为虚拟信用卡如何提额积累更多窍门。

银行	提额技巧
广发银行	消费次数多，最好到额度的 80%～90%，分期付款等
中信银行	多消费，按时、全额还款
浦发银行	积分消费、资产证明、良好的信用记录
建设银行	消费次数达到 10 次以上，适当分期
中国银行	申请新卡、注销旧卡

图 5-42　各个银行虚拟信用卡的提额技巧

5.2.4　使用

虚拟信用卡的使用则是五花八门，用途十分广泛，一般可以分为线上和线下两种使用途径，但也有的虚拟信用卡仅支持线上使用。

那么，线上交易究竟如何使用虚拟信用卡呢？以中信网付卡为例，申请成功后会收到相关的信息，比如卡号、安全码、有效期等。

步骤 1 对中信网付卡的相关信息进行编辑和设置，以符合个人的消费习惯，如图 5-43 所示。

步骤 2 根据收到的相关信息将中信网付卡信息与支付宝等渠道进行绑定，如图 5-44 所示。

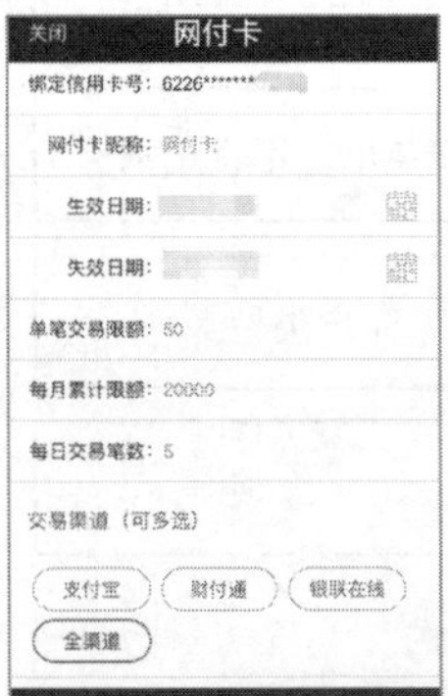

图 5-43　绑定支付宝等渠道

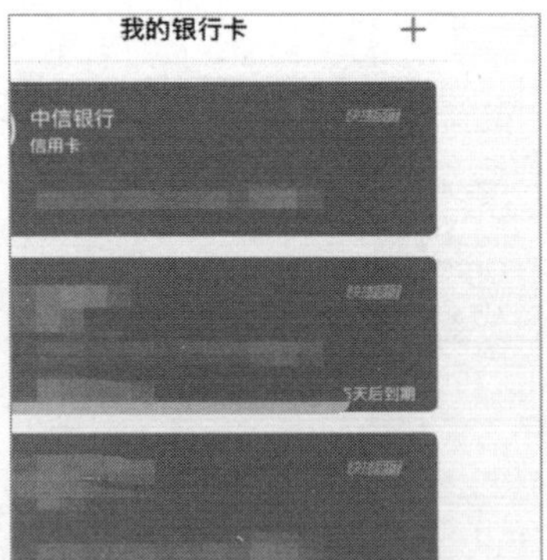

图 5-44　绑定支付宝的页面

步骤 3 在线上购物时会弹出可用的支付方式，如图 5-45 所示，只要点击中信网付卡就可以使用虚拟信用卡进行线上购物了。

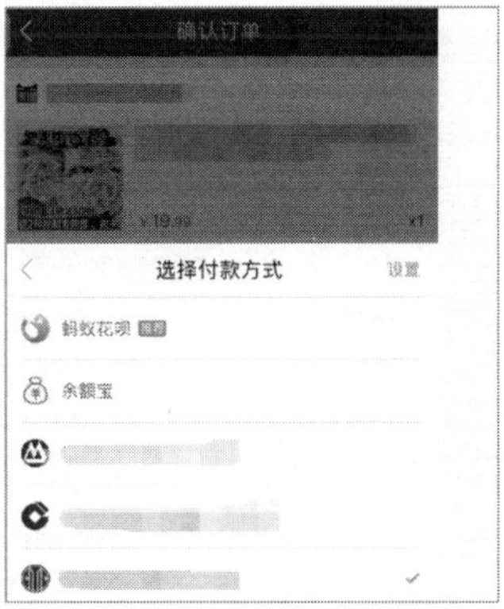

图 5-45 选择支付方式

专家提醒

总的来说，虚拟信用卡的使用比较便捷，一是有效节省了时间，二是可以享受到诸多优惠。无论是线上支付还是线下支付，相对而言安全性都比较高，不用担心卡片的丢失，或者被他人拿去盗刷。

5.3 各个银行虚拟信用卡的使用

由于各大银行推出的虚拟信用卡各具特色，为了让大家更全面地了解当前主要的虚拟信用卡类型，以便挑选出适合自己的虚拟信用卡，本节将详细介绍各银行推出的虚拟信用卡类型，如中信网付卡、浦发 E-GO 卡、中行虚拟信用卡、建行龙卡 e 付卡和广发真情信用卡虚拟卡。

5.3.1 中信网付卡

中信网付卡，它是中信银行推出的一种附属卡性质的虚拟信用卡，它的申请条件比较严格，具体如图 5-46 所示。

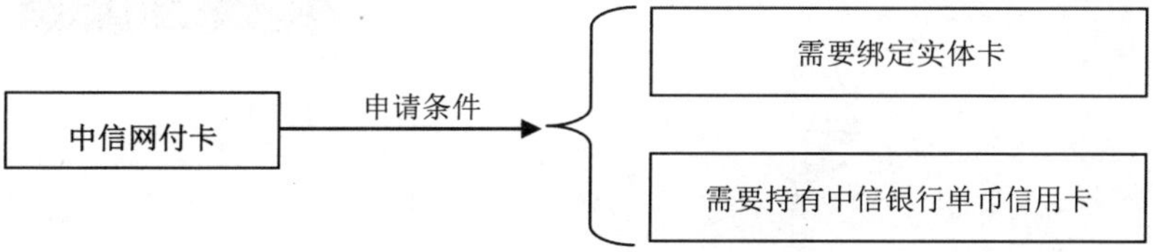

图 5-46 中信网付卡的申请条件

因此其他类型的持卡者就无法申请到中信网付卡，比如公务卡、蓝卡持卡者。目前，中信网付卡的开通方式主要有两种，即通过中信银行信用卡的 App 动力空间开通和在微信、支付宝客户端开通。

通过中信银行信用卡 App 开通虚拟信用卡的步骤比较简单，只要下载 App，进入如图 5-47 所示的页面，对页面下方的“服务”进行点击。然后进入如图 5-48 所示的页面，再点击“网付卡”按钮就可以办理中信网付卡了。

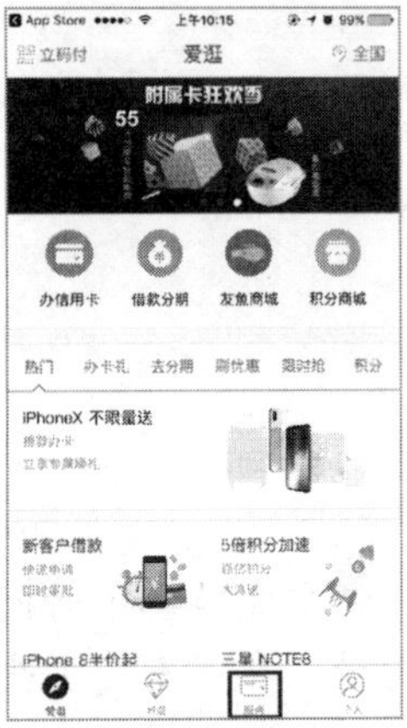

图 5-47 动力空间 App 首页

图 5-48 服务页面

支付宝客户端开通中信网付卡的程序，首先在支付宝搜索框输入“信用卡”，就会出现各大银行的生活号，如图 5-49 所示。

然后对“中信银行信用卡”进行点击，即可进入如图 5-50 所示的中信银行信用卡生活号主页。

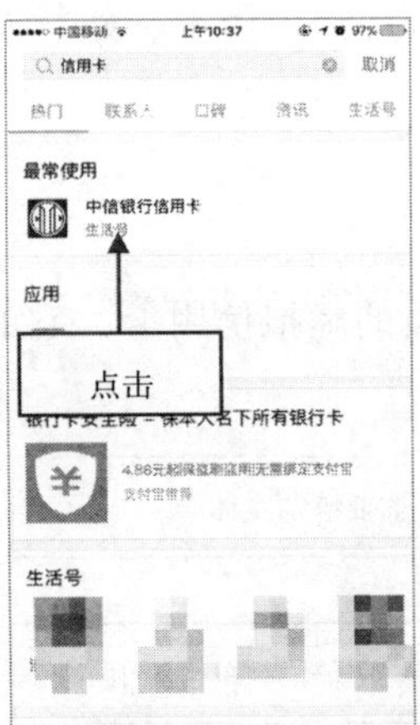

图 5-49 支付宝搜索页面

图 5-50 中信银行信用卡生活号主页

接下来就是点击如图 5-50 所示画面右上角的人像图标，进入中信银行信用卡生活号的服务大厅，如图 5-51 所示。然后对“电子信用卡”图标进行点击，跳转到信息填写页面，如图 5-52 所示。

图 5-51　服务大厅页面

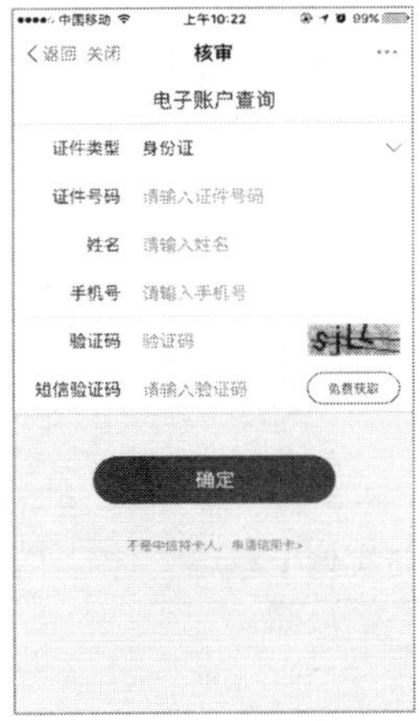

图 5-52　电子信用卡申请页面

按照页面的要求填写完信息，申请步骤就完成了，由于前面已经提到过，后面的步骤不再赘述。

此外，中信网付卡的特点主要有三个，分别可以从安全性、与实体卡的联系以及便捷性进行分析。

1. 安全性

中信网付卡可以有效降低网络支付的风险，这也是虚拟信用卡的共同优点。

但中信网付卡不同的是，它的安全性体现在更加微小的细节方面，而且更加全面，具体可以体现在如图 5-53 所示的几个方面。

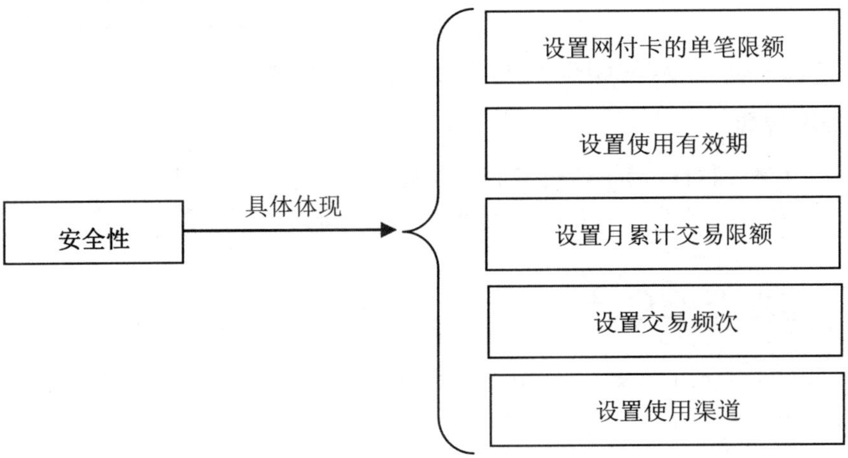

图 5-53　中信网付卡安全性的具体体现

2. 与实体卡相连

中信网付卡虽然属于虚拟信用卡，但是以实体卡为依托的，因此在使用的过程中，很多功能都与实体卡相联系。这个特点主要体现在如图 5-54 所示的几个方面。

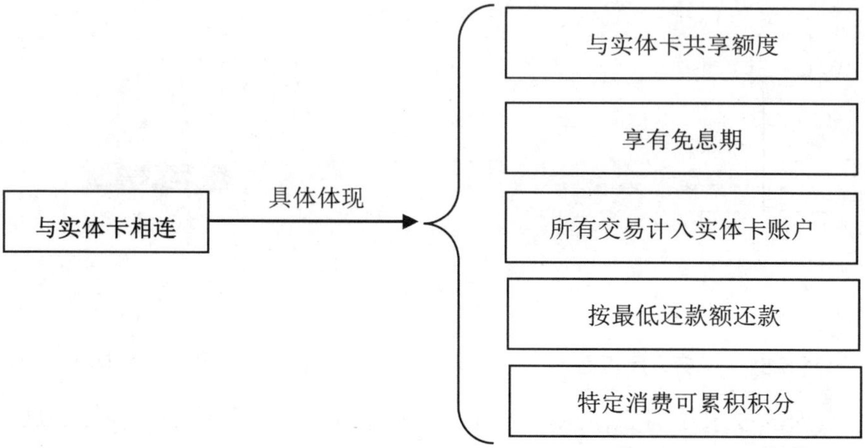

图 5-54　中信网付卡与实体卡相连的具体体现

3. 便捷性

中信网付卡的便捷性主要体现在如图 5-55 所示的两个方面。

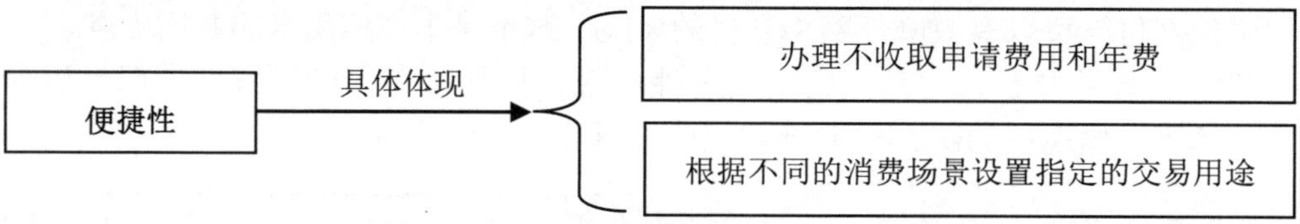

图 5-55　中信网付卡便捷性的具体体现

专家提醒

中信网付卡的申请还有相应的规定，一个人同时开通网付卡的数量必须控制在 3 张以内。如果在一年的时间内申请网付卡，最多只能申请 5 张。

5.3.2　浦发 E-GO 卡

浦发 E-GO 卡是浦发银行推出的一种虚拟信用卡，它是没有实体卡的独立虚拟账户，如图 5-56 所示。

图 5-56　浦发 E-GO 卡

浦发 E-GO 卡专门用于网上购物，因此没有实体卡，但可以与已经申请的实体卡账户相关联，与之合作的主要商户如图 5-57 所示。

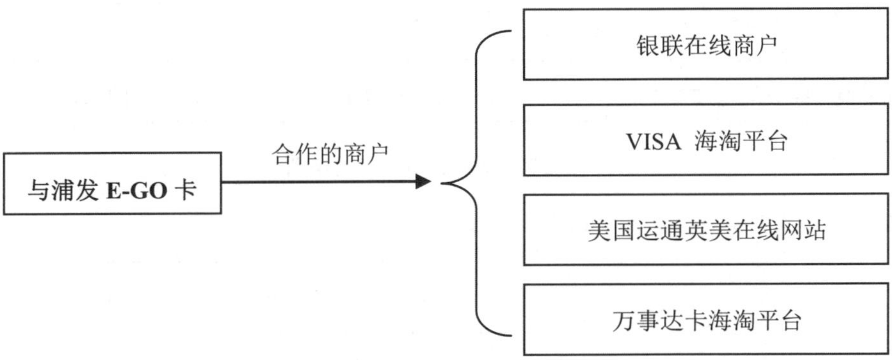

图 5-57　与浦发 E-GO 卡合作的主要商户

使用浦发 E-GO 卡在线购物还有诸多其他虚拟信用卡无法比拟的优势，具体内容如图 5-58 所示。

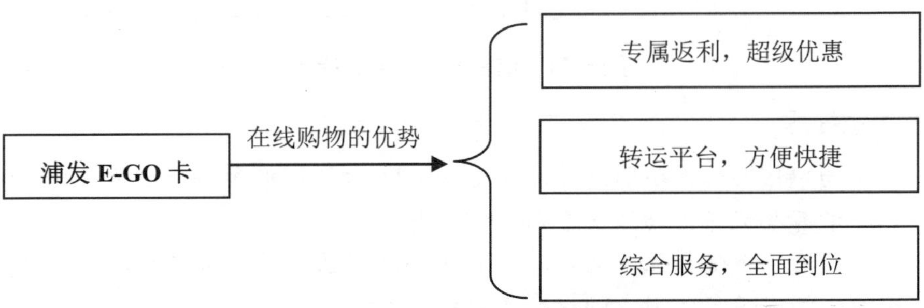

图 5-58　浦发 E-GO 卡在线购物的优势

除此之外，浦发 E-GO 卡在消费过程中也能为持卡者带来不少实际利益，具体体现在如图 5-59 所示的几个方面。

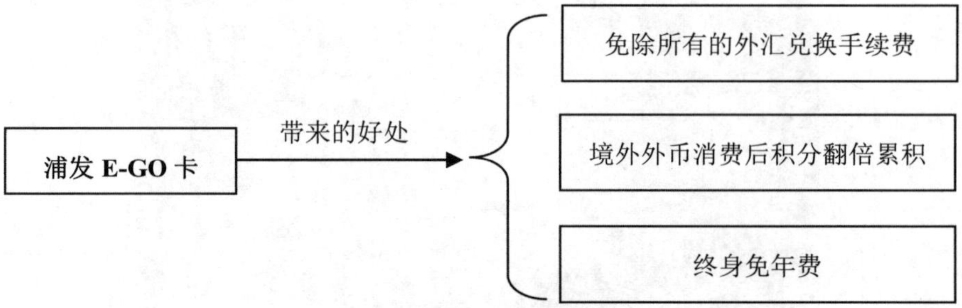

图 5-59　浦发 E-GO 卡带来的好处

浦发 E-GO 卡的申请方式，大致分为两种类型，即从已持卡人和非持卡人的角度分析，相关内容如图 5-60 所示。

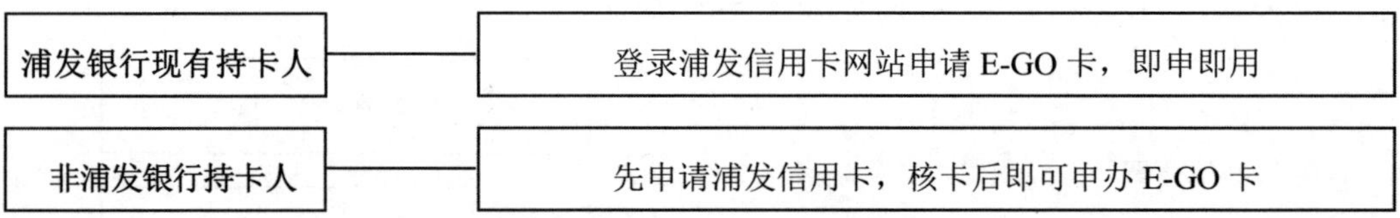

图 5-60　浦发 E-GO 卡的申请

此外，浦发 E-GO 卡还具有如图 5-61 所示的几大特点。

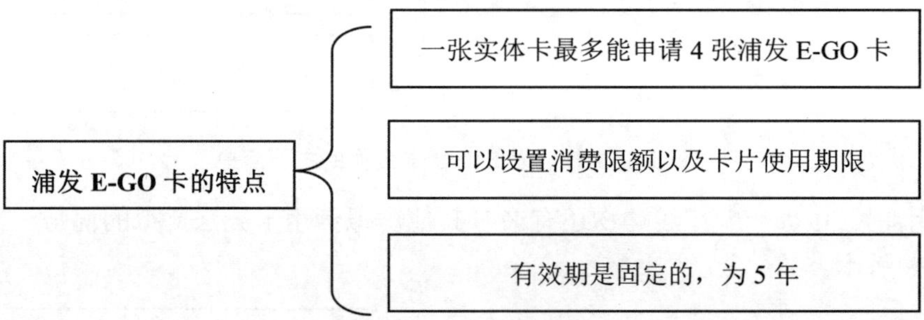

图 5-61　浦发 E-GO 卡的特点

专家提醒

与中信网付卡不同的是，浦发 E-GO 卡的账单和积分是独立的，而且信用卡的有些优惠活动浦发 E-GO 卡无法参加。

还有一点值得注意的是，浦发 E-GO 卡虽然是虚拟账户，独立性强，但必须是浦发银行信用卡的持有者才可以申请。

5.3.3 中行虚拟信用卡

中行虚拟信用卡是中国银行推出的一款虚拟信用卡，申请渠道比较广泛，而且十分便捷，具体渠道包括如图 5-62 所示的两种。

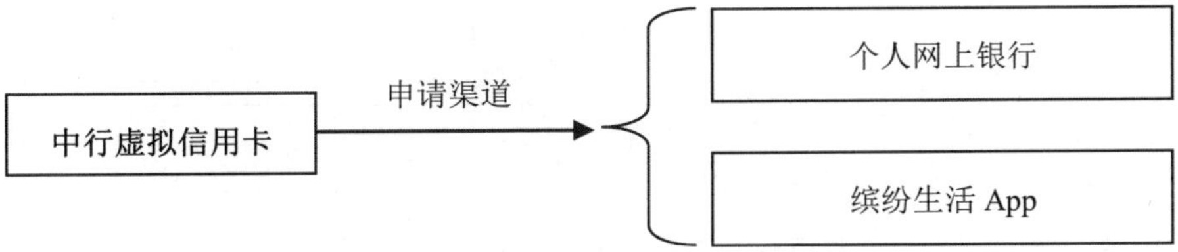

图 5-62 中行虚拟信用卡的申请渠道

下面简单介绍在缤纷生活 App 上申请中行虚拟信用卡的步骤。

首先，下载缤纷生活 App，点击进入主页，如图 5-63 所示。接下来对主页右下角的“用卡”图标进行点击，就会跳转到如图 5-64 所示的页面，点击画面中间的“虚拟卡”就可以进行办理了。

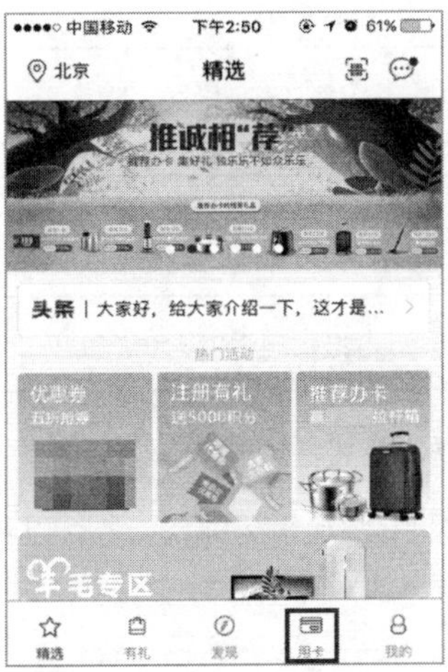

图 5-63 缤纷生活主页

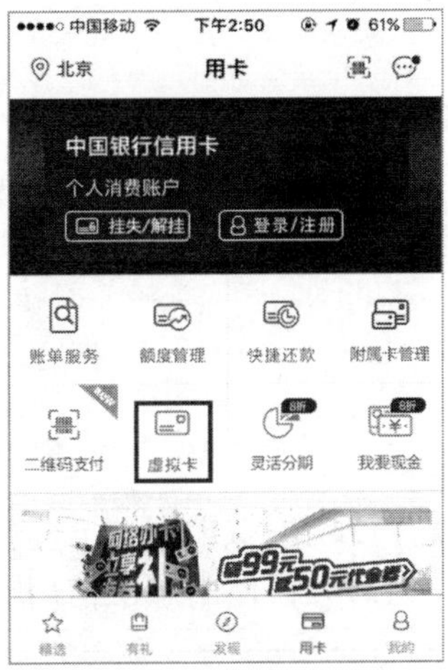

图 5-64 “用卡”页面

与中信网付卡、浦发 E-GO 卡的申请数量不同，中行虚拟信用卡凭借一张实体卡可以办理高达 20 张虚拟银行卡。

从中行虚拟信用卡的申请步骤大致可对其特点有初步的了解，其特点主要体现在如图 5-65 所示的几个方面。

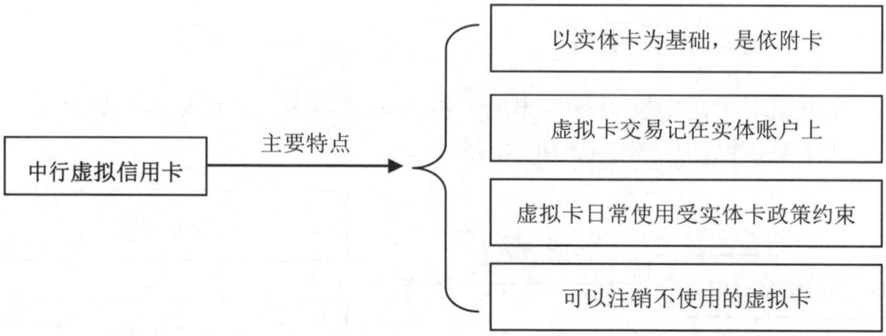

图 5-65　中行虚拟信用卡的主要特点

专家提醒

中行虚拟信用卡还有一个特点就是单次交易额不能超过 1000 元人民币，而且不能进行现场 POS 交易。

一般而言，中行虚拟信用卡的网上小额交易需要提供相关的信息才能完成，主要包括如图 5-66 所示的信息内容。

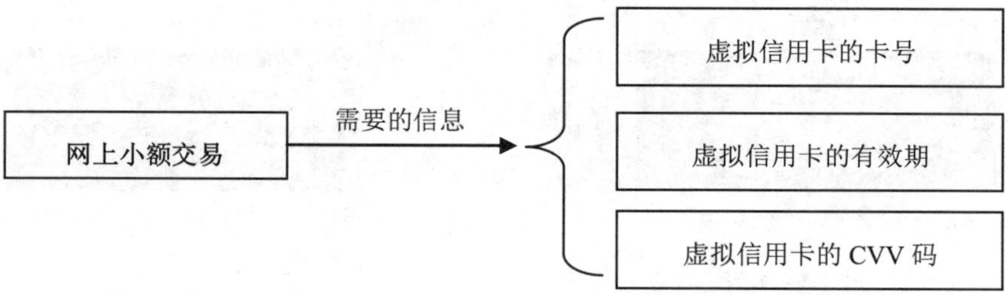

图 5-66　中行虚拟信用卡进行网上小额交易需要提供的信息

那么，使用虚拟信用卡究竟能给持卡者带来什么好处和便利呢？这里以两个常见的情境为例，分析使用虚拟信用卡的诸多好处，如图 5-67 所示。

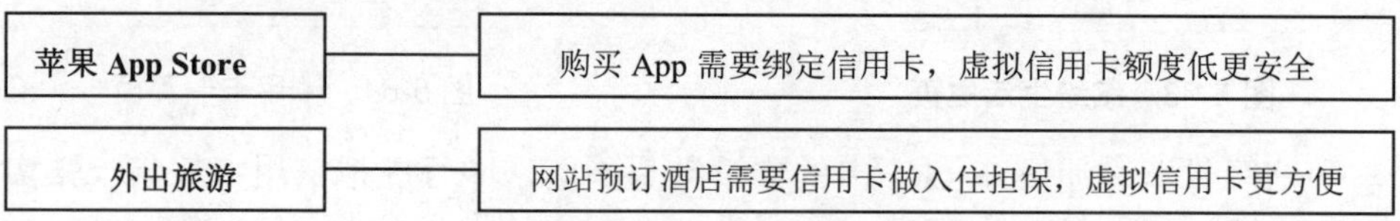

图 5-67　虚拟信用卡情境使用的好处

5.3.4　建行龙卡 e 付卡

建行龙卡 e 付卡是中国建设银行推出的主卡型虚拟信用卡，即拥有独立的账户，并非依附于实体卡，如图 5-68 所示。

图 5-68　建行龙卡 e 付卡

建行龙卡 e 付卡的申请方式以线上申请为主，主要分为两种类型，其具体内容如图 5-69 所示。

没有建行信用卡	通过扫描二维码的方式进行申请
已有建行信用卡	通过建行微信银行办卡

图 5-69　建行龙卡 e 付卡的申请类型

建设银行推出的虚拟信用卡除了建行龙卡 e 付卡之外，还有前面提到的腾讯 e 龙卡等，两者虽然同属虚拟信用卡，但申请步骤稍有不同，这里简单介绍建行龙卡 e 付卡的申请过程。

步骤 1 用户进入中国建设银行官网的信用卡频道(http://creditcard.ccb.com/)界面，如图 5-70 所示，单击“信用卡产品”链接。

图 5-70　中国建设银行官网的信用卡频道主页

步骤2 弹出如图 5-71 所示的信用卡产品页面，在搜索框中输入“龙卡 e 付卡”，就会出现建行龙卡 e 付卡，单击“立即申请”按钮。

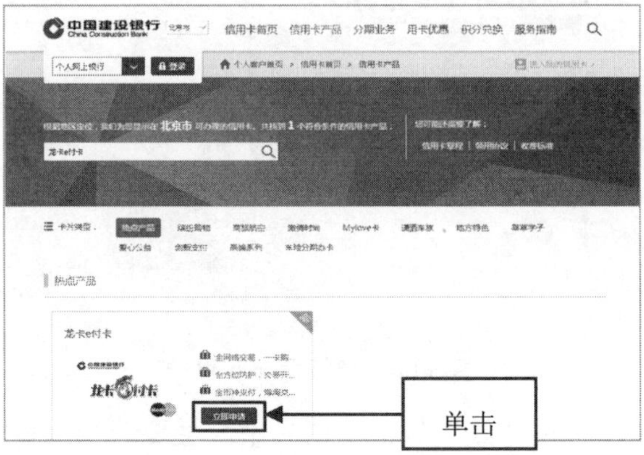

图 5-71 信用卡产品页面

步骤3 单击后会进入信息填写页面，如图 5-72 所示，按照要求填写相关信息，并仔细阅读《中国建设银行龙卡信用卡领用协议》。

图 5-72 信息填写页面

步骤4 填好相关信息后，单击“选择卡种”的“重新选择”按钮，接着会弹出选择申请信用卡类型的页面，如图 5-73 所示，找到要办理的龙卡 e 付卡，对其进行单击选择。

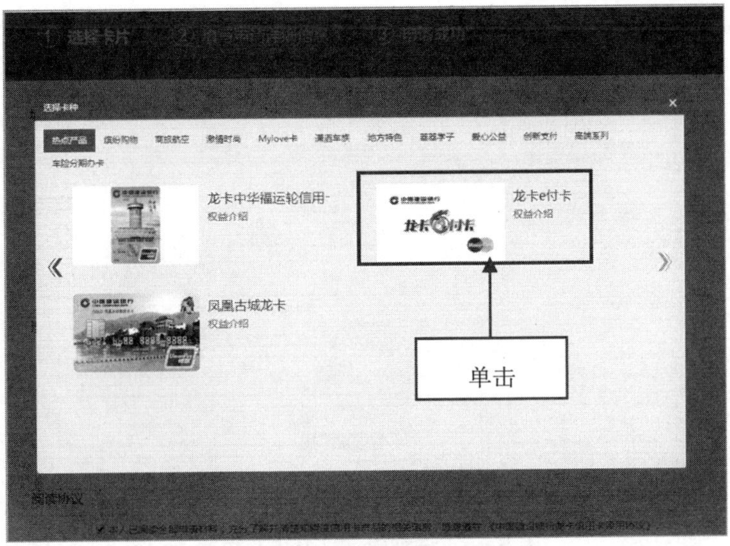

图 5-73　卡片类型选择页面

步骤5 然后会显示如图 5-74 所示的页面，单击选择自己喜欢的虚拟信用卡卡面类型，再选中“阅读协议”栏中的复选框，单击“下一步”按钮。

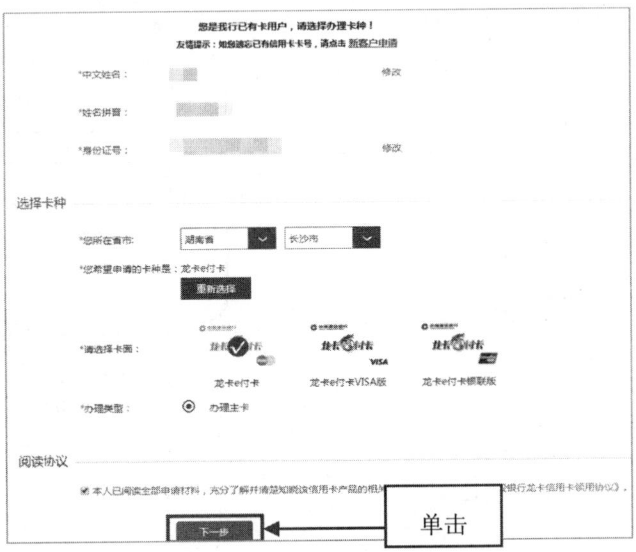

图 5-74　单击选择卡面和“下一步”按钮

步骤6 然后跳转到填写详细申请信息的页面，如图 5-75 所示，按照要求认真填写信息，单击“提交申请”按钮即可完成申请。

图 5-75　详细申请信息填写页面

总的来说，建行龙卡 e 付卡的申请步骤还是比较简单的，包括三大步，一是选择申请虚拟信用卡类型；二是填写申请的相关信息；三是完成申请。

建行龙卡 e 付卡主要是用于线上和线下支付，线上主要是可以满足各类卡支付和快捷支付，详细内容如图 5-76 所示。

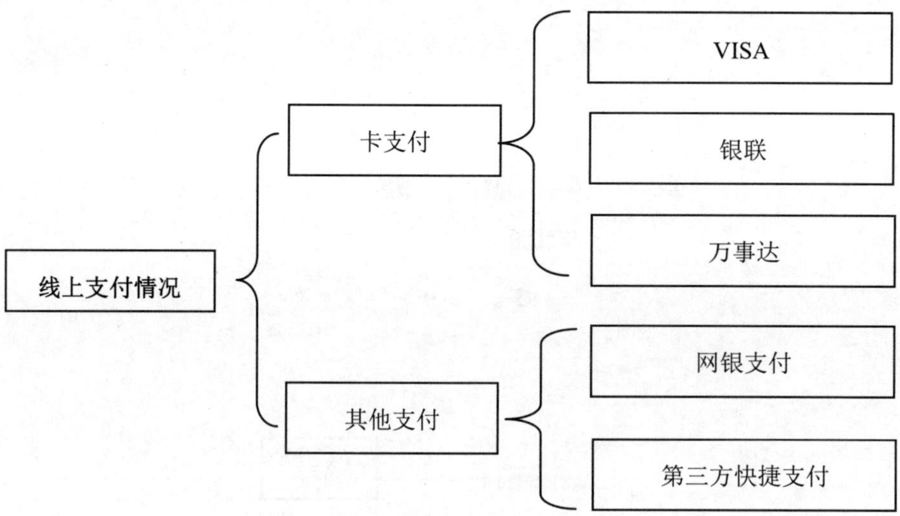

图 5-76　线上虚拟信用卡的使用情况

线下支付也十分便捷，主要是通过如图 5-77 所示的几个方面进行使用。

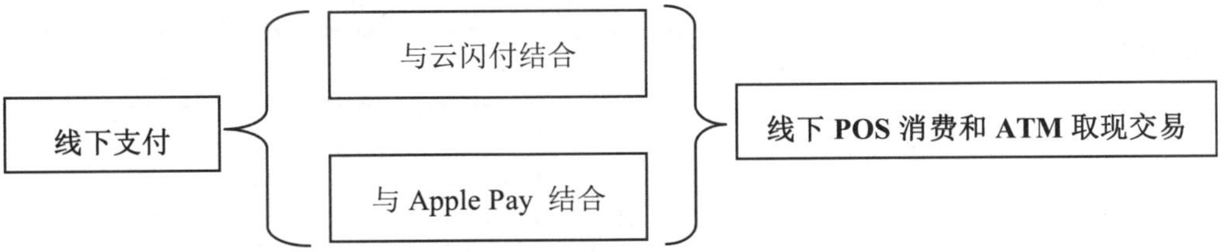

图 5-77 线下虚拟信用卡的使用

除了使用方式之外，建行龙卡 e 付卡的主要使用范围也比较明确，具体内容如图 5-78 所示。

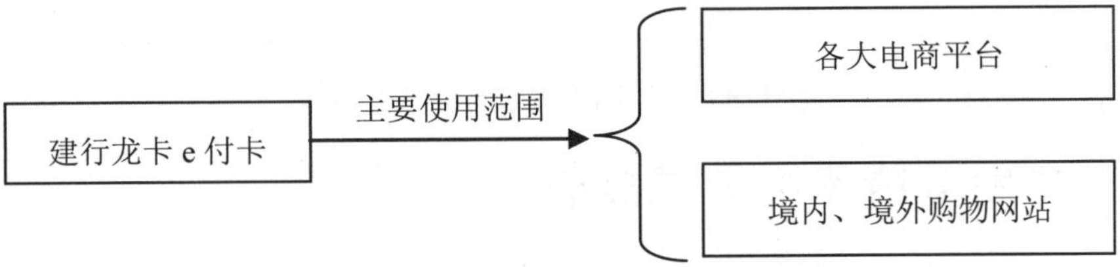

图 5-78 建行龙卡 e 付卡的主要使用范围

在使用建行龙卡 e 付卡进行海淘等交易时，可以享受到诸多优惠，比如自动购汇、免外汇兑换手续费等。

在使用建行龙卡 e 付卡的技巧方面，则有很多特殊之处，这也是与实体信用卡相区别的地方，具体体现在如图 5-79 所示的几个方面。

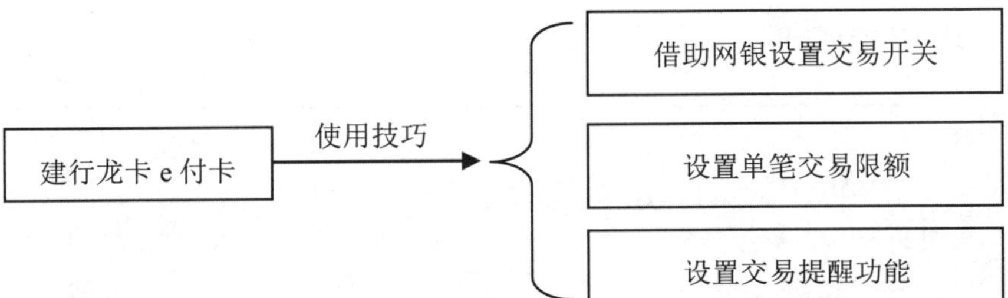

图 5-79 建行龙卡 e 付卡的使用技巧

专家提醒

需要注意的是，在关闭交易功能之后，并不意味着退款、还款等手续也会关闭，即交易功能的关闭并不影响退款、还款的进行。

还有一点就是交易短信提醒服务在平时是收费的，但在优惠期内是免费的。

建设银行的虚拟信用卡，用户在申请成功之后，可以有诸多用途，具体体现在如图 5-80 所示的几个方面。

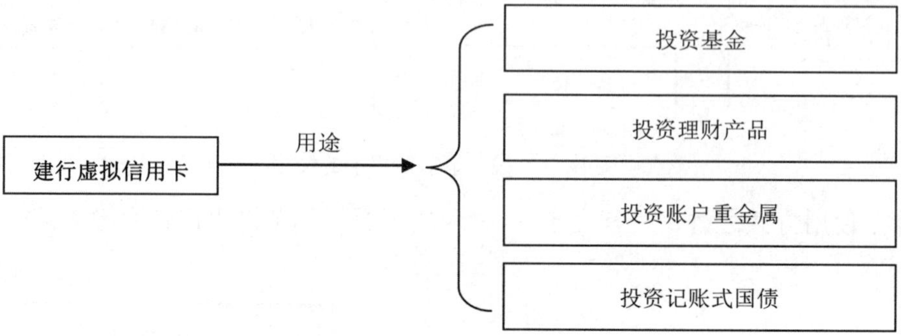

图 5-80　建设银行虚拟信用卡的用途

5.3.5　广发真情信用卡虚拟卡

广发真情信用卡虚拟卡是广发银行发行的真情卡的特有功能，对于不同的客户有不同的申请方式，主要用于线上交易和还款。

广发真情信用卡是专门为女性打造的一款信用卡，因此在设计上也偏向于女性化和个性化，以适应女性的审美需求，同时提升申请人数。

如图 5-81 所示，这是广发真情信用卡网购虚拟卡的简介页面，以粉色为主色系，营造了女性喜爱的浪漫氛围。

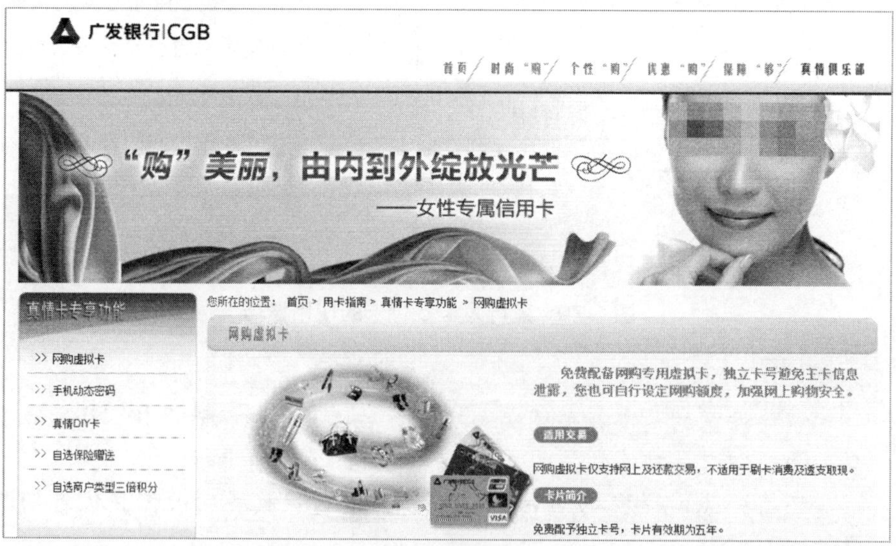

图 5-81　广发银行真情信用卡虚拟卡简介页面

广发真情信用卡虚拟卡的申请方式和其他银行的虚拟信用卡相同，主要从已有实体卡客户和无卡客户两个角度来分析。

无卡客户可以在申请真情信用卡的同时申请免费配备真情虚拟信用卡，银行可提供一站式服务；已经申请真情信用卡的客户则可以通过打电话和登录“个人网银”的方式办理真情虚拟信用卡，登录网页的主要步骤如图 5-82 所示。

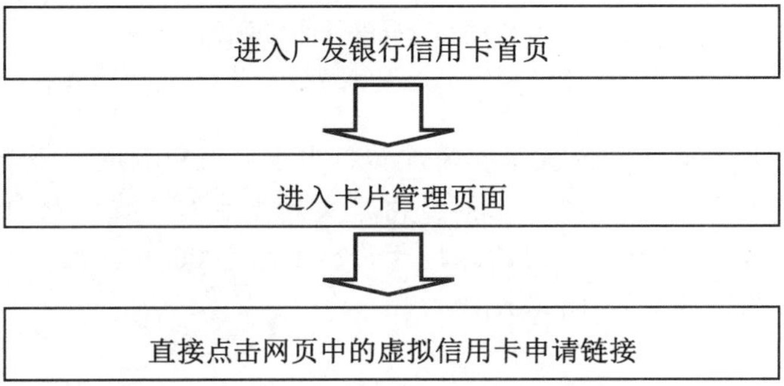

图 5-82　登录网页申请真情虚拟信用卡

专家提醒

卡号前 4 位为 4910、5488、6225 的单币真情卡不具备网购虚拟卡功能，也就是说，只有真情主卡才能申请，附属卡无法申请网购虚拟卡。

广发真情虚拟信用卡的优点数不胜数，为广大女性用户带来了不少便利和优惠。广发真情虚拟信用卡的安全性很高，由于主要是用于网上交易的卡片类型，因此安全是用户最注重的问题。广发真情虚拟信用卡的安全性表现在如图 5-83 所示的几个方面。

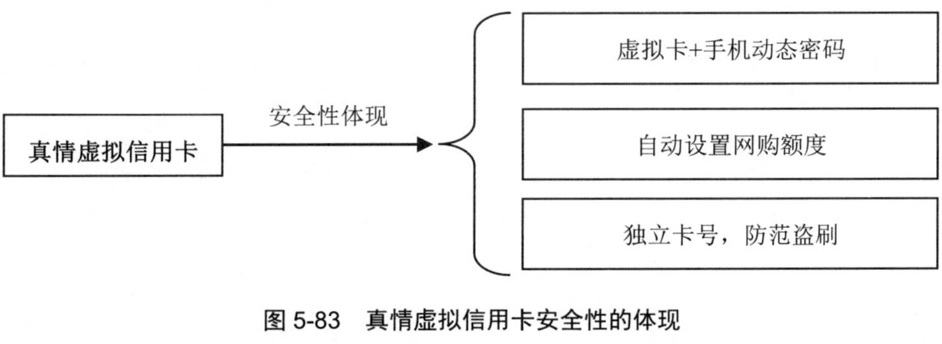

图 5-83　真情虚拟信用卡安全性的体现

至于广发真情信用卡虚拟卡的额度问题，也与其他银行有所区别，每日默认的消费限额为 5000 元，如有临时额度需求可以提出申请调整额度。

同时，手机动态密码服务的开通与否与额度的提供紧密相连，具体内容如图 5-84

所示。

已开通手机动态密码	每日线上消费额度不得超过 5000 元
未开通手机动态密码	每日线上消费额度不得超过 1500 元

图 5-84　手机动态密码的开通与额度的关系

专家提醒

虽然持卡者已经设置了真情虚拟信用卡的消费额度，还是会受到网购商户支付平台的每日限额，比如当商户支付平台对广发卡的每日消费限额为 1500 元，即使客户设置网购虚拟卡的额度为 5000 元，也只能按照商户支付平台的标准，限制在 1500 元以内。

第6章

网络虚拟信用卡的申请、消费、提额、还款

学前提示

随着互联网金融概念的提出，一种全新的网络支付形式开始走进人们的视野，称为“信用支付”，因为功能等与银行推出的虚拟信用卡很相似，因此又可以看作是一种网络虚拟信用卡。

例如，蚂蚁花呗、蚂蚁借呗、京东白条、京东金条、苏宁任性付等都属于网络虚拟信用卡的范畴。

要点展示

- 走进网络虚拟信用卡
- 蚂蚁花呗
- 蚂蚁借呗
- 京东白条
- 京东金条

6.1 走进网络虚拟信用卡

“网络虚拟信用卡”一词首次出现在 2010 年阿里巴巴制作的“小额贷款需求调研问卷”中，强调的是利用信用额度在线上购物。虽然网络虚拟信用卡是由商户发行，但已经具备了信用卡的特点和属性。

从网络虚拟信用卡的产生与发展可以看出，信用的价值正在逐步升级，同时也给人们的生活带来了诸多便利。本节主要介绍网络虚拟信用卡的基础知识，大家了解之后更容易进行网络虚拟信用卡的申请和使用。

6.1.1 初步认识网络虚拟信用卡

网络虚拟信用卡没有确切的定义，其要点主要体现在如图 6-1 所示的几个方面。

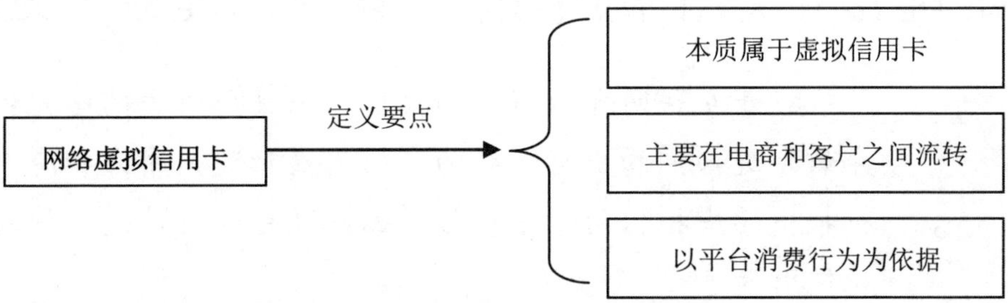

图 6-1 网络虚拟信用卡的定义要点

实际上，网络虚拟信用卡就是一种信用支付的手段，主要是通过信用的累积在线进行购物或者借贷的依托形式，信用积累是重点。

需要注意的是，使用网络虚拟信用卡也有一定的风险，需要谨慎考虑相关利益，慎重选择。

6.1.2 网络虚拟信用卡的特点

网络虚拟信用卡与实体信用卡、银行虚拟信用卡有很多相似之处，但也有自己的独特之处，主要从额度、申请、贷款期限、抵押等方面体现出来。

1. 额度小

网络虚拟信用卡的信用额度比较小，当然这也会以用户的信用价值为基础，一般而言，一开始信用额度是少于实体信用卡的。

不过这种小额度的特点刚好符合如今社会上大部分对金钱管理没有概念的年轻群体的需求，因为他们可以利用网络虚拟信用卡随借随还，以解一时之需。

2. 审批快

用户在申请网络虚拟信用卡时，步骤比较简单，提供的材料也不烦琐。相应地，审批手续下来得也很快，可以说是随时申请，随时审批。这样快捷的审批程序让更多的人群更加青睐网络虚拟卡的办理，而且所有的步骤都可以在线完成，无须用户出门寻找网点。

3. 期限短

一般来说，网络虚拟信用卡的贷款期限比较短，由于电商控制的“虚拟信用卡”更为广泛，适用人群范围也比较大，额度较小，因此贷款期限比较短。这也有利于缓解用户的还款压力，解决小额度的贷款需求。

4. 无抵押

网络虚拟信用卡的申请一般无须提供抵押和担保证明，比如申请蚂蚁花呗只需提供如图 6-2 所示的几点信息即可。

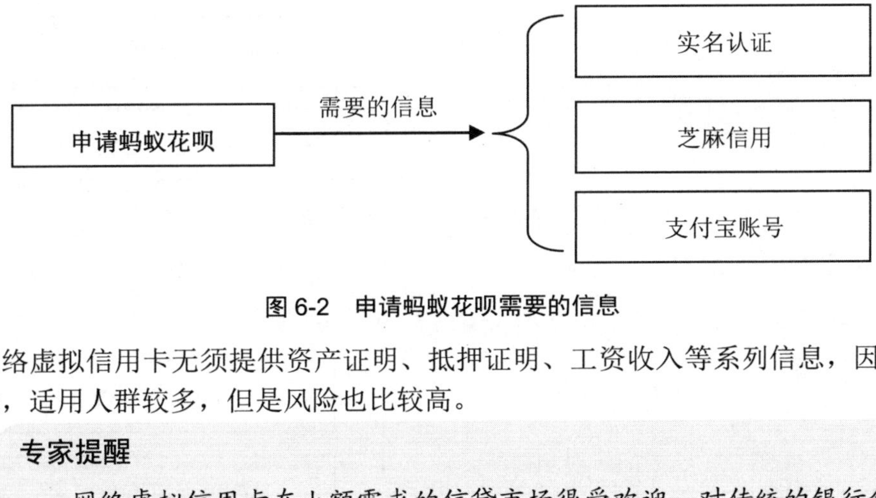

图 6-2　申请蚂蚁花呗需要的信息

网络虚拟信用卡无须提供资产证明、抵押证明、工资收入等系列信息，因此门槛比较低，适用人群较多，但是风险也比较高。

专家提醒

网络虚拟信用卡在小额需求的信贷市场很受欢迎，对传统的银行金融业务造成了一些影响。

但总体来说，银行的信贷业务还是很稳固的，网络虚拟信用卡的发展难以撼动它的地位。

6.1.3　与实体信用卡的区别

由于网络虚拟信用卡是用于网上购物和借贷的媒介，因此与实体信用卡的区别还是很大的，具体可以从申请人群、使用范围、信用额度、还款方式、免息期限等角度进行差异分析。

1. 申请人群

实体信用卡的申请人群范围比较宽泛，满足如图 6-3 所示的几个条件即可办理。

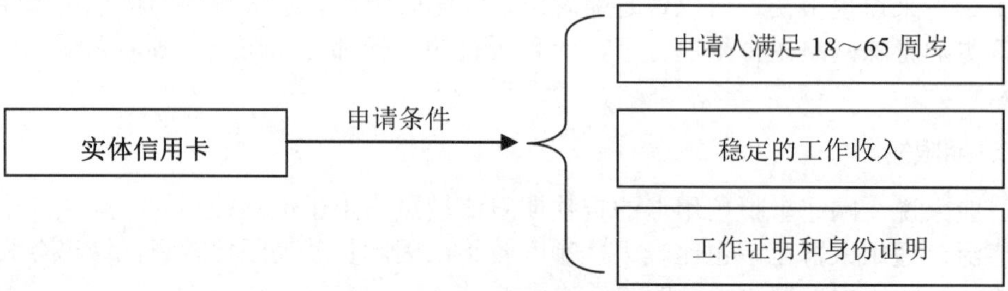

图 6-3　实体信用卡的申请条件

而网络虚拟信用卡则对申请人群做出了限制，必须成为电商的用户才可以申请办理，比如要想开通花呗服务就需要先有一个支付宝账号，而且花呗的绝大部分用户都来自天猫和淘宝。京东白条的要求更严一些，具体内容如图 6-4 所示。

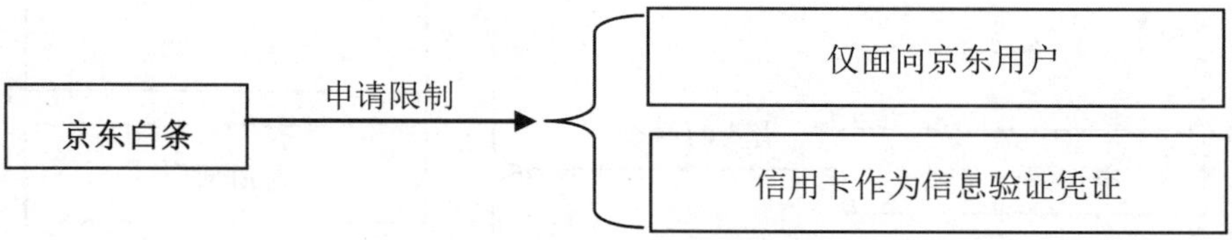

图 6-4　京东白条的申请限制

2. 使用范围

实体信用卡的使用范围较宽泛，具体内容如图 6-5 所示。

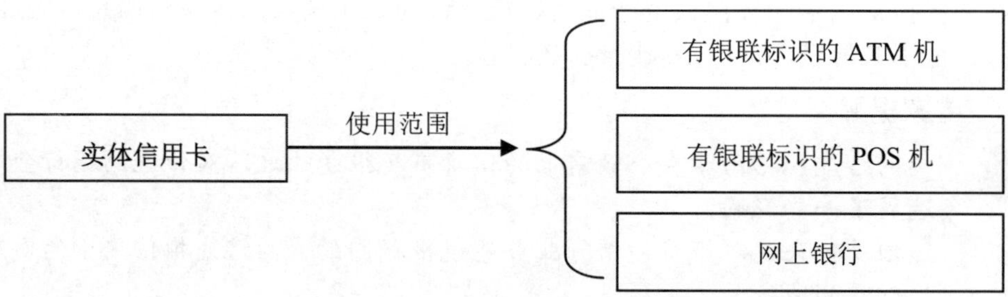

图 6-5　实体信用卡的使用范围

网络虚拟信用卡的使用范围相对而言比较有限(这里不包括现金借贷)，不能购买虚拟产品，具体包括如图 6-6 所示的几种类型。

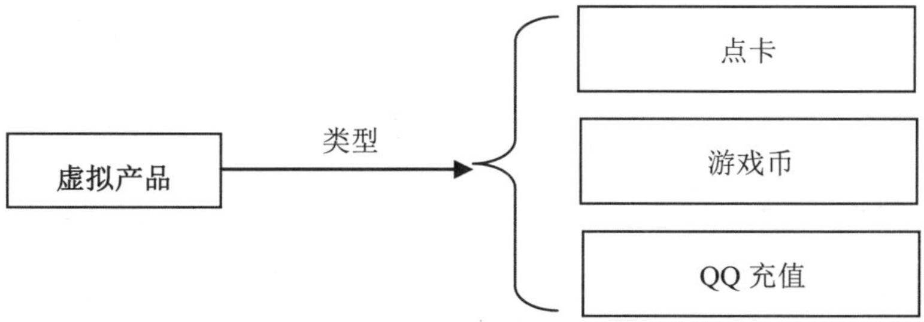

图 6-6　虚拟产品的类型

以京东白条为例，它的使用范围受到种种限制，具体表现在如图 6-7 所示的几个方面。

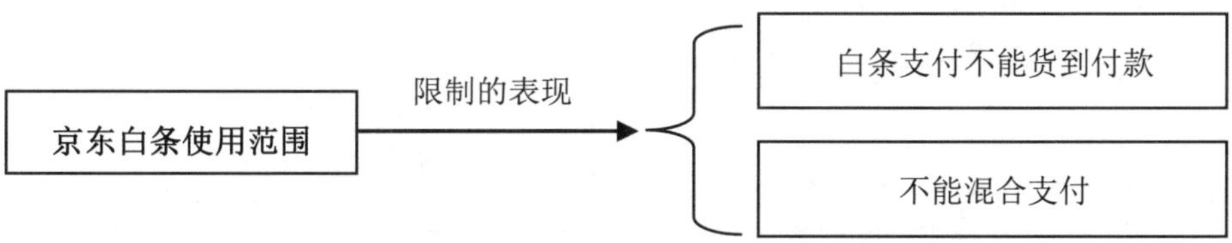

图 6-7　京东白条使用范围受到限制的表现

3. 信用额度

实体信用卡的发放额度相对而言比较高，最高额度为 10 万元。这里有两方面原因，具体内容如图 6-8 所示。

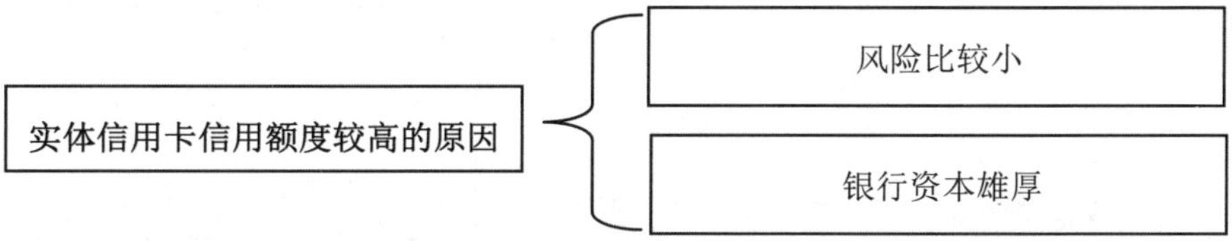

图 6-8　实体信用卡信用额度较高的原因

专家提醒

一般而言，每个银行的信用额度都会有所不同，但还是保持在 3000～100000 元，如果用户提供的资产证明价值高，工资收入水平高，有可能获得更高的信用额度。

而网络虚拟信用卡的额度发放则格外谨慎，最高额度为 3 万元。因为考虑到各方面的风险问题，因此会综合用户的各项信息进行审核和分析，然后计算出相应的信用额度。

以京东白条为例，京东会对用户的相关信息进行调查，具体内容如图 6-9 所示。

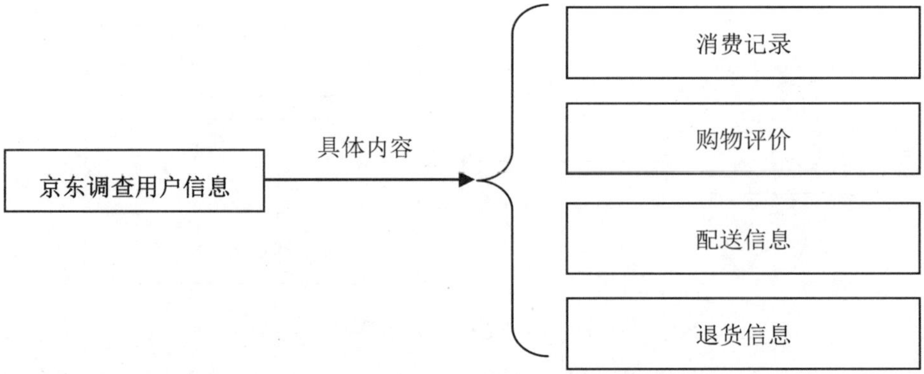

图 6-9　京东调查用户信息的内容

了解了用户的这些信息以后，京东就会对用户进行风险评级，然后给予相应的信用额度，京东的信用额度标准如图 6-10 所示。

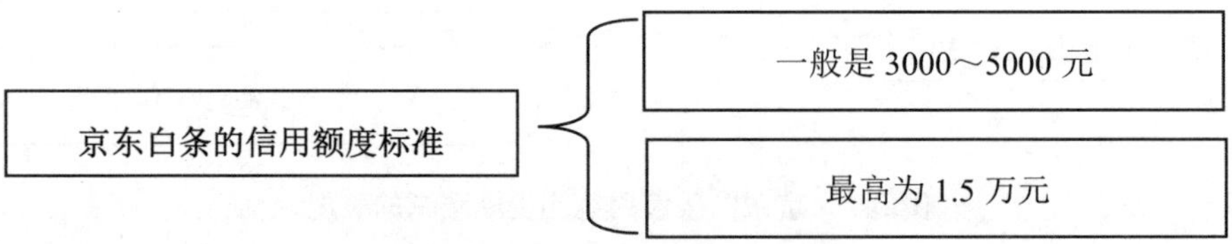

图 6-10　京东白条的信用额度标准

花呗服务的信用额度则与京东白条有所不同，保持在 1000～30000 元的水平。值得注意的是，花呗的消费额度会被不同的消费形式占用，具体内容如图 6-11 所示。

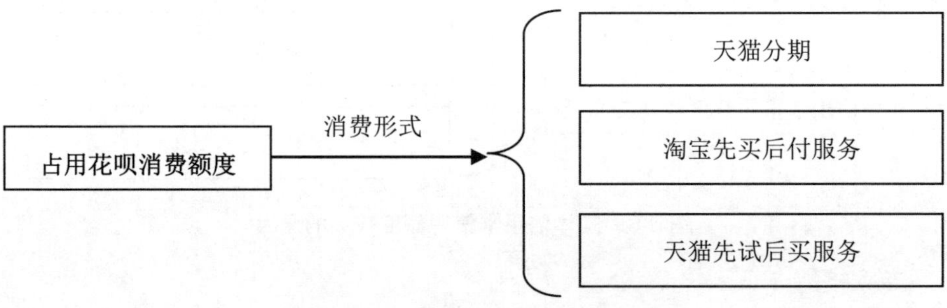

图 6-11　占用花呗消费额度的消费形式

4. 还款方式

在还款方式上，实体信用卡与网络虚拟信用卡也有很大的差别，实体信用卡的还款方式比较多样，线上线下都可以进行还款，以广发银行信用卡还款方式最为丰富，具体还款渠道如图 6-12 所示。

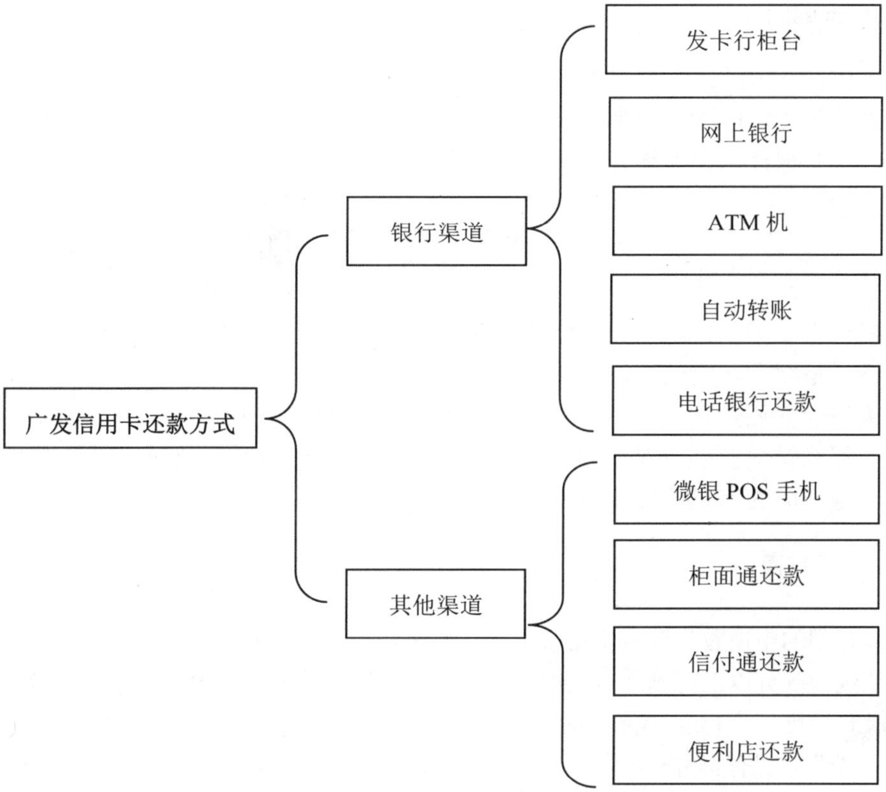

图 6-12　广发银行信用卡还款方式

京东白条和蚂蚁花呗的还款方式则比较局限，京东白条主要是通过绑定网银钱包进行自动还款，而蚂蚁花呗则是用户自己设置关联还款，可以将账户与如图 6-13 所示的几个账户关联起来。

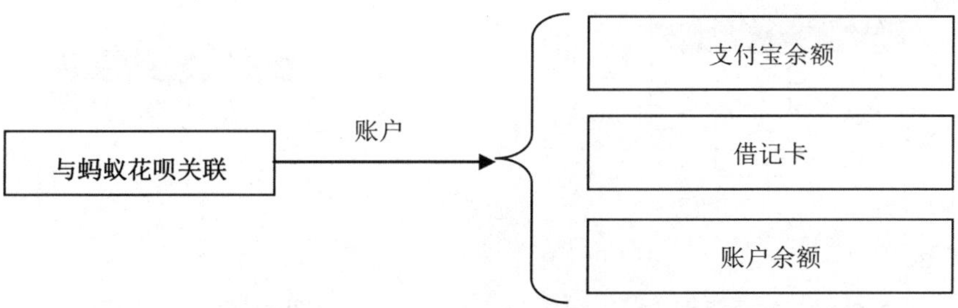

图 6-13　与蚂蚁花呗关联的账户

要通过与蚂蚁花呗相关联的账户进行还款，就需要确保账户中有充足的资金，否则在扣款时会遇到问题，从而产生其他意想不到的恶劣后果，比如逾期等。

5. 免息期限

实体信用卡的免息期较网络虚拟信用卡而言更长，网络虚拟信用卡最长为 40 天。一般的实体信用卡免息期为 20～50 天，最长为 56 天，但仅限于部分银行，如广发银行、农业银行、交通银行、工商银行等。

6.2 蚂蚁花呗

蚂蚁花呗是阿里巴巴旗下的信用支付手段，也是网络虚拟信用卡的一种，其使用范围广泛，是网上购物的好助手。

无论是天猫还是淘宝，都可以使用花呗进行消费。如果平时偏向于在淘宝、天猫上购物，那么蚂蚁花呗会是不错的选择。本节将详细介绍蚂蚁花呗的申请、消费、还款、额度等方面的信息，以供参考。

6.2.1 申请

蚂蚁花呗的申请首先要看申请条件，主要有两点，一是有一个支付宝账号，二是芝麻信用分达到600分以上。满足这两点即可申请开通蚂蚁花呗，下面详细介绍申请步骤。

步骤1 进入支付宝 App，如图 6-14 所示，没有支付宝账号的用户点击“新用户注册”，已有支付宝账号的用户直接点击“登录”，然后弹出如图 6-15 所示的信息。

图 6-14　登录页面

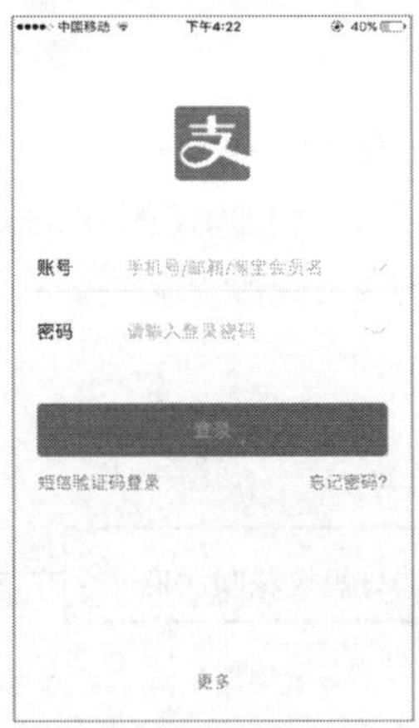

图 6-15　账号密码输入

步骤2 按照要求填好账号和密码后，点击如图 6-16 所示的“登录”按钮。接着页面会跳转到账户主页，如图 6-17 所示。在主页找到“芝麻信用”，进行点击。

步骤3 进入如图 6-18 所示的芝麻信用主页，页面上方会显示用户的信用分数和信用程度，这时对页面下方的“信用生活”图标进行点击，会直接跳转到如图 6-19 所示的页面。

图 6-16　点击“登录”

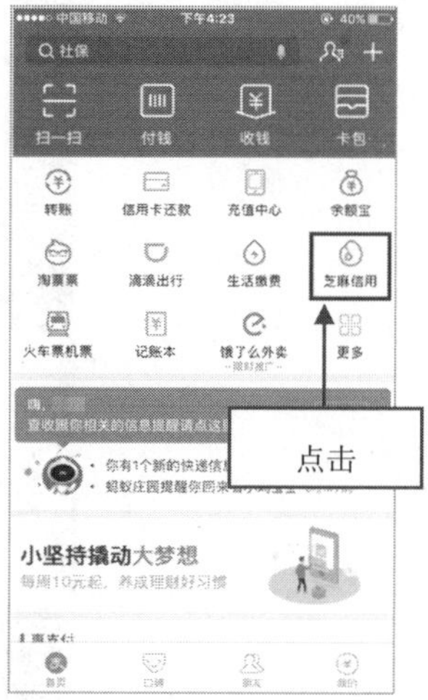

图 6-17　支付宝账户主页

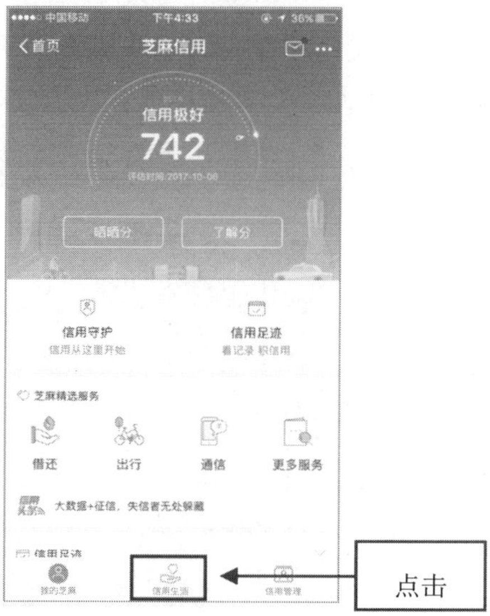

图 6-18　芝麻信用主页

图 6-19　信用生活主页

步骤4 在如图 6-19 所示的信用生活主页中找到“花呗”，对其进行点击，然后进入如图 6-20 所示的页面，直接点击“开通花呗”即可。

图 6-20　点击“开通花呗”

还有一种申请蚂蚁花呗的方式更加简单，就是在支付宝首页点击“我的”，如图 6-21 所示，然后在如图 6-22 所示的页面点击“花呗”，就可以申请开通蚂蚁花呗了。

图 6-21　点击“我的”

图 6-22　点击“花呗”

以上就是蚂蚁花呗申请和开通的全过程，由于是在移动端进行操作，因此比较直观简单，总的来说，是比较快速和便捷的。

6.2.2 消费

通过蚂蚁花呗消费主要是进行线上购物，还可分为各种不同的情境，下面主要介绍使用蚂蚁花呗的情境。

比如在淘宝上进行购物时，可以将蚂蚁花呗作为付款方式，下面展示用花呗进行线上购物的情境。

首先进入手机淘宝，进入如图 6-23 所示的首页，挑选出自己想要购买的商品，如图 6-24 所示，点击“立即购买”图标。

图 6-23　淘宝 App 首页

图 6-24　商品页面

然后页面会跳转到信息确认的页面，如图 6-25 所示，主要是收件人姓名、手机号码、收货地址、商品数量、颜色、配送方式等信息的确认。

点击页面右下角的“提交订单”图标，就会弹出如图 6-26 所示的多种付款方式，点击选择“花呗”，即可完成线上购物。

图 6-25　确认订单页面

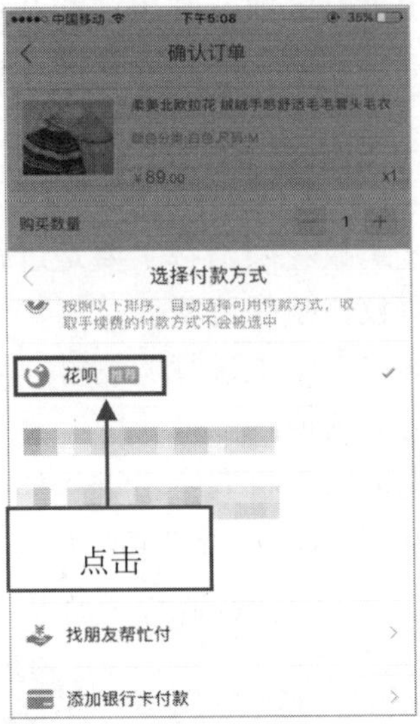

图 6-26　选择付款方式

在天猫上购物也可以使用花呗作为付款方式，这里为大家介绍 PC 端的花呗使用方法。

首先，进入天猫购物官网首页，如图 6-27 所示。

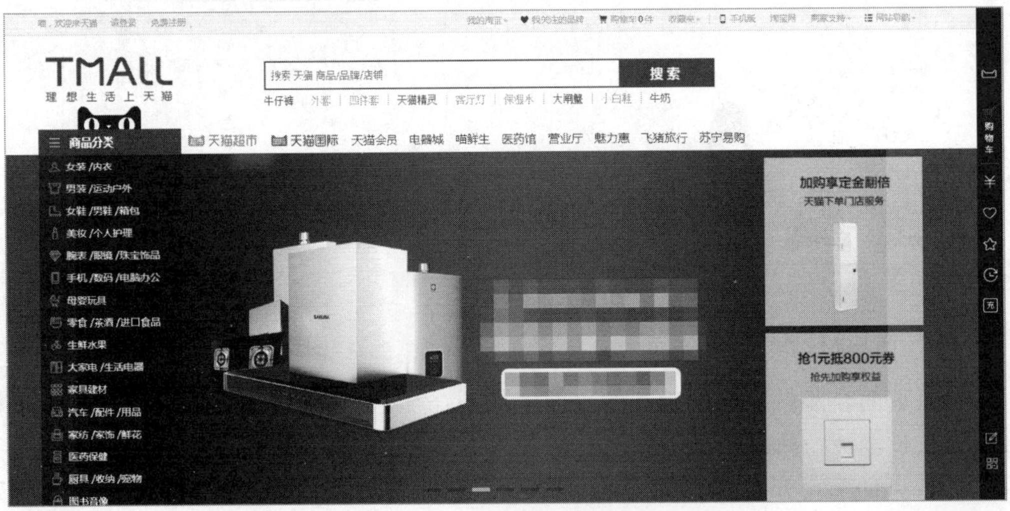

图 6-27　天猫购物官网首页

其次，选择自己想要购买的商品，进入商品的详细页面，如图 6-28 所示，选好颜色和尺码之后，点击“立即购买”。

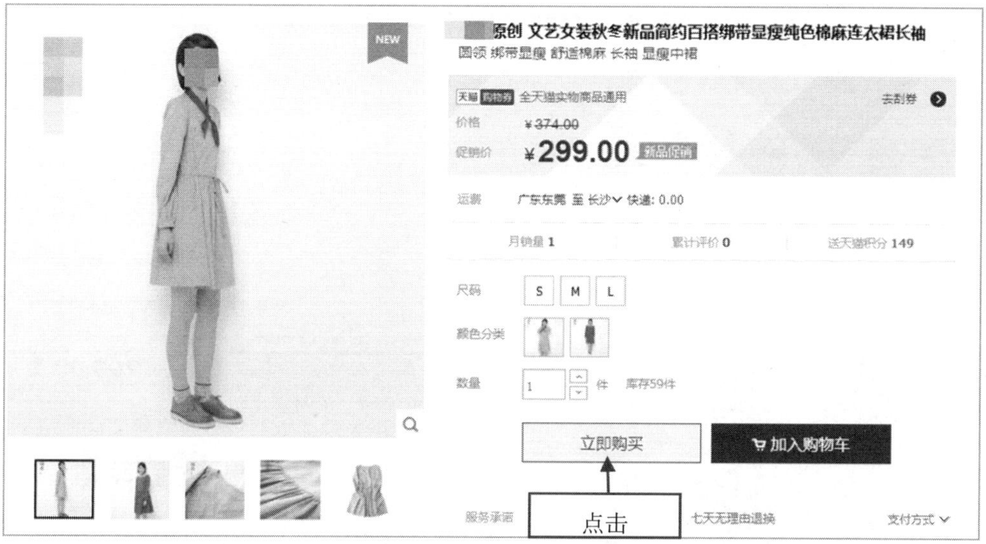

图 6-28　商品的详细页面

这时会弹出扫描二维码登录账号的页面，如图 6-29 所示。只要拿出手机打开天猫或者淘宝客户端对准二维码扫一扫即可。

图 6-29　天猫二维码登录

登录成功后，会跳转到订单信息确认页面，如图 6-30 所示，这时需要对商品的颜色、尺寸、数量、运送方式、购买方式以及收货地址、收货人姓名等仔细进行核对，然后点击“提交订单”。

图 6-30 订单确认页面

接着会弹出支付宝支付的页面，付款方式会自动显示，如图 6-31 所示，第一栏就是花呗。除此之外，还有一些其他的付款方式没有全部展示出来，可以点击“其他付款方式”。

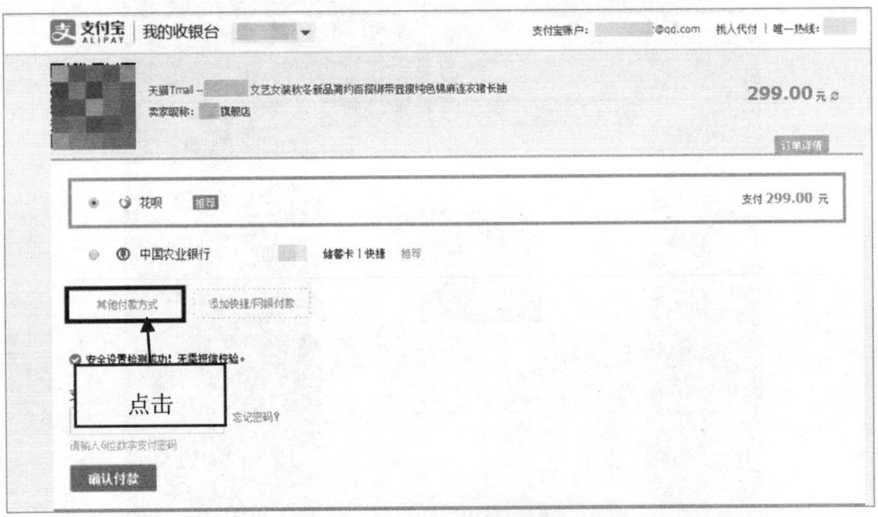

图 6-31 点击“其他付款方式”

之后就会显示更多的付款方式，如图 6-32 所示，有已经绑定的银行卡快捷付款方式，如中国工商银行、中国农业银行、中国邮政储蓄银行等，还有余额宝。此外，还可以自行添加新的网银或者快捷方式付款。选择“花呗”消费，然后点击“确认付款”图标，即可完成付款。

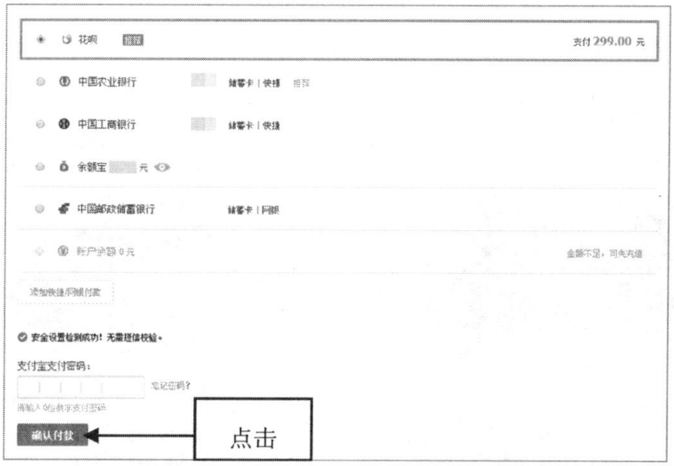

图 6-32　点击“确认付款”

值得注意的是，使用蚂蚁花呗进行消费，从消费类型来分，可以分为很多种，下面主要介绍几种花呗的消费种类。

有花呗推出的周边游分期活动，用户可以通过花呗付款出门游玩，如图 6-33 所示为花呗周边游分期活动会场页面。还有专门的花呗分期主页，如图 6-34 所示，主要提供各种商品的分期消费，如手表、手机、家电、数码、珠宝等。

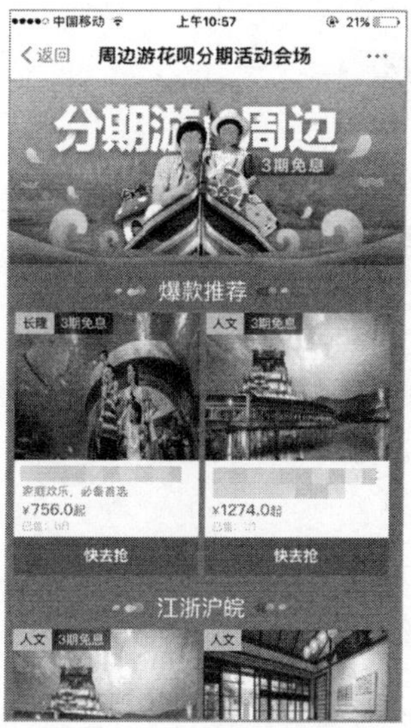

图 6-33　花呗周边游分期活动会场

图 6-34　花呗分期主页

用户还可以利用花呗购买电影票，如图 6-35 所示为与花呗相关联的电影票购买平台。在天猫超市购买零食也是花呗消费的不错选择，如图 6-36 所示为花呗与天猫超市联手打造的促销活动。

图 6-35　花呗购买电影票

图 6-36　花呗购买零食

此外，花呗还为用户提供了购买车险限期免息的服务，如图 6-37 所示。开通花呗的用户只要报价之后，就可以进行消费。

图 6-37　花呗购买车险

专家提醒

利用蚂蚁花呗进行消费时主要是与阿里巴巴旗下的平台展开广泛合作，比如支付宝、天猫超市、淘票票等，目的是为了促进消费，同时也为用户提供了便利。

6.2.3 还款

利用蚂蚁花呗进行消费后，就要考虑到还款的问题，但很多用户对还款的方式及注意事项都不了解，这很不利于蚂蚁花呗的使用，下面主要介绍花呗还款方面的事项。

花呗的还款方式主要分为两种，即主动还款和自动还款。下面详细介绍主动还款方式。

第一步，进入如图 6-38 所示的手机支付宝花呗页面，点击“立即使用”按钮，然后会弹出花呗的主页，如图 6-39 所示。

图 6-38　点击“立即使用”按钮

图 6-39　花呗的主页

专家提醒

进入花呗主页有两种渠道，一是进入支付宝首页，点击“芝麻信用”|“信用生活”|“花呗”；二是进入支付宝页面，点击“我的”|“花呗”即可。

第二步，点击花呗主页的“我的账单”，就会进入如图 6-40 所示的花呗账单页面。

账单分为两部分，一是没有确认收货的商品账单，这类账单暂时不会计入还款账单，要等到确认收货后才会进入花呗的未还账单；二是已入账的订单，这类账单可以马上还款。

点击“提前还款”按钮，就会进入主动还款的页面，如图 6-41 所示，确定无误之后，点击“确认还款”按钮即可完成花呗还款。

图 6-40　点击“提前还款”按钮

图 6-41　点击“确认还款”按钮

如果在使用花呗之后发现一个月内无法还清账单，但又不想逾期对信用分造成不良影响，就可以考虑对账单进行分期。下面详细介绍花呗分期的步骤。

步骤 1 进入支付宝 App 首页，如图 6-42 所示，点击“蚂蚁花呗”。接着页面会跳转到蚂蚁花呗的主页，如图 6-43 所示，对“分期”图标进行点击。

图 6-42　支付宝首页

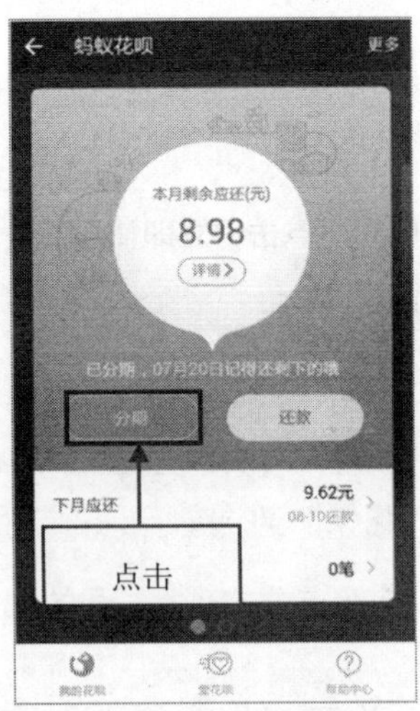

图 6-43　蚂蚁花呗主页

步骤2 进入选择分期期数的页面，如图 6-44 所示，不仅会显示期数，还会附带分期的利息明细。选好分期的期数后，点击“申请分期”按钮。

图 6-44　分期期数选择

步骤3 接着会弹出如图 6-45 所示的分期还款的确认页面，主要是对申请分期金额、分期期数、每期应还金额等信息进行确认，然后点击“确定”按钮，就完成了还款分期，如图 6-46 所示为分期成功的页面。

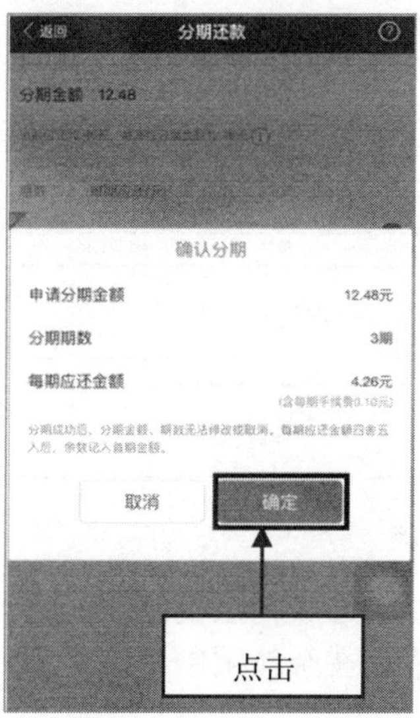

图 6-45　分期确认页面

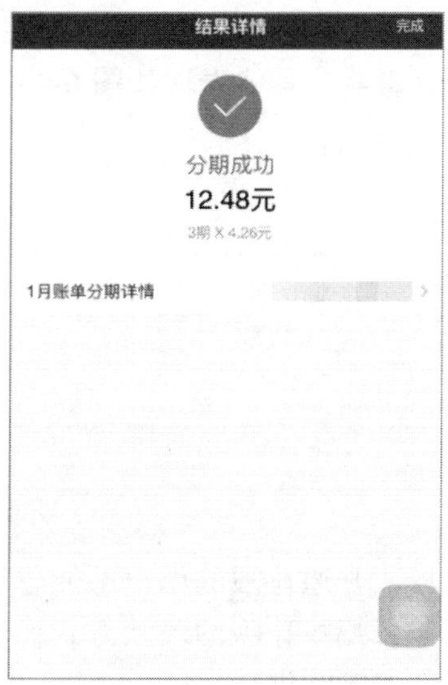

图 6-46　结果详情页面

步骤4 如果对账单的分期不清楚细节，可查看“分期明细”，如图 6-47 所示，从这个页面可以了解账单情况，以便准时还款。

图 6-47　分期明细页面

专家提醒

一般情况下，自动还款是默认开通的，蚂蚁花呗自动还款的方式有很多种，前面已经提到过。花呗的还款日期是每月的 9 日或者 10 日。

需要注意的是，用户如果设置了自动还款，就应该保证账户里的金额充足，以免造成逾期，导致个人信用度的降低。

如果用户未按时还款，就会产生逾期的情况，逾期还款会对花呗账户及用户个人造成不良影响，具体表现如图 6-48 所示。

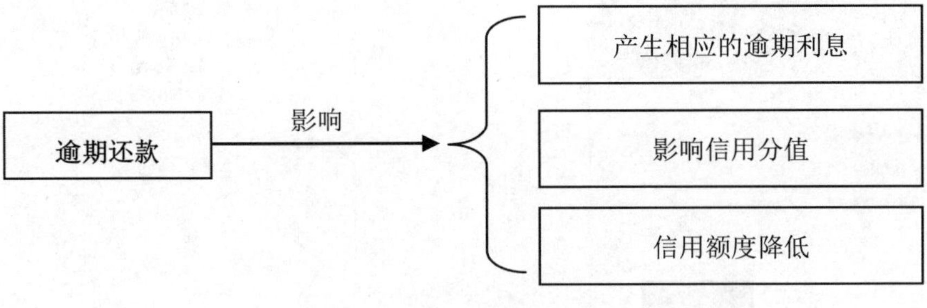

图 6-48　逾期还款的影响

所以，开通花呗的用户不能忽视还款的问题，以免造成无法使用花呗或者更加恶劣的影响。蚂蚁花呗的还款方式比较方便，但用户最好在余额宝中放置足额的资金，以便还款的顺利进行。

6.2.4 额度

蚂蚁花呗的额度是根据用户的综合情况总结而来的，在用户使用花呗和支付宝的过程中，系统会不定期对账户进行评估，根据评估的结果适当调整信用额度。

蚂蚁花呗的额度主要由三大部分构成，具体内容如图 6-49 所示。

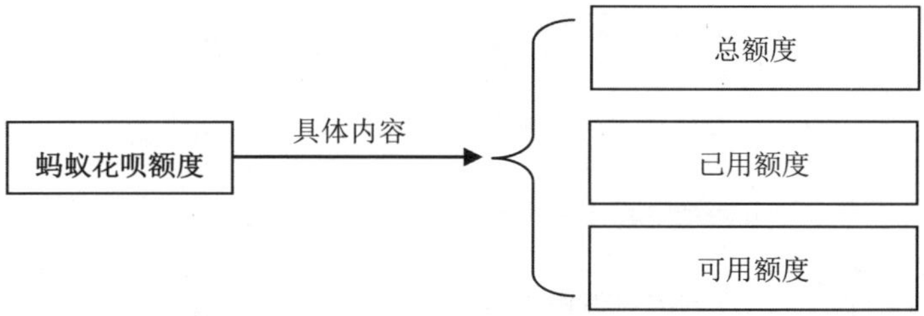

图 6-49 蚂蚁花呗额度的具体内容

如图 6-50 所示为蚂蚁花呗的额度页面，清楚地展示了各个额度的数量，有利于用户了解自己的额度使用情况。

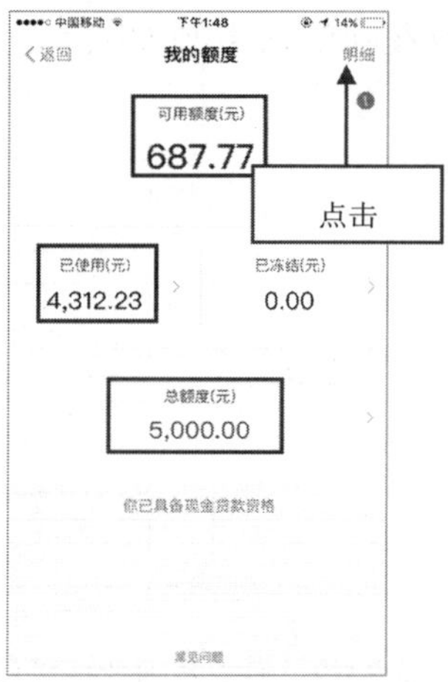

图 6-50 “我的额度”页面

专家提醒

蚂蚁花呗的可用额度会被不同类型的金额占用，导致用户的额度不够用，比如已出账但未还清的金额、未确认收货的金额以及未还清的分期账单金额。如果可用额度无法满足需求，就可以申请临时提额，但这项功能仅对部分满足条件的用户开放。

如果用户想了解花呗额度的明细，可以点击图 6-50 页面右上角的“明细”，以查看额度究竟用在了哪些地方，如图 6-51 所示。

图 6-51　花呗额度明细页面

那么，应该如何提升蚂蚁花呗的信用额度呢？笔者将其技巧总结为如图 6-52 所示的几点。

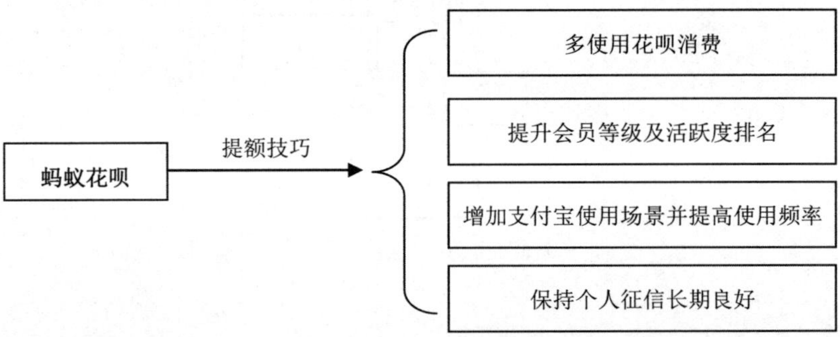

图 6-52　蚂蚁花呗的提额技巧

专家提醒

蚂蚁花呗没有向用户提供主动提升额度的服务，因此信用额度的提升只能依靠系统的客观评估，任何人工干预提升额度的方法都是不可行的。

不过，使用蚂蚁花呗的用户可以降低额度，这样做是为了合理运用花呗进行消费，以免出现过度消费的情况。下面简单介绍调低花呗额度的方法。

首先，进入如图 6-53 所示的花呗“我的额度”页面，点击“总额度”，跳转到如图 6-54 所示的总额度管理页面。

图 6-53 “我的额度”页面

图 6-54 “总额度管理”页面

然后，对总额度旁边的图标进行点击，根据限制条件调整花呗的总额度，确认数额之后点击“确定调整”即可完成额度的调低，如图 6-55 所示。

图 6-55 点击“确定调整”

蚂蚁花呗的额度在还款后会实时恢复，因此提前或者按时还款也是提升额度的一种途径。总的来说，蚂蚁花呗的额度管理操作起来比较便捷，但是临时额度的申请比较难。

6.2.5 优惠

使用蚂蚁花呗进行消费可以享受多重优惠和折扣，这也是企业为了鼓励大众使用花呗的“小心机”，但不置可否的是，这样做确实吸引了不少用户加入到蚂蚁花呗之中，因为给用户带来了实实在在的优惠和便利。

下面主要介绍使用蚂蚁花呗消费有哪些权益以及优惠活动。首先，蚂蚁花呗新推出的“挖哦”活动，在主页就有展示，如图 6-56 所示，对其进行点击。

图 6-56 花呗主页

进入挖哦主页，如图 6-57 所示。对“挖一下”进行点击，进入如图 6-58 所示的页面，点击“下一步”按钮。

图 6-57 点击“挖一下”

图 6-58 点击“下一步”

跳转到如图 6-59 所示的页面，继续点击“下一步”按钮，进入如图 6-60 所示的页面，获得 10 把铲子，点击“立即收下”按钮。

图 6-59　点击“下一步”按钮

图 6-60　点击“立即收下”按钮

弹出如图 6-61 所示的页面，点击“挖”的图标，然后进入宝箱即将开启的页面，如图 6-62 所示。对宝箱进行点击，用铲子撬开宝箱。

图 6-61　挖哦主页

图 6-62　撬开宝箱

之后会显示挖到的宝藏，如图 6-63 所示为挖到的折扣的零食组合商品，点击

“去看看”即可进入商品购买页面，如图 6-64 所示。

图 6-63　点击“去看看”

图 6-64　花呗特惠商品购买页面

如果用户对此商品感兴趣，可以点击“立即换购”，然后填写收货地址、收件人姓名、手机号码等相关信息即可享受优惠。

除此之外，蚂蚁花呗还有很多优惠活动供用户选择，而且是花呗用户专享，如吃喝玩乐福利，如图 6-65 所示，用户可以领取商家的折扣券，然后消费。

图 6-65　花呗吃喝玩乐福利

还有的优惠活动则是以专属权益的方式呈现的，即花呗超值权益，如图 6-66 所示，既便宜，而且用途多样，吃早餐、逛超市、骑单车都可以获得优惠。

图 6-66 花呗超值权益

蚂蚁花呗的活动层出不穷，既有如图 6-67 所示的特惠食品，还有境外消费返现的优惠，如图 6-68 所示。

图 6-67 花呗特惠食品

图 6-68 花呗境外消费返现

从这些优惠活动可以看出，蚂蚁花呗为了用户确实费了不少心血，而准备申请或者已经申请开通蚂蚁花呗的用户可以通过这些途径进行消费，以享受花呗用户的诸多权益和优惠，让信用的价值发挥得淋漓尽致。

6.3 蚂蚁借呗

蚂蚁借呗是支付宝推出的一款信贷产品，也是信用支付的表现形式，虽然它与蚂蚁花呗同属于支付宝名下，但功能有所差异。蚂蚁花呗专注于线上购物，不能取现，用于其他消费；蚂蚁借呗则属于现金借贷，可以取现，也可以购买任何形式的商品。

本节主要介绍蚂蚁借呗的申请、提额、使用等方面的知识，以供大家参考。

6.3.1 申请

申请蚂蚁借呗需要满足一定的条件，较为重要的就是芝麻信用分达到 600 分以上，如果没有满足这个条件，就需要坚持芝麻习惯，尽力完成芝麻任务来提升芝麻信用分。坚持芝麻习惯具体可从如图 6-69 所示的几个方面做起。

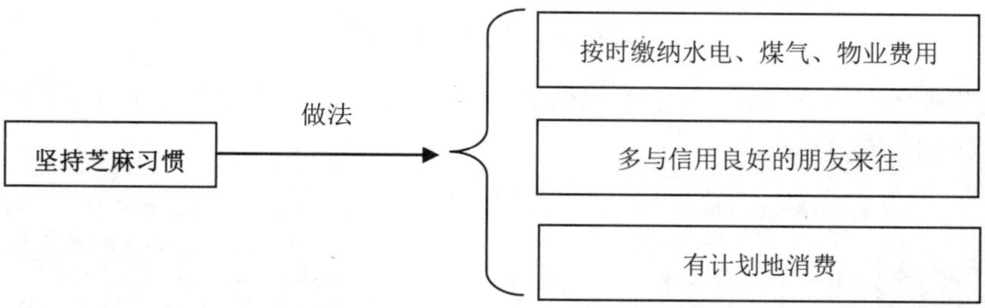

图 6-69　坚持芝麻习惯的做法

完成芝麻任务则需要从如图 6-70 所示的几点做起。

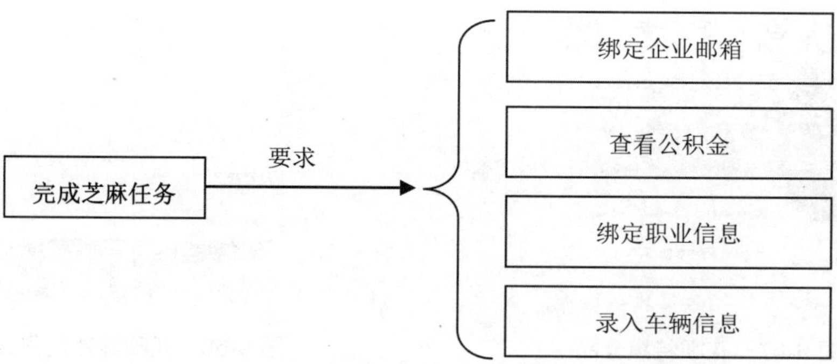

图 6-70　完成芝麻任务的要求

信用是一点一滴积累而成的，重在平时的习惯和行为，网络虚拟信用卡的申请也是如此。如果平时的购物行为或者信用出现了问题，就有可能影响到信用的升值，进而导致无法开通信贷服务。由此可见，信用的价值是相当宝贵的。

如果你的芝麻信用分达到了 600 分以上，那么就基本符合申请蚂蚁借呗的条件，蚂蚁借呗到底是怎样开通的呢？下面主要介绍蚂蚁借呗的申请过程。

步骤 1 进入支付宝 App 主页，如图 6-71 所示，点击页面中间的“芝麻信用”，进入芝麻信用的主页，如图 6-72 所示。

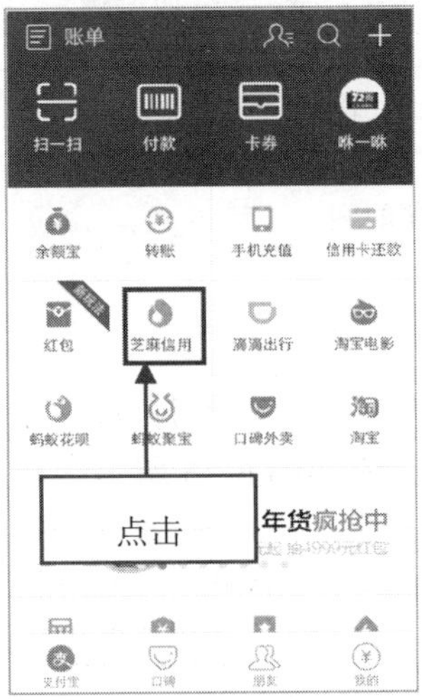

图 6-71 支付宝首页

图 6-72 芝麻信用主页

步骤 2 点击芝麻信用主页右下方的“信用生活”，跳转到如图 6-73 所示的页面。对页面中的“蚂蚁借呗”进行点击，进入如图 6-74 所示的蚂蚁借呗主页，点击“点此查看”。

图 6-73 信用生活主页

图 6-74 蚂蚁借呗申请页面

从以上步骤可以看出，芝麻信用分达到要求的用户想要申请蚂蚁借呗是很简单且快速的，而且借呗放款的速度很快。在用户申请借款后，可以选择将资金放在不同的地方，而放款位置的不同其放款速度也不尽相同，具体内容如图 6-75 所示。

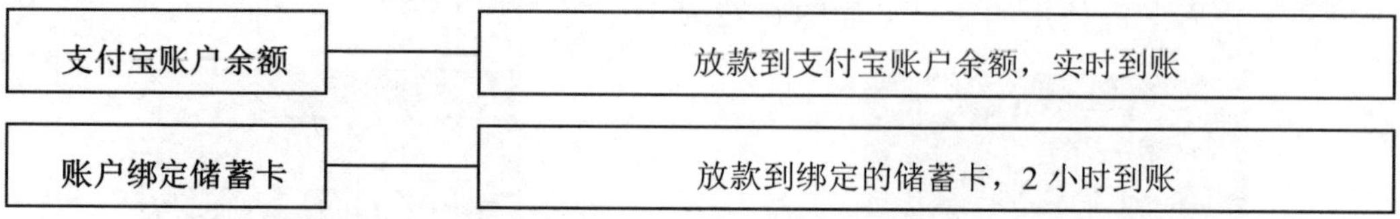

图 6-75　不同放款位置的到账时间

6.3.2　提额

蚂蚁借呗的额度也是根据账户的芝麻信用分来确定的，一般而言范围在 1000～50000 元。蚂蚁借呗的额度也是由三部分组成，具体内容如图 6-76 所示。

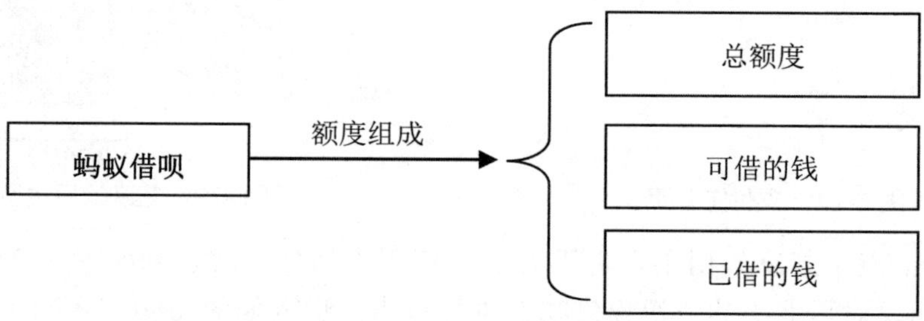

图 6-76　蚂蚁借呗的额度组成

如果已经开通了蚂蚁借呗，那么额度界面如图 6-77 所示。

图 6-77　蚂蚁借呗的额度界面

想要提升蚂蚁借呗的信用额度，大致方法与蚂蚁花呗相同，具体内容如图 6-78 所示。

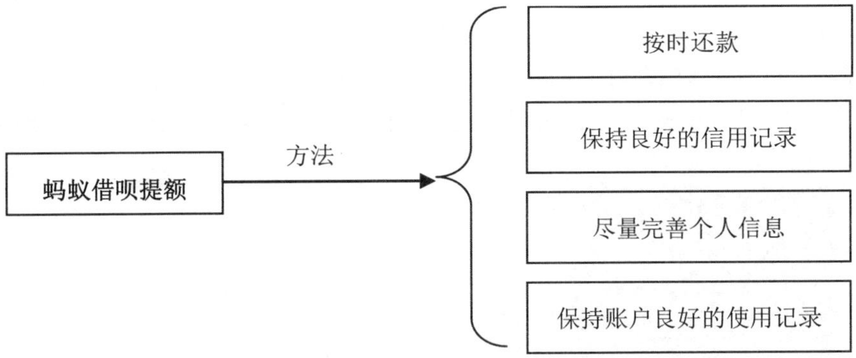

图 6-78　蚂蚁借呗的提额方法

此外，还有一些提升蚂蚁借呗额度的小窍门，笔者将其总结为如图 6-79 所示。

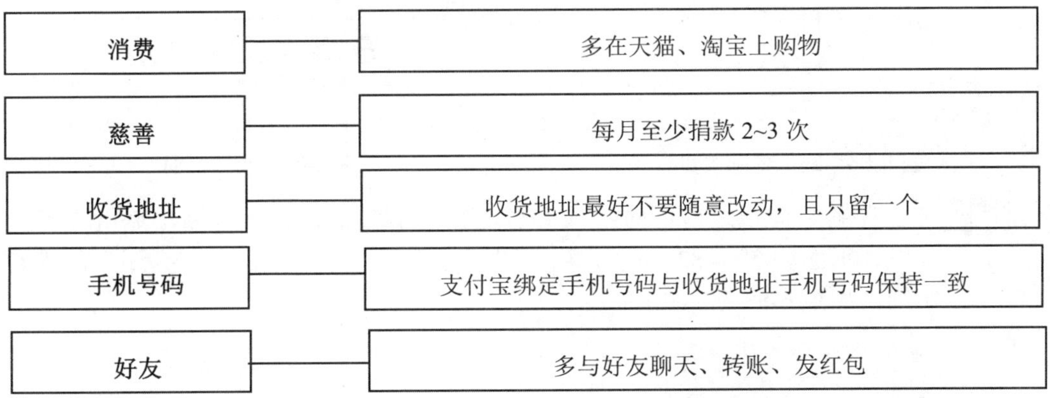

图 6-79　提升蚂蚁借呗额度的窍门

专家提醒

蚂蚁借呗的额度会由于用户的某些行为而自动降低，这是系统根据用户行为检测出了风险，有时不仅会降低额度，甚至会取消借贷的资格。因此，用户要在平时的生活中保持良好的信用习惯，才能挖掘出信用的潜在价值。

6.3.3　使用

蚂蚁借呗的使用主要分为借钱和还钱两大部分，因为蚂蚁借呗属于现金借贷的范畴，因此消费的方向比较自由，线上线下均可使用。下面主要从借钱和还钱两个方面介绍蚂蚁借呗的使用步骤。

1. 借钱

在蚂蚁借呗上借钱的步骤比较简单，需要清楚借钱的一些细节，比如借的金额、借款的时间、收款的方式等。下面详细介绍蚂蚁借呗的借钱过程。

步骤1 进入蚂蚁借呗的主页，如图 6-80 所示，点击“去借钱”按钮，进入如图6-81 所示的借钱页面，仔细查看页面的信息，特别是《个人消费贷款合同》。

图 6-80 蚂蚁借呗主页

图 6-81 借钱页面

步骤2 在确定借钱之前，对各项信息进行了解，输入借款金额，点击“借多久”，页面如图 6-82 所示，用户可自行选择。然后点击“怎么还”，查看明细，如图 6-83 所示。

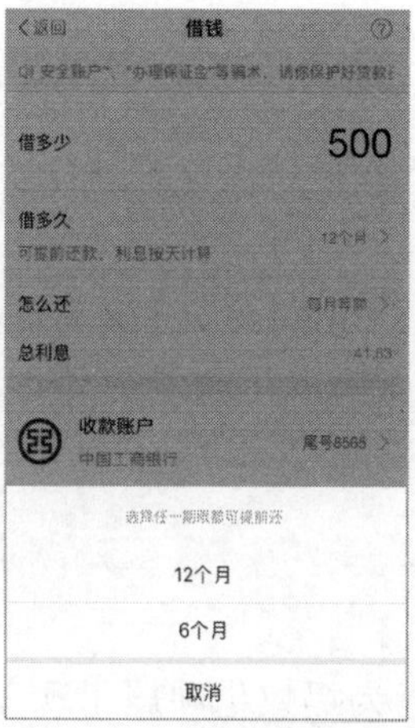

图 6-82 借款时间

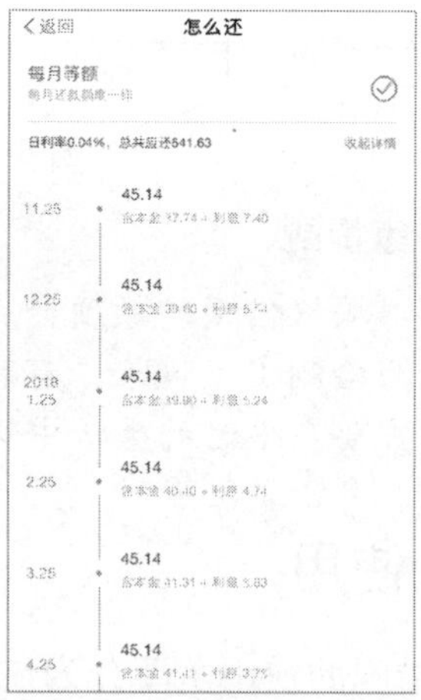

图 6-83 还款方式

步骤3 之后再对“收款账户”进行选择，跳转到如图 6-84 所示的页面，用户有两种选择，一种是直接转到支付宝余额，另一种是转到储蓄卡。选好之后，就可以点击“确定”，然后在弹出的空白格中输入支付密码即可完成借钱，如图 6-85 所示。

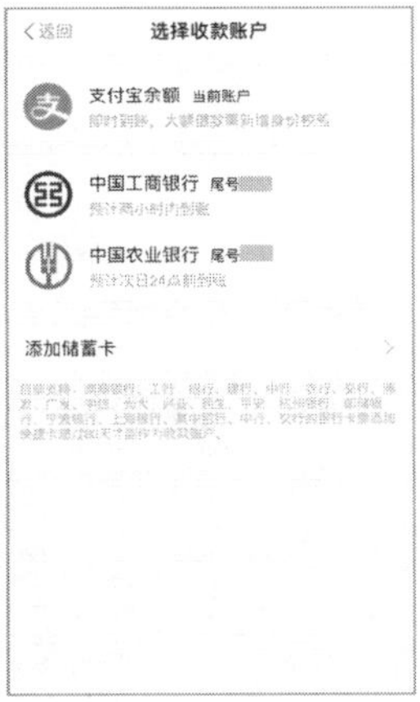

图 6-84　选择收款账户

图 6-85　输入支付密码

2. 还钱

蚂蚁借呗的还款期限一般为 12 个月，还款共分为两种类型，一种是按时还款，另一种是提前还款。下面详细介绍这两种还款类型。

按时还款，其实不用用户自己主动操作，但可以了解相关内容，先进入如图 6-86 所示的蚂蚁借呗主页，点击“去还钱”，进入还款页面，再对如图 6-87 所示的“按期还款”进行点击。

图 6-86　点击“去还钱”

图 6-87　点击“按期还款”

弹出如图 6-88 所示的按期还款页面，主要展示的是还款的具体时间及金额，而且还提醒用户还款的渠道。

图 6-88　按期还款的明细

提前还款，首先点击如图 6-87 所示的“提前还款”，进入提前还款页面，如图 6-89 所示。在金额后面进行点击，再点击“提前还款”，弹出还款的详细页面，如图 6-90 所示。

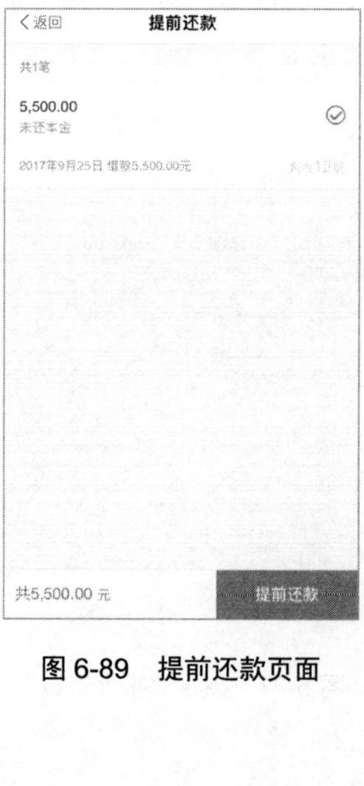

图 6-89　提前还款页面

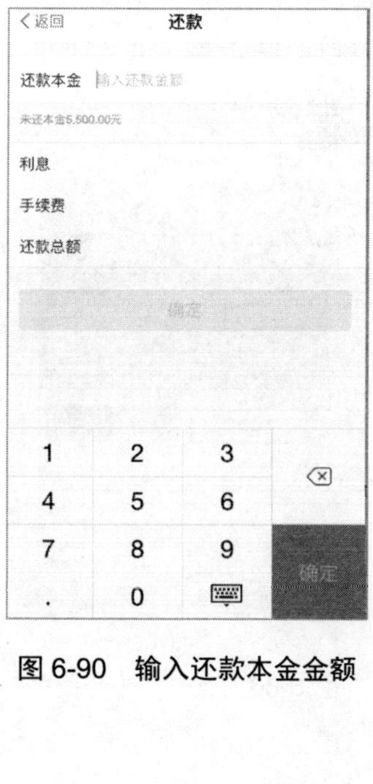

图 6-90　输入还款本金金额

接着输入还款金额，确认利息等信息后，如图 6-91 所示，即可点击“确定”按钮，进入如图 6-92 所示的确认付款页面，选择金额充足的付款方式后，点击“立即付款”即可完成提前还款。

图 6-91 点击“确定”

图 6-92 确认付款

专家提醒

如果是长期借款用户，提前还款系统不会收取手续费；如果是短期借款用户，就会收取一定的手续费，具体情况以页面显示为准。因此，用户可以根据自己的情况决定是提前还款还是按时还款。

6.4 京东白条

京东白条是京东推出的一种“先消费、后付款”的支付方式，也属于网络虚拟信用卡的一种，从金融层面上说，京东白条属于互联网消费金融产品。

京东白条的主打优势为“30 天免息，随心分期”，它还打通了京东集团下的系列业务，不断扩大领域，为消费者提供了更多的消费场景，让信贷服务更加贴心、便捷。

京东白条涉及的领域包括分期旅游、租房、装修等，还专门针对大学生、农村人群设计了消费金融产品。由此可以看出京东白条不仅运用范围越来越广，而且不断推出特色服务。本节主要介绍京东白条的申请、提额、消费、还款等知识。

6.4.1 申请

京东白条的申请同样也要满足相应的条件，在京东上多消费，会员等级达到铜牌，还有比较重要的一点就是绑定银行卡。下面详细介绍申请京东白条的步骤。

步骤1 进入京东金融 App 主页，如图 6-93 所示，点击页面左侧的“立即激活”。接着进入如图 6-94 所示的“我的白条”页面，点击“立即激活”。

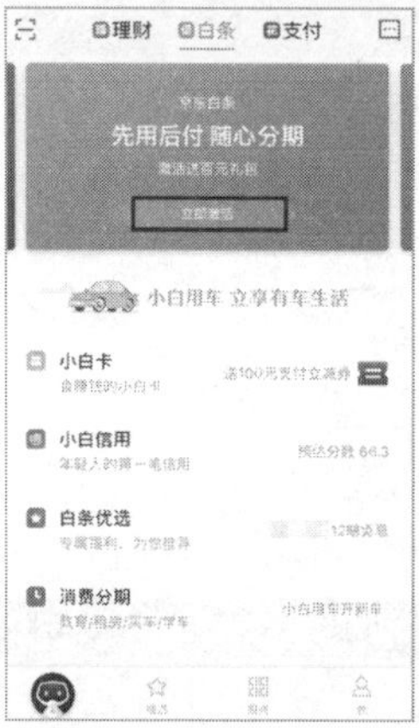

图 6-93　京东白条首页

图 6-94　点击“立即激活”

步骤2 如果没有设置支付密码，就会弹出如图 6-95 所示的提醒设置密码的页面，点击“去设置”进入密码设置页面，如图 6-96 所示，填写密码，然后点击“完成”。跳转到如图 6-97 所示的页面，点击“开始申请”，申请正式开始。

图 6-95　支付密码设置提醒

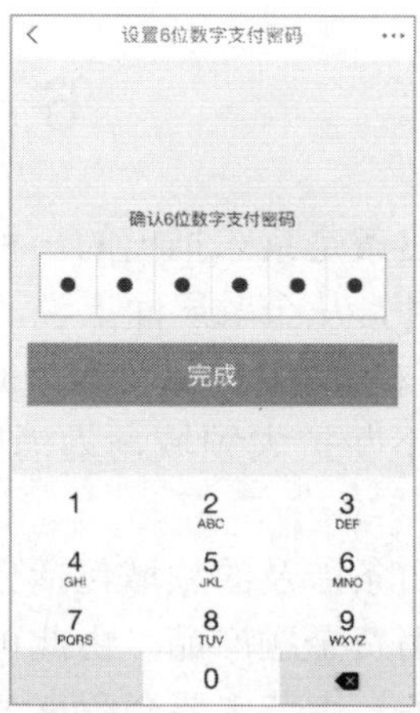

图 6-96　支付密码填写

图 6-97　点击“开始申请”

步骤3 接着会显示如图 6-98 所示的协议阅读页面，点击“同意并继续”，进入申请白条的主页，如图 6-99 所示，按照要求完成实名认证、基本信息、做任务赢额度等任务。

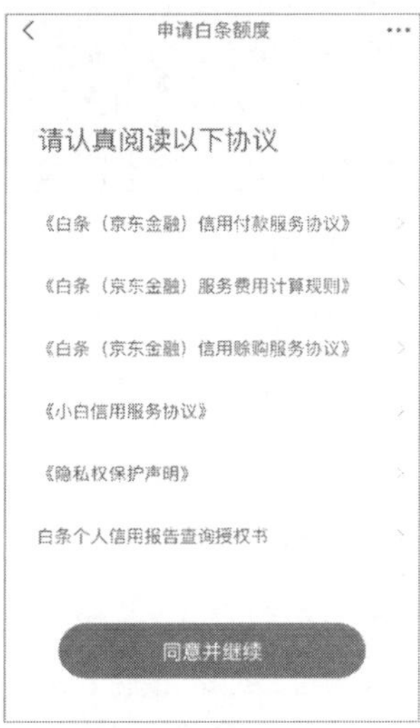

图 6-98　协议页面

图 6-99　申请页面

步骤4 实名认证主要包括两个步骤，一是填写姓名、身份证号，如图 6-100 所示，然后点击“下一步”，填写银行卡号及手机号码，如图 6-101 所示，点击“完成”即可。

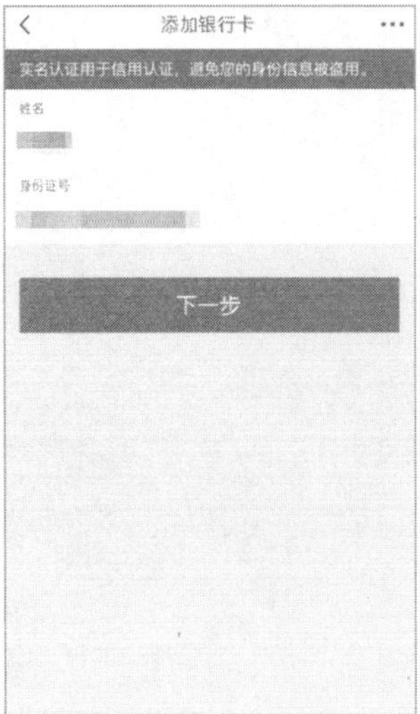

图 6-100　填写姓名、身份证号

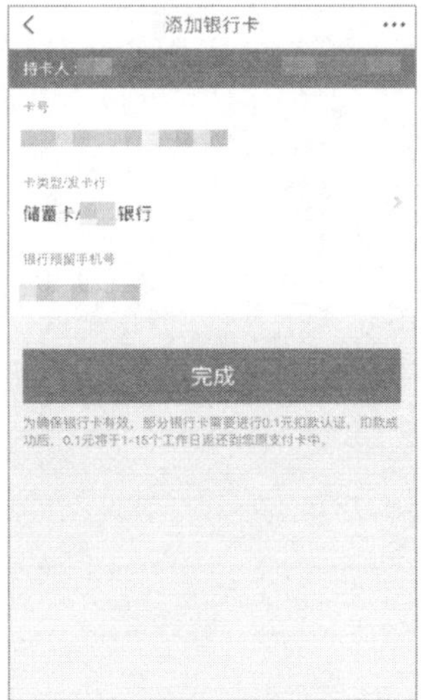

图 6-101　填写银行卡信息、手机号码

步骤5 填完信息后，银行会发短信进行验证，如图 6-102 所示，用户只要按要求填写验证码即可完成实名认证，申请白条额度的主页如图 6-103 所示。

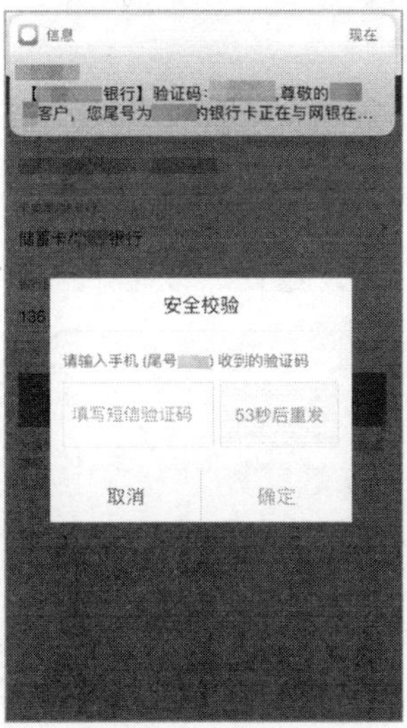

图 6-102　填写验证码

图 6-103　申请白条额度主页

步骤6 接下来是基本信息的填写，如图 6-104 所示，输入手机号，填写密码，然后点击“下一步”，进入如图 6-105 所示的基本信息填写页面，填写完毕后提交校验即可完成申请。

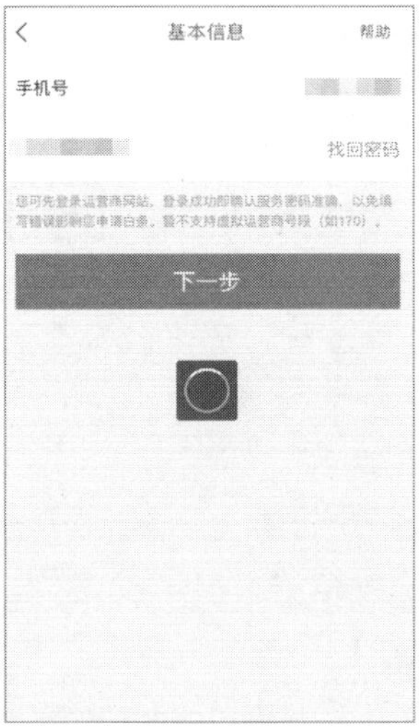

图 6-104　点击“下一步”

图 6-105　基本信息的填写

6.4.2　提额

京东白条的额度是系统根据用户的购物习惯、信用记录、购物频率等信息综合评估后确定的。一般来说，主要依靠多消费进行提额，常规的提额方法包括如图 6-106 所示的几种。

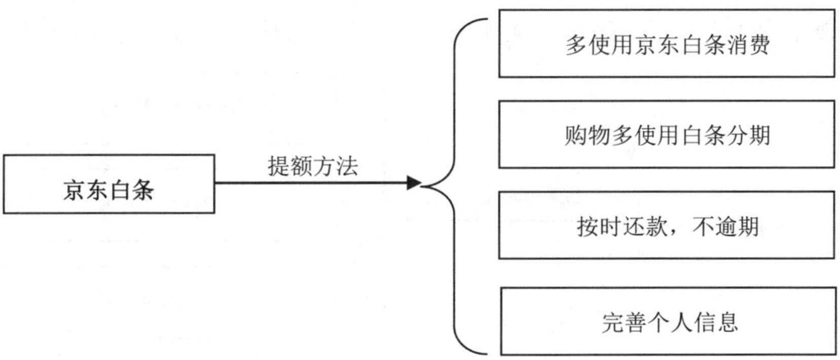

图 6-106　京东白条的常规提额方法

除此之外，京东白条还可以通过京东金融 App 进行额度的提升，具体操作方法如下。

首先，进入京东白条页面，如图 6-107 所示，找到“提额包”进行点击，接着进入如图 6-108 所示的提额包领取页面，点击“领取”即可提额。

图 6-107　点击“提额包”

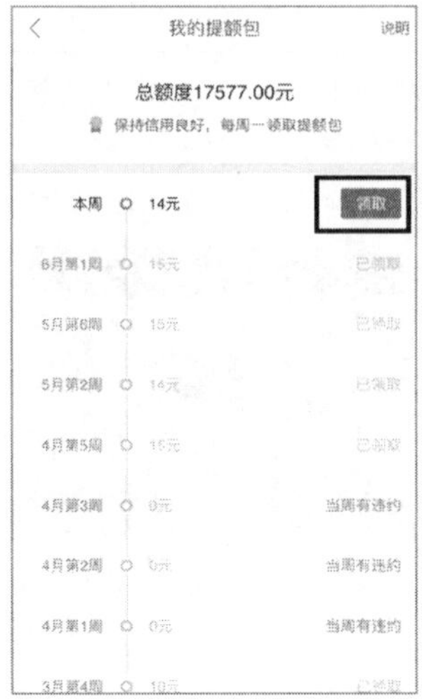

图 6-108　点击“领取”

专家提醒

通过领取提额包进行信用额度的提升，需要注意两点，一是不要违约，否则无法领取提额包；二是关注京东的各种活动，比如 618 就会推出非常规提额的活动，用户可以参与此类活动获得较大额度的提升。

提额的方法比较多，但都重在坚持，比如良好的消费习惯和信用记录都需要一点一滴的积累才能达成，用户还可以从如图 6-109 所示的几个方面为提升额度做出努力。

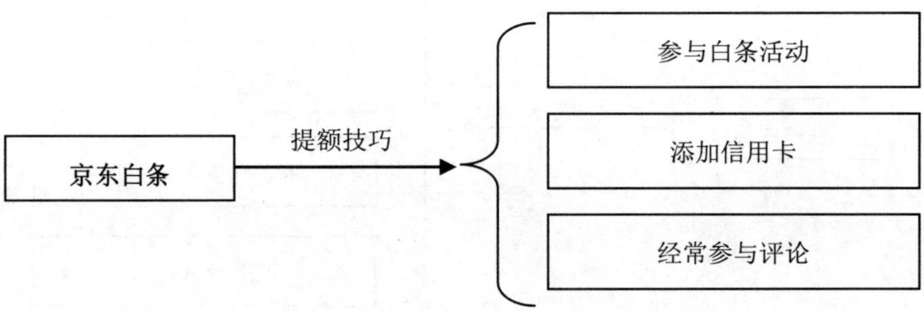

图 6-109　京东白条的其他提额技巧

6.4.3　消费

利用京东白条进行消费的步骤与蚂蚁花呗有异曲同工之妙，大致步骤如图 6-110 所示。

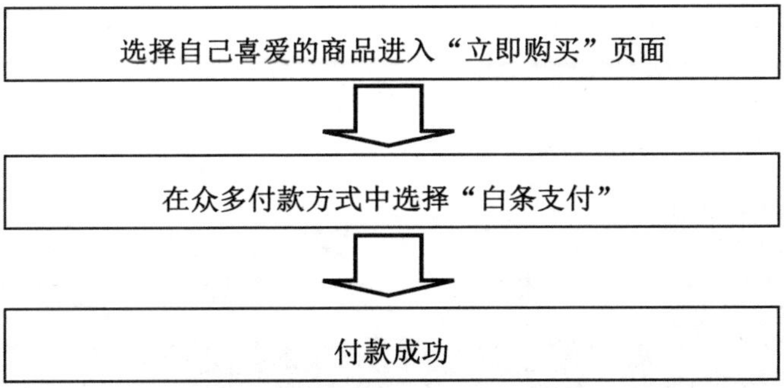

图 6-110　京东白条付款步骤

此外，京东为了吸引更多的用户使用京东白条，专门为白条用户体提供了诸多优惠，主要分为三种形式，如图 6-111 所示。

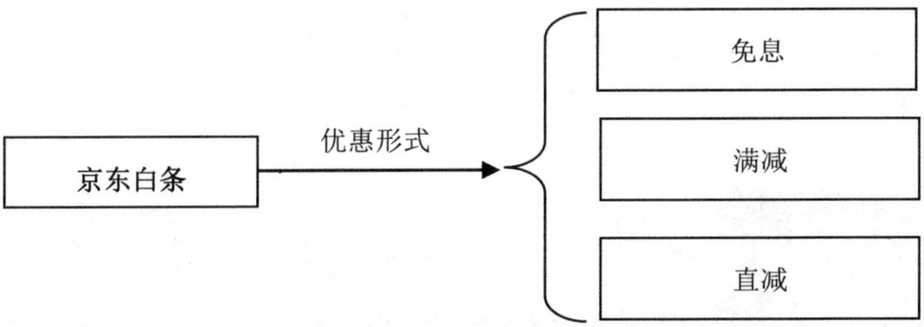

图 6-111　京东白条的优惠形式

值得注意的是，京东白条的优惠券是过时不候的，抢完了就没有了，如图 6-112 所示。这种优惠方式营造了一种紧张的氛围，吸引众多用户的兴趣，从而大大拉动用户使用白条进行消费。

图 6-112　抢完即没的白条优惠券

京东白条的优惠形式与蚂蚁花呗不同，是以优惠券的形式展现在用户面前的，如图 6-113 所示为京东白条的免息券。它从视觉效果上直接给用户冲击，让人的目光锁定“免”字，拉动消费。

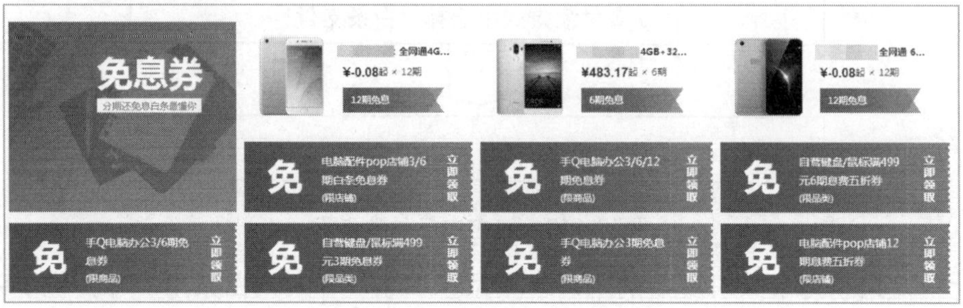

图 6-113　京东白条的免息券

京东白条的满减券则是从数字上吸引白条用户的注意，如图 6-114 所示，“唯有此券拯救你的买买买”这条文案也暗示了满减券的魅力所在，用户可以通过领券享受购物的优惠。

图 6-114　京东白条的满减券

直减券则更加直接，如图 6-115 所示，主要涉及手机流量和话费的充值优惠。

图 6-115　京东白条的直减券

实际上，随着京东白条这一信用支付形式的不断发展，它的消费范围已经越来越广泛，不仅仅局限于购买自营商品，其发展历程如图 6-116 所示。

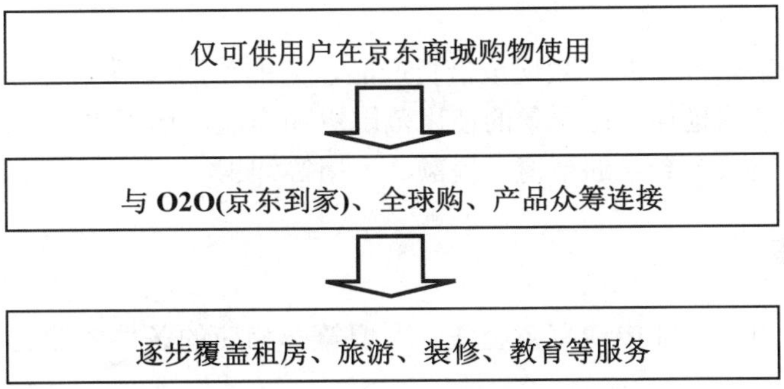

图 6-116　京东白条的消费场景发展历程

6.4.4　还款

京东白条的还款形式可分为两种，一种是 30 天后延期付款，这种还款方式不会产生利息；另一种是分期付款，分期付款的期数有 4 种，即 3 期、6 期、12 期和 24 期，较蚂蚁花呗的分期选择更加自由。费率标准范围为 0.5%～1.2%，违约金费率则以 0.05%为最低标准。

京东白条可以借助不同的平台进行还款，具体如图 6-117 所示。

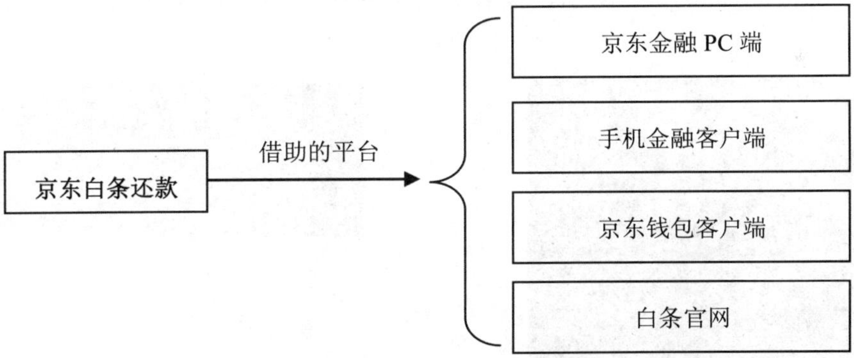

图 6-117　京东白条还款借助的平台

专家提醒

使用京东白条进行消费的好处很多，但切记不能忘了还款时间，以免产生逾期。逾期带来的不良影响体现在两个方面，一是会产生相应的利息，加大还款压力；二是会对用户的个人信用记录带来负面作用，严重时可能会影响到银行的贷款等。

6.5 京东金条

京东金条是京东推出的一款现金借贷产品，它的使用仅限于信用记录良好的白条用户，是京东白条的延伸，比白条的使用范围更加广泛，运用更加灵活。

本节主要介绍京东金条的申请、提额、使用等知识。

6.5.1 申请

并不是所有用户都能申请京东金条，需要符合相应的条件才能进行申请，具体要求如图 6-118 所示。

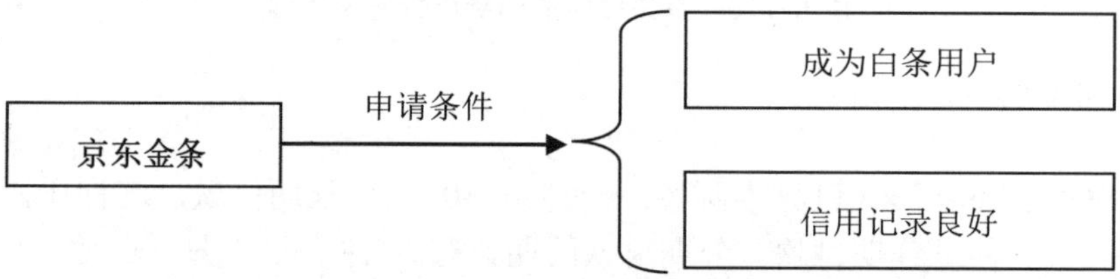

图 6-118 京东金条的申请条件

确认已经符合这些条件后，就可以开始着手申请京东金条了。首先，下载京东钱包的 App，如图 6-119 所示，接着点击进入如图 6-120 所示的主页，点击“登录”图标。

图 6-119 下载京东钱包 App

图 6-120 点击“登录”

然后进入京东账户的登录页面，如图 6-121 所示，输入对应的信息后，点击“登录”。登录成功后，点击如图 6-122 所示的“白条”。

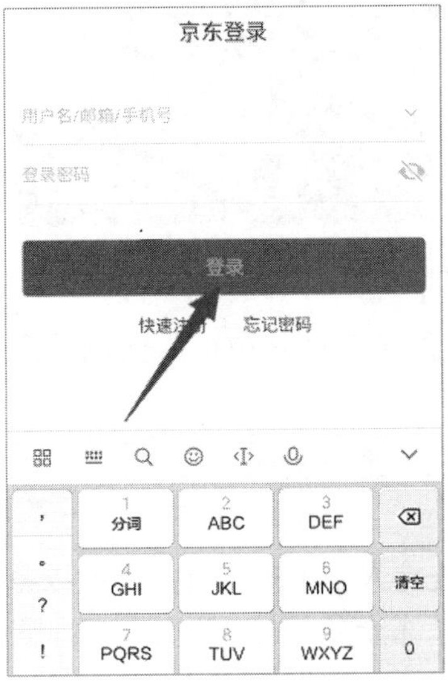

图 6-121　京东账户登录页面

图 6-122　点击“白条”

这时页面会跳转到白条的页面，点击页面中间的“激活金条”，然后进入如图 6-123 所示的金条申请页面，点击“开通金条”即可。

图 6-123　点击“开通金条”

一般来说，点击“开通金条”之后会出现两种情况，一种是还没有达到开通京东金条的要求，因此无法申请；另一种是已经满足了信用要求，这时的申请步骤流程如

图 6-124 所示。

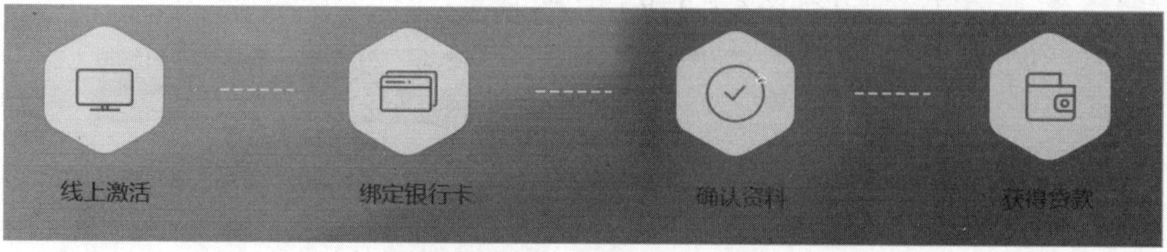

图 6-124 京东金条的申请步骤

总体而言，京东金条的申请过程还是比较便捷的，主要是申请人要满足两个前提条件，否则就无法申请。

6.5.2 提额

京东金条与所有的网络虚拟信用卡一样，都不支持人工干预提额，一般以系统对用户的信用评估为标准来给予授信额度。通常来说，京东金条的提额方法包括如图 6-125 所示的几种。

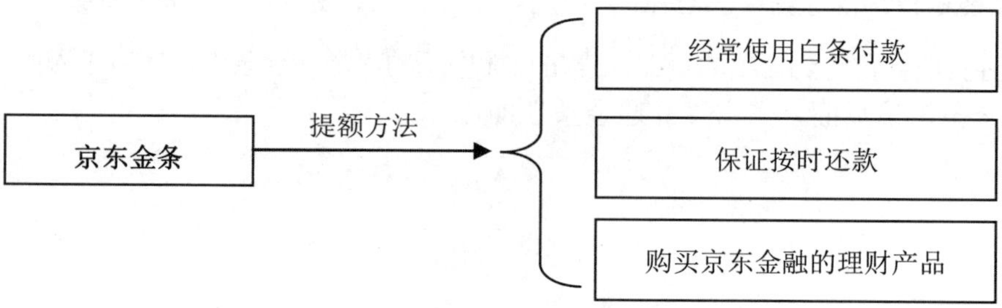

图 6-125 京东金条的提额方法

专家提醒

京东金条的额度与京东白条的额度是紧密相连的，从京东金条的申请要求可以看出两者的相关性很高。因此，如果用户的白条额度比较高，那么京东金条的额度也会比较高。

既然京东金条与京东白条的联系如此密切，那么京东白条的提额方法同样适用于京东金条。

因此，用户可以参照前面提到的京东白条的提额技巧来提升京东金条的额度。特别是保持良好的信用记录和购物习惯，对于提升信用额度是有百利而无一害的，需要注意。

6.5.3 使用

京东金条的使用类似于蚂蚁借呗，主要包括借款和还款两大环节，下面介绍相关步骤及注意事项。首先看京东金条的借款步骤。

步骤1 进入京东钱包 App 主页，如图 6-126 所示，点击页面右下方的“白条”，进入白条的主页，如图 6-127 所示，点击“金条可用额度”。

图 6-126 京东钱包主页

图 6-127 白条主页

步骤2 进入如图 6-128 所示的京东金条额度主页，点击页面下方的“我要借款”，进入借款页面，如图 6-129 所示，输入对应信息后选择“收款银行卡”。

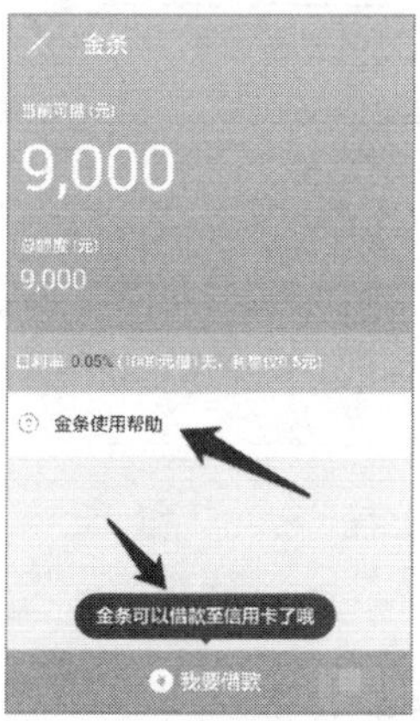

图 6-128 京东金条额度主页

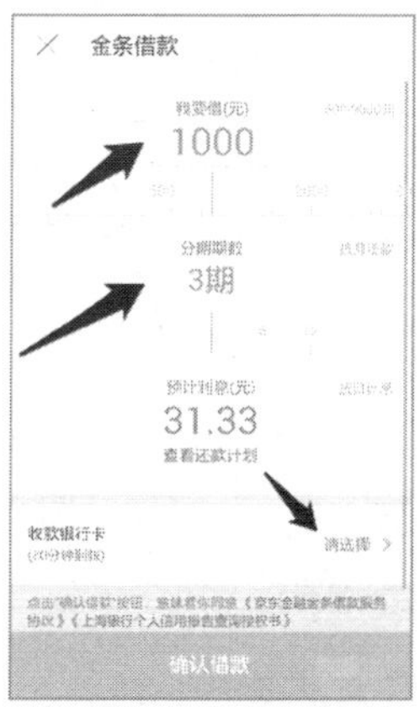

图 6-129 借款页面

步骤3 跳转到如图 6-130 所示的页面，用户可以任意选择要转入的银行卡，或者另外添加新的银行卡。之后用户可以对借款页面的信息再次进行确认，如

图 6-131 所示，点击“确认借款”按钮即可完成京东金条的借款。

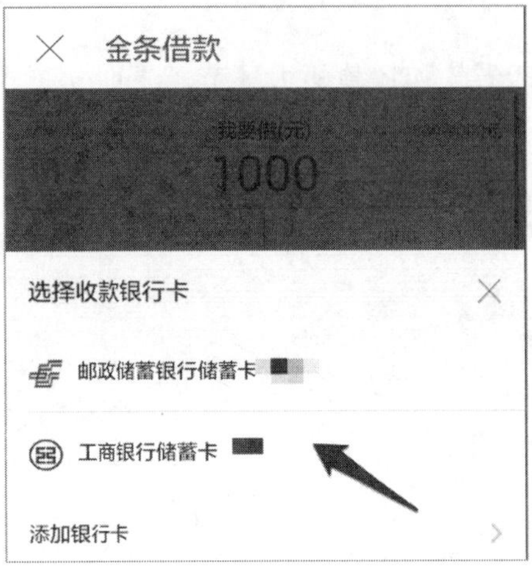

图 6-130　收款银行卡选择页面

图 6-131　点击“确认借款”

京东金条的还款方式，主要有两种途径，一个是自动还款，另一个是手动还款。自动还款的过程如图 6-132 所示。

进入金融钱包 **App** 首页，登录账号

⇩

点击“白条”，进入白条主页

⇩

点击“金条”

⇩

对“自动还款”进行点击

图 6-132　京东金条自动还款的过程

专家提醒

京东金条的自动还款方式比较保险，不容易造成逾期还款等情况的发生，而且操作起来也很方便。

京东金条的手动还款需要用户自己记住还款时间，否则容易错过还款，具体步骤如图 6-133 所示。

进入京东首页，登录账号

↓

点击“白条”，进入白条主页

↓

对“金条”进行点击

↓

选择“全部账单”

图 6-133　京东金条手动还款的过程

专家提醒

如果有的用户想要提前还款，也可以自行操作，一般步骤为：“京东金融 App”｜“白条”页面｜“金条”页面｜“自定义还款”，然后根据页面提示完成支付即可。

第 7 章

借用信用贷款支付买车、买房、装修消费

学前提示

信用的价值用途很多，无论是实体信用卡还是网络虚拟信用卡，都可以凭借信用贷款，从而支付买车、买房、装修等消费。

随着信用支付形式的不断发展变化，消费场景会变得越来越宽泛，同时也给人们的信用生活带来了更多的便利。

要点展示

- 用信用贷款买车
- 用信用贷款买房
- 用信用贷款装修

7.1 用信用贷款买车

用信用贷款买车，就是发挥信用价值的力量，让信用为消费买单。现在很多人买车苦于资金不够，实际上良好的信用能够助他们一臂之力，利用信用额度可以有效缓解买车压力。

7.1.1 用实体信用卡贷款买车

前面章节已经提到实体信用卡的诸多好处，对于贷款买车也略有提及，通过实体信用卡买车的好处很多，具体内容如图 7-1 所示。

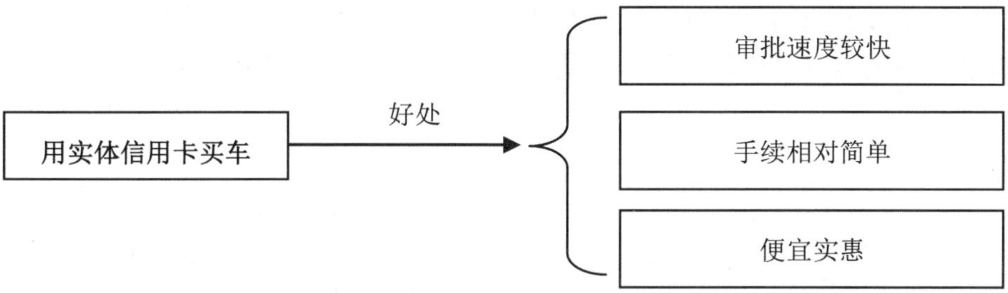

图 7-1 用实体信用卡买车的好处

一般来说，用实体信用卡买车都是分期进行的，这也是银行推出的一种信用卡分期业务，持卡者能申请的信用额度根据银行的判断为主，大致范围在 2 万～20 万元，分期的种类则分为如图 7-2 所示的三类。

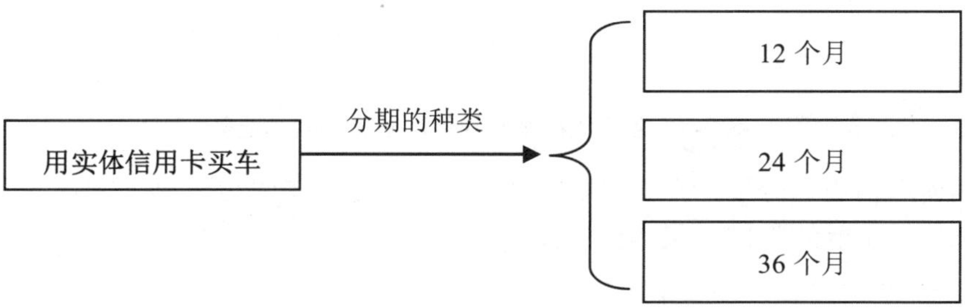

图 7-2 用实体信用卡买车分期的种类

专家提醒

用实体信用卡分期买车还有一大好处就是没有贷款利率，费用集中在手续费上，而且相对而言较低。与直接贷款购车相比，分期购车更加实惠，因为没有利息。当然，也只能说短期内比较划算，超过半年则选择贷款更加划算。

想要用实体信用卡买车还要符合一系列条件，需要提供种种证明，具体内容如图 7-3 所示。

资产证明	房产证或商品房销售(预售)合同及购房发票
透支额度	信用卡本身具备 10 万～20 万元的透支额度
信用良好	信用良好的持卡人可单独申请信用额度分期购车

图 7-3　用实体信用卡买车需要符合的条件

由此可见，信用价值是多么重要，信用记录良好的用户甚至可以单独申请信用额度购车，如果没有信用记录就无法享有这样的优惠了。

目前，各大银行推出的信用卡分期购车业务主要包括如图 7-4 所示的几种。

各大银行推出的信用卡分期购车：

- 招商银行“车购易”
- 中国工商银行牡丹卡分期购车
- 中国建设银行龙卡分期购车
- 中国银行“车贷通”(仅限北京地区)
- 民生银行“购车通”业务

图 7-4　各大银行推出的信用卡分期购车业务

虽然使用信用卡分期购车有诸多优惠，各大银行也推出了不少业务，但是门槛也是比较高的，主要的门槛如图 7-5 所示。

首付	招商银行需首付 30%余下车款才能分期
手续费	部分银行可免手续费
车型	不是全部的车型都可分期，只有指定车型可以分期

图 7-5　用实体信用卡分期购车的主要门槛

此外，用实体信用卡分期购车还需要注意如图 7-6 所示的一些事项。

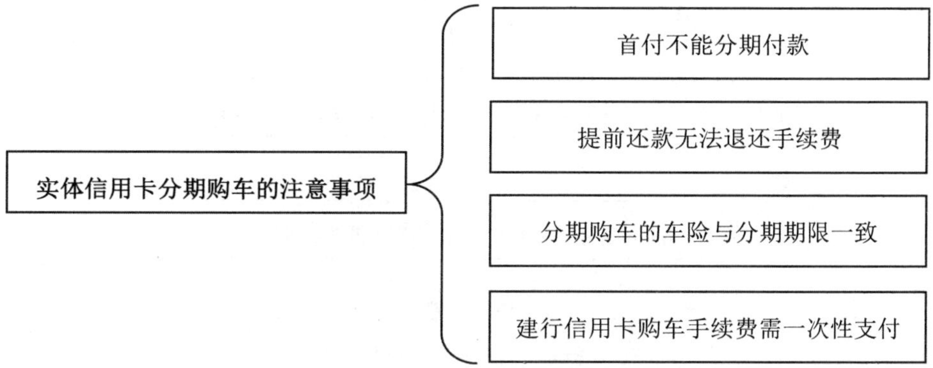

图 7-6 实体信用卡分期购车的注意事项

专家提醒

需要注意的是，这里提到的信用卡分期付不包括商务卡、学生卡、附属卡和担保办卡。

7.1.2 实例：建行龙卡购车分期付

这里主要介绍建设银行推出的龙卡购车分期付，其定义要点如图 7-7 所示。

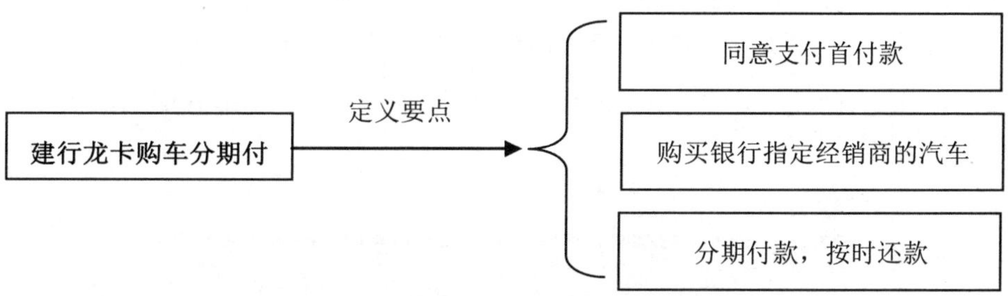

图 7-7 建行龙卡购车分期付的定义要点

建设银行提供的分期购车业务主要包括 12 期和 24 期，申请分期购车的持卡人申请的信用额度与个人的信用记录和消费习惯紧密相关。购车分期金额区间则为 20 万～200 万元，主要是根据车型来确定金额。

此外，建设银行的首付也必须通过现金或者借记卡的形式支付，首付比例不得低于净车价的 30%。

那么，建行龙卡购车分期付的流程究竟是怎样的呢？笔者将其具体步骤总结为如图 7-8 所示的 7 步。

用户到指定经销商处选择中意的车型，商定价格

↓

用户向经销商出示身份证、资产等证明，填写分期购申请

↓

经销商向建行递交材料，用户接到通过审批电话

↓

用户前往经销商处支付首付，办理保险等手续

↓

经销商向建行递交用户首付、保险等资料

↓

用户去经销商处刷卡支付购车分期款并提车

↓

用户按时还清账单上的金额

图 7-8　建行龙卡购车分期付的具体步骤

想要申请建行龙卡购车分期付的用户可以在龙卡信用卡购车分期的网页上查看相关信息，如图 7-9 所示。

图 7-9　龙卡信用卡购车分期首页

比如用户对哪种车型感兴趣，就可以点击促销活动查看有没有相关的优惠。如图 7-10 所示，这是广汽本田车型的信用卡分期购详细信息，主要包括可用额度、可选期数、持卡人利息、持卡人手续费率、车型、首付比例、信用卡积分等。

广汽本田指定车型18期0利息0手续费

广汽 HONDA

	龙卡购车分期付		
额度(元)	最高达20万元		
可选期数	12期	18期	24期
持卡人利息	0	0	0
持卡人手续费率	3%	0	6.5%
车型	飞度、奥德赛	雅阁、锋范	全系车型
首付比例	至少为净车价的30%		
信用卡积分	根据每月分期入帐金额计算积分，逐月累计		
活动截止日期	2010年 7月31日 (以递交申请日期为准)		

雅阁 奥德赛 飞度 锋范

图 7-10　广汽本田分期购的详细信息

专家提醒

用户在进行信用卡分期购车之前，一定要全面了解各项情况，根据自己的需求和条件，选择最适合自己分期的车型和方式。

7.1.3　用网络虚拟信用贷款买车

随着网络虚拟信用卡的迅速发展，网络虚拟信用贷款的用途越来越广泛，以京东白条为例，它的使用场景十分广泛，主要有如图 7-11 所示的几种类型。

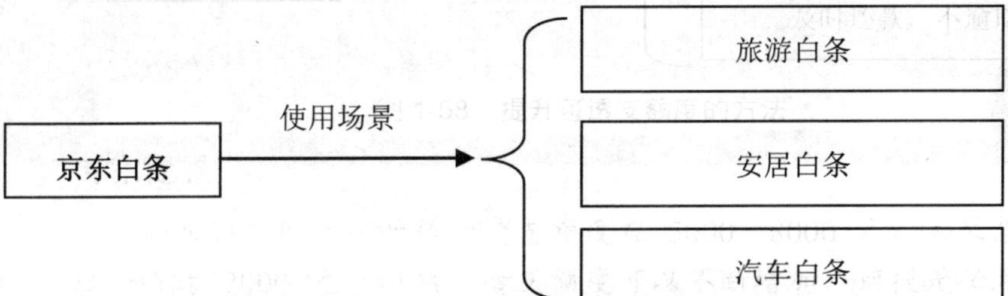

图 7-11　京东白条的使用场景

本节主要介绍京东的汽车白条，就是用网络虚拟信用贷款买车，想要申请汽车白条比较简单，具体如图 7-12 所示。

用户挑选喜欢的车型，快速得到审批

↓

电话回访，上门服务

↓

贷款的审批，批复贷款

↓

获取贷款，线下提车

图 7-12　申请汽车白条的步骤

下面再看看线上的操作步骤，主要有两种方法。一种方法是可以直接在搜索框中输入自己喜欢的车型，点击“获取贷款”即可进入产品贷款的申请页面。

首先，进入如图 7-13 所示的汽车白条页面，在搜索框中输入“奥迪 Q5”。

图 7-13　汽车白条主页

然后，点击“获取贷款”就会进入贷款汽车页面，如图 7-14 所示，页面会展示汽车的细节图片、平均报价、首付、贷款额度、月供、贷款期限等相关信息，确认之后单击“立即申请”即可完成申请。

图 7-14 贷款汽车页面

另一种则是下拉页面，在热门活动的促销车型中选择想要购买的车型，如图 7-15 所示，用户可挑选自己喜欢的车型，然后点击“立即抢购”，进入商品详情页面。

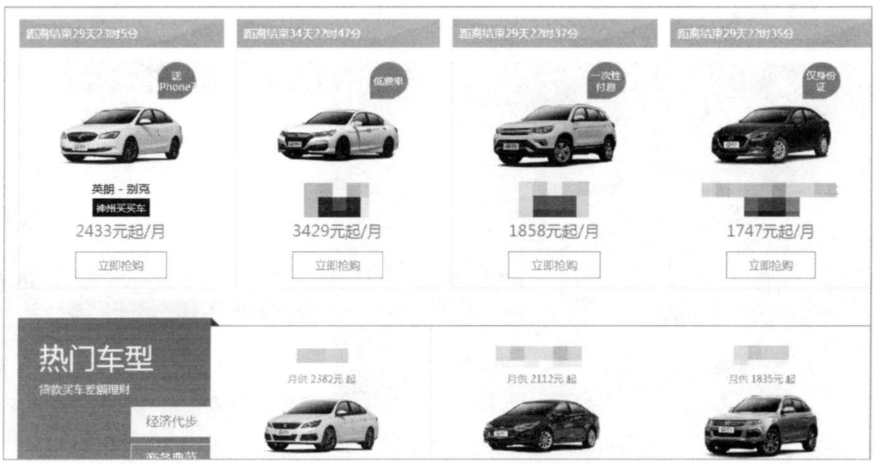

图 7-15 热门车型的展示

如果想要购买如图 7-15 所示的英朗-别克车型，只需点击“立即抢购”，即可进入如图 7-16 所示的汽车详情页面。

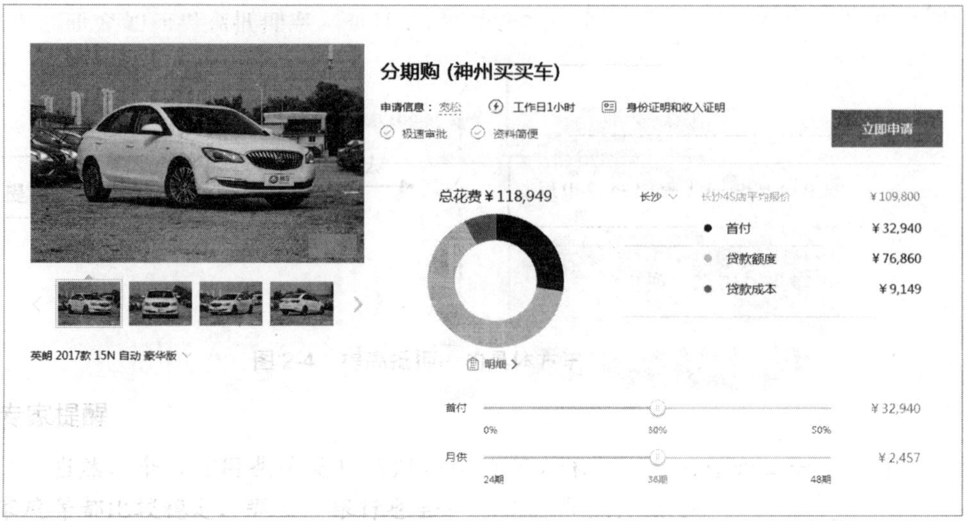

图 7-16　汽车详情主页

在页面内可以看到所有想要了解的信息，如汽车款式、借贷明细等，确认之后单击“立即申请”按钮，就会跳转到京东账号的登录页面，如图 7-17 所示。

图 7-17　京东账号的登录页面

用户可通过两种方式登录账户，一种是扫码登录，快捷安全；另一种是账户登录，输入账号、密码即可。单击“登录”按钮就会进入申请贷款的页面，如图 7-18 所示，确认相关信息后单击“同意协议并提交申请”按钮即可完成线上申请。

图 7-18　申请贷款页面

专家提醒

在线上提交申请后，会有专门的人员为客户提供一对一的车贷服务，因此用户不用担心操作的问题。

7.2　用信用贷款买房

用信用贷款买房也是信用消费中比较常见的一种类型，很多人在买房时难免会遇到资金难题，这时实体信用卡贷款就能帮助用户缓解部分压力。当然，用信用贷款买房并不意味着没有风险和问题，本节主要介绍信用贷款买房的相关知识。

7.2.1　用实体信用卡贷款买房

用实体信用卡贷款买房一般是用来付首付，而且在进行此项操作时还要了解以下几个问题。

1. 无法分期，也没有积分

银行方面表示，如果在刷卡机终端显示的是将信用卡用于购车、购买车位、批发业务等类型的消费，是无法申请账单分期的。因此，用户在使用信用卡贷款买房之前，要全面掌握自己的经济能力，避免盲目刷卡，如果在短时间内无法还款，就可能对个人的信用造成恶劣的影响。

而且，对于买房这类利润较低的业务，银行是不提供信用卡积分的，因此，用户在刷卡买房时也要注意这一点。

2. 二手房无法刷卡交首付

一般来说，二手房的首付需要通过银行转账的方式进行支付，就算要用信用卡支付也要取现才可以，而且有的地区对信用卡支付首付款有政策限制，并不通用。

3. 退款时间长

用户用实体信用卡交首付和定金之后，也有可能因为各种原因取消购房，那么开发商退款就会耗费比较长的时间，一般要长于一个月。而且用信用卡贷款买房风险比较大，不可避免会产生套现的嫌疑，更严重者还可能影响用户的信用额度，其他的消费也会受到限制。

7.2.2 用信用卡买房的注意事项

用信用卡买房主要是依靠个人的信用价值，但也存在一些误区，主要表现在以下三个方面。

1. 多张信用卡一起刷

房子的首付款和汽车的首付款不同，额度一般比较高，如果额度不够，最好不要用几张信用卡一起刷。较为保险的方法是刷两张额度比较大的信用卡，因为多张信用卡一起刷有套现的嫌疑。

2. 不了解刷卡手续费的承担

用户在使用信用卡买房之前，最好先了解手续费的相关问题，确定是自己承担还是房地产开发商承担，以免造成纠纷和遗留问题。

3. 临时额度申请

如果两张额度较大的信用卡仍然无法满足首付要求，可以向银行提出临时提额的申请，但要确保账单能够及时还清，否则会对个人信用记录造成不良影响。

7.3 用信用贷款装修

用信用贷款装修是由信用贷款买车、买房等延伸而来的，主要包括信用卡家装分期和网络虚拟信用贷款装修两种形式，而网络虚拟信用贷款装修主要体现在京东的安居贷款和苏宁任性付的家装分期，本节将详细介绍这两方面的相关知识。

7.3.1 用实体信用卡贷款装修

用实体信用卡贷款装修也就是信用卡家装分期，以中国银行易家通为例，其申请条件如图 7-19 所示。

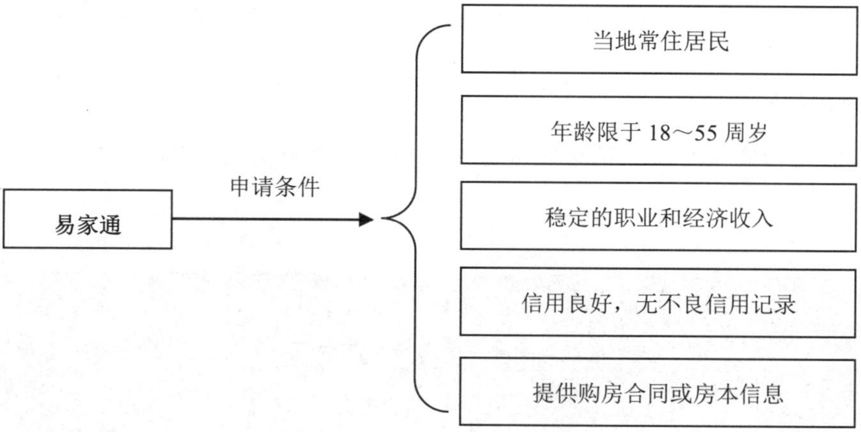

图7-19 易家通的申请条件

除此之外，客户还需要提供一些资料证明自己的信用良好并具备还款能力，主要内容包括身份证复印件、中行信用卡、财产证明(银行流水、收入证明)、购房合同复印件或房本复印件。

目前，除了中行的易家通之外，其他银行也提供了类似的信用卡家装分期业务，主要有招商银行的家装易、建设银行的龙卡家装分期等。

当客户具备相应的条件，就可以着手申请信用卡家装分期业务了，其主要的申请步骤如图7-20所示。

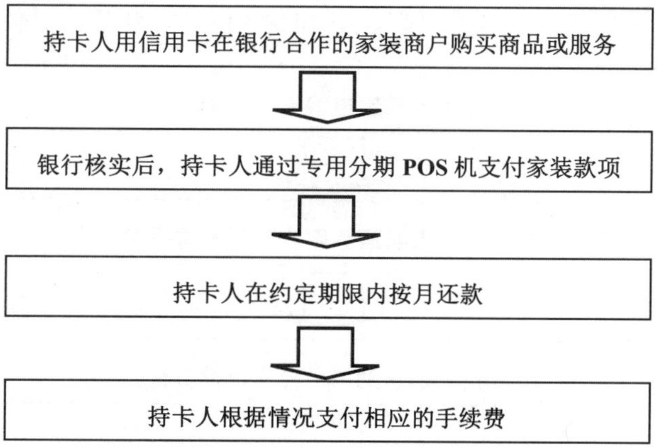

图7-20 信用卡家装分期的基本流程

7.3.2 用网络虚拟信用贷款装修

随着网络虚拟信用的不断深入发展，用户可以不用提供诸多的材料就能够申请到装修贷款，如京东的安居贷款和苏宁任性付的家装分期都属于网络虚拟信用贷款装修的范畴，下面分别详细介绍。

1. 京东的安居贷款

京东的安居贷款不仅包括家装服务，还包括租房业务，如图 7-21 所示，这是京东安居贷款的主页。

图 7-21　京东安居贷款的主页

申请家装白条的条件很简单，一是 20～55 周岁的公民；二是信用记录良好；三是家装房产需要是本人或者家庭名下房产。申请步骤也十分便捷，具体如图 7-22 所示。

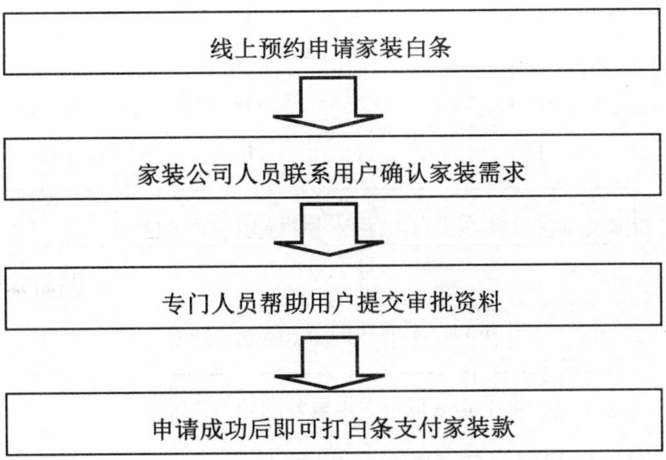

图 7-22　家装白条的申请步骤

专家提醒

家装白条进行提前还款如果一次性还清，不会收取剩余的手续费，当然，还款当月的手续费还是会收取。

还有一点值得注意的是，用户申请家装白条之后，如果确认了合同，是无法更换商户的，但可以试着与商户沟通，取消订单后重新申请；如果没有确认合同，可以联系想要更换的商户，然后京东会与商户直接对接。

2. 苏宁的家装分期

苏宁的家装分期十分优惠，主打"三零分期"，具体内容如图 7-23 所示。

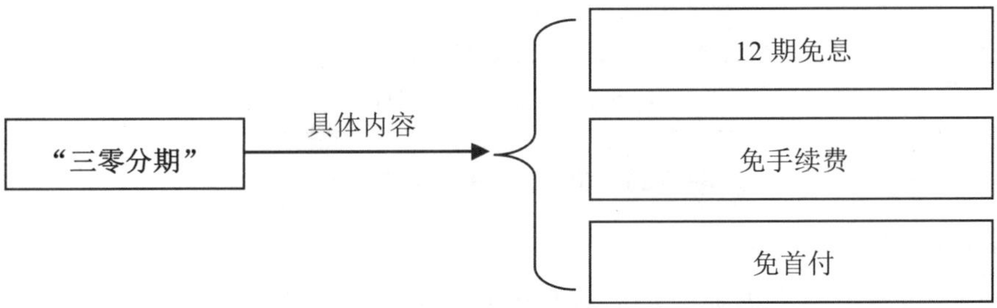

图 7-23 "三零分期"的具体内容

图 7-24 所示为苏宁金融的主页，上面展示了各种信用接待的信息，而家装分期也是其中的重头戏。

图 7-24 苏宁金融主页

苏宁家装分期不仅给予了用户优惠，而且申请的过程也比较便捷，具体步骤如

图 7-25 所示。

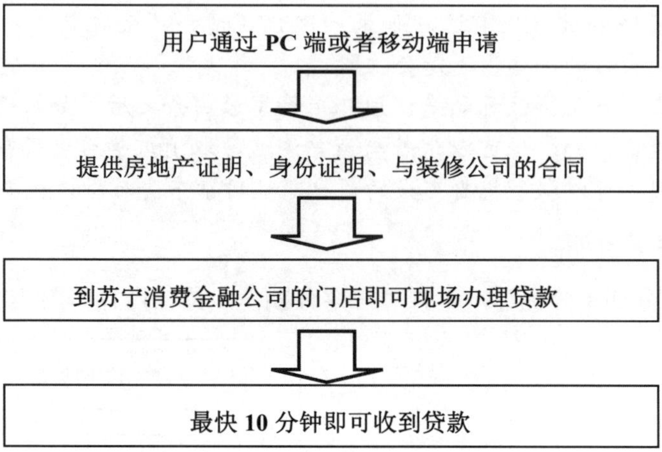

图 7-25　申请苏宁家装分期的步骤

专家提醒

该项家装分期如果由夫妻双方共同申请，能获得更高的贷款额度，最高可达到 40 万元。

第 8 章

维护信用，你的信用价值可达百万

学前提示

尽管大部分人对于信用系统的感觉并不深刻，但是随着未来个人征信系统的建设，个人信用将成为每个人的无形价值。

信用记录是否良好直接决定了用户是否能够申请银行贷款，也是其他方面考核用户的重要依据。而信用的维护，可让你的信用价值百万，甚至千万。

要点展示

- 你的信用需要一生去守护
- 征信查询，实时检视自我
- 信用价值如何达到百万

8.1　你的信用需要一生去守护

随着社会信用体系日渐完善，人们对个人信用越来越看中。而个人信用也逐渐向终身可用的方向发展。在这种大形势下，个人信用已然成为社会大众必须一生去守护的东西之一。

8.1.1　个人信用终身可用

对于常与银行打交道的用户而言，“个人信用”一词早已不陌生。“个人信用”是“个人信用的历史记录”的简称，记录的内容主要是用户与银行往来时，在银行贷款、还款、逾期等方面的记录。

对于银行而言，这份个人信用报告直接决定银行是否愿意向用户借钱，以及借多少钱和借多久等问题。

在发达国家，个人信用记录已经成为每个人在市场经济中不可缺少的一部分，国内的个人信用记录出现较晚，但是发展速度很快，这种个人信用记录是终身可用的。

持卡人在进行信用卡消费时，要格外注意维护良好记录。如图 8-1 所示为维护个人信用的 5 个基本技巧。

变更信息及时通知	通知发卡银行，以便准确地接收对账单及其他通知
正确地使用信用卡	不参与各种违法和欺诈交易，以免资金损失及产生不良记录
时常关注卡片信息	经常核对信用卡状态，避免卡片被盗刷产生资金损失
理性进行卡片消费	在个人能力范围内理性地使用信用卡，避免出现过度消费
及时对信用卡销户	对长期不用的信用卡进行销户处理，避免产生年费

图 8-1　维护个人信用的 5 个基本技巧

无论用户是向银行贷款买房、买车，或者只是申请信用卡，任何银行都会连接中国银行的征信中心，查看用户的信用档案。

从发达国家的个人信用系统成长经历来看，未来国内的个人信用报告应用领域也会逐渐扩展，比如求职、租房等方面都需要用户提供个人信用记录。

在这种情况下，杜绝出现个人信用污点就成为用户必须做到的方面。下面针对用户如何杜绝出现个人信用污点的 4 个技巧进行分析。

专家提醒

用户要维持优质的个人信用很难，需要长时间的信用卡良好使用记录才能够打造出一份优秀的个人信用记录。

不良的信用记录却非常容易出现，比如还款逾期就会出现信用卡不良记录，而且该记录会长时间地影响用户申请信用卡的成功率。

1. 使用信用卡短时间多次提现

信用卡提现与刷卡消费不是同一种功能，但是大部分信用卡都支持用户取现，取现的额度一般为用户信用卡可用额度的一半。

如果用户长期使用信用卡提现，并且次数过于频繁是有可能出现个人信用污点的，主要原因在于用户持有的为信用卡，而非储蓄卡，信用卡的主要功能是帮助用户进行预先消费。

专家提醒

信用卡取现不仅需要收取利息，而且利率还不低。最为重要的是用户取现的资金是没有免息期的，银行除了要收取手续费，还要每天收取万分之五的利息。对于大部分用户而言，不到紧急用钱的时刻不要用信用卡取现。

2. 通过 POS 机大额套现

POS 机已经成为大众生活中很常见的一个工具，不少持卡人就利用各种办法通过 POS 机进行信用卡套现，尤其是制造虚假消费来换取现金。比起直接信用卡提现，这种方式要划算得多。

用户通过 POS 机大额套现会出现很多问题，比如个人信息的泄露，出现盗刷风险，还有就是多次数的大额套现会引起银行系统的怀疑，进而对持卡人进行分析，一旦发现用户有大额套现行为，就会记录到个人信用报告中。

专家提醒

信用卡套现属于标准的违法行为，持卡人的套现行为只要被发现就会进入到银行的“黑名单”中，用户不仅需要承担个人信用缺失的风险，而且向银行借款将再无可能。提供 POS 机套现服务的商户，也会被要求承担一定法律风险。

3. 销卡未定时检查

销卡是指用户不需要信用卡时就将卡片销毁，需要注意的是，并不是用户不用卡片或者将卡片剪断就是销毁。没有银行的认可，个人主动销毁信用卡是无效的。

如果用户销卡没有得到银行认可，那么信用卡上的逾期费用将持续累计，如用户在 2017 年 5 月欠款 0.01 元人民币，那么到 2027 年 5 月，用户需要支付的累计利息就可能超过 500 元，而且还需要支付信用卡的年费。最为重要的是，这个逾期记录还会进入用户的个人信用报告。

专家提醒

个人信用记录非常重要，用户可以每年检查一次个人征信情况，以免出现意外的不良记录。如果用户发现征信记录中的信息与事实不符，应当马上向征信机构和相应银行提出，并查实该信息的来源，及时修改。

4. 出现过度透支情况

用户刷信用卡过度就会导致透支情况出现，尤其是不能及时还款时会出现滞纳金。在这种情况下，用户连最低还款都无法支付，银行就会持续地收取利息，而且这种利息会非常高。

用户长时间过度透支，就会进入银行的“黑名单”系统，严重逾期或者违约的用户就会产生不良信用记录。

专家提醒

社会上有一种代还信用卡的非法业务，主要就是中介机构先用自己的现金替持卡人将欠款还上，让信用卡显示正常还款。然后中介机构通过刷 POS 机等虚假消费的方式把卡上相应额度的现金“套”出来，中介机构会收取一定的手续费。

8.1.2 优质信用的好处

优质的个人信用能够对个人的生活产生多个方面的影响，下面对个人信用的好处进行分析。

1. 提升家庭信用度

当银行调查用户的征信记录时，一般是以用户所在家庭为单位的，尤其是遇到已婚人士需要贷款买房、买车等情况，那么夫妻任何一方有不良的信用记录，银行都会拒绝贷款申请。

良好的信用度不仅能够帮助自己获得更多的服务，也能够帮助家庭获得更优质的银行服务，对于每个人而言，与银行打交道都是不可避免的。维持优质的个人信用的好处会在未来的长期生活中逐步显现。

专家提醒

在已经建立完善信用制度的国家，流传着这样一句话："要像珍惜自己的生命一样维护个人的信用记录。"可见信用记录的重要性，随着信用记录制度的完善，用户尽早累积良好信用记录是非常有必要的。

2. 获得更好的待遇

如果持卡人拥有良好的信用记录，银行可能不需要用户提供物质抵押品，就能够获得银行的贷款。对于用户而言，良好的信用记录如同"信誉抵押品"，不同信用度的用户可以获得的资源是不同的。

专家提醒

信用度不同的差别待遇，最明显的就是银行贷款。如果用户有不良记录，即使银行同意贷款，也会调高用户的利率。对于拥有长期良好信用的用户而言，就不需要付出这些资金。一份良好的信用报告将是个人的一笔无形资产。

3. 累积成信誉财富

信用积累不是一两天的事情，用户越早建立良好的信用记录越能够对以后的生活产生帮助，最简单的方法是与银行发生借贷关系，比如用户在银行申请办理一张信用卡或一笔贷款。

用户还需要注意了解信用记录，由于一些无法避免的原因，信用报告中的信息可能会出错，用户要及时进行修改。

专家提醒

用户不向银行借钱，或者没有历史信用记录并不是一件好事，因为没有信用记录，银行就失去了一个判断客户信用状况的便捷方法。在这种情况下，银行对用户提供的服务会非常有限，因为没有信用记录的用户往往对于金额的需求较低。

8.1.3 不良信用的产生

很少有用户会主动地产生不良信用记录，比如赖债跑路，但是由于疏忽而产生的不良信用记录却很常见，这种不良信用记录不仅不光彩，而且会给用户申请贷款带来麻烦，所以持卡人在使用信用卡时需要注意一些细节，以避免由于自己的疏忽而产生不良的信用记录。

日常生活中由于疏忽而产生不良信用记录的情况有很多，接下来，笔者就选择其中的 4 种进行简单的说明。

1. 还款留有零头

用户在进行还款时一定要注意余额的零头，最好不要和还款数额有相差的情况，由此产生的利息会非常高。

如图 8-2 所示为笔者中信银行信用卡的应还款额信息，其中本期应还款额为 927.41 元，那么就需要还款 927.41 元，即使 0.01 元也不能少。

图 8-2 笔者中信银行信用卡的应还款额信息

2. 不重视睡眠卡

银行为了推广信用卡，向用户推出办信用卡送礼品的活动是非常常见的，部分用户为了得到赠品而申请信用卡，当信用卡审批完成之后，用户却不去激活信用卡，这样的信用卡就是睡眠卡。

大部分银行的睡眠卡都是不需要缴纳年费的，但是还有少部分银行的普卡或者高端卡片是收取年费的，用户如果不缴纳年费就会产生不良的信用记录。一旦出现这种情况，用户就需要及时与银行交涉，并且缴纳年费。

专家提醒

对于因为喜欢赠品所以办理多张信用卡的用户，在收到银行下发的信用卡之后一定要及时注销。

这种方式不仅仅是为了不用缴纳年费，更主要的是降低产生不良信用的可能性，维护良好的个人信用记录。

3. 联系方式变更未通知

因为联系方式的缘故而产生不良信用记录，是最为常见的产生不良信用记录的情况之一。

联系方式的变动主要有两种方式，分别是家庭住址变动与手机号码变动。无论用户是哪种情况，都要及时修改在银行的联系方式。如图 8-3 所示为招商银行用户在网上银行修改账单地址的界面。

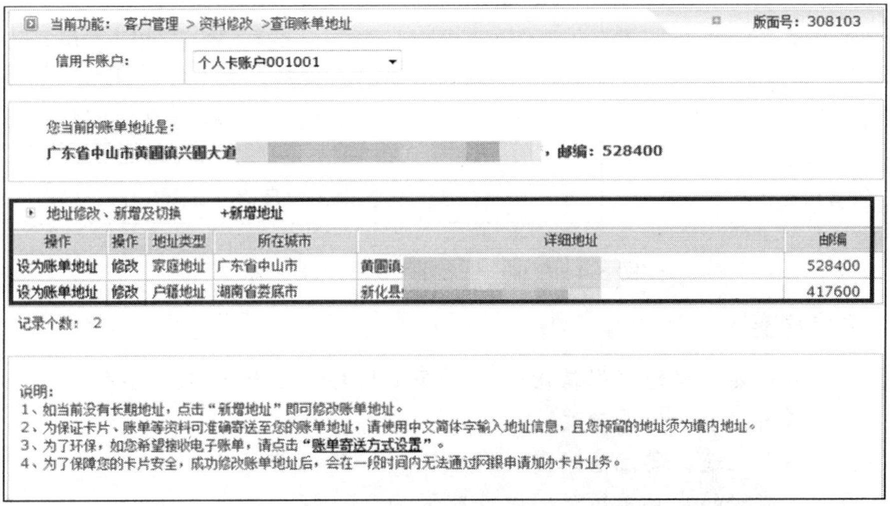

图 8-3　招商银行用户在网上银行修改账单地址的界面

4. 遗失导致的个人资料盗用情况

信用卡只是一张小卡片，尤其当用户拥有的各类卡片很多时，出现信用卡遗失的情况并不少见，而信用卡遗失导致的用户身份信息被盗用的情况也越来越多，一旦个人资料被盗用，那么不良信用记录出现的概率会直线提升。

专家提醒

不是特殊情况，用户不要将个人身份证借给他人，而且在向他人提供身份证复印件时，在身份证的复印件上明确标注该复印件的用途也是预防资料被盗用的重要方式。个人资料被盗用会产生严重后果，用户要及时向银行报告。

8.1.4　个人信用的打造

个人信用记录就是个人的“第二身份证”，对于用户而言，如何打造不亮红灯的个人信用记录非常重要。

下面针对信用报告中经常出现的 5 种负面记录进行分析，了解不良记录产生的原因及方式。如图 8-4 所示为 5 种产生负面记录的内容分析。

逾期记录	用户有按揭贷款的操作，但是没有按期还款
透支消费	信用卡透支消费但没有按时还款的情况
利率上调	用户按揭、消费贷款等的利率上调后，用户费用支付不够
手续缺乏	手机号码、个人地址等手续的缺乏导致欠费记录的出现
第三方担保	为第三方担保，但是第三方没有及时还款

图 8-4　5 种产生负面记录的内容分析

专家提醒

用户要正确地使用信用卡，重点是及时地全额还贷，这样可以提高持卡人的信用记录和信用额度。

持卡人还需要注意的是，即使出现了不良信用记录，也是可以按照正确的方法消除的，只是短时间内会有影响。

部分因为不慎而导致信用卡有不良记录的用户，会采用一种自以为是的方式进行处理，首先是还款，然后是销卡，希望这个不良记录也会随着卡片的消失而消失，但是这种方式其实不是最佳的。

用户如果销卡，那么不良信用记录会保持相当长的一段时间，国内为 5 年，国外为 7 年，在这个不良记录存在的时间阶段内，用户很难申请到新的信用卡，或者向银行进行贷款业务的申请。

专家提醒

根据国家银行信用记录的规则，用户消除不良信用记录的更好方式是在还清信用卡欠款之后继续使用信用卡，使新的良好信用记录覆盖原有记录。

国家规定的银行信用记录只记录 28 个月，也就是 2 年后该信用卡的不良记录就会被覆盖，用户的个人信用会回归到正常状态。

8.1.5　信用报告内容简析

个人信用报告是针对用户个人信息的客观记录，需要获得用户的认可才能够被提取，个人信用报告包括的内容类型主要有 6 个方面。

如图 8-5 所示为个人信用报告的 6 种内容类型。

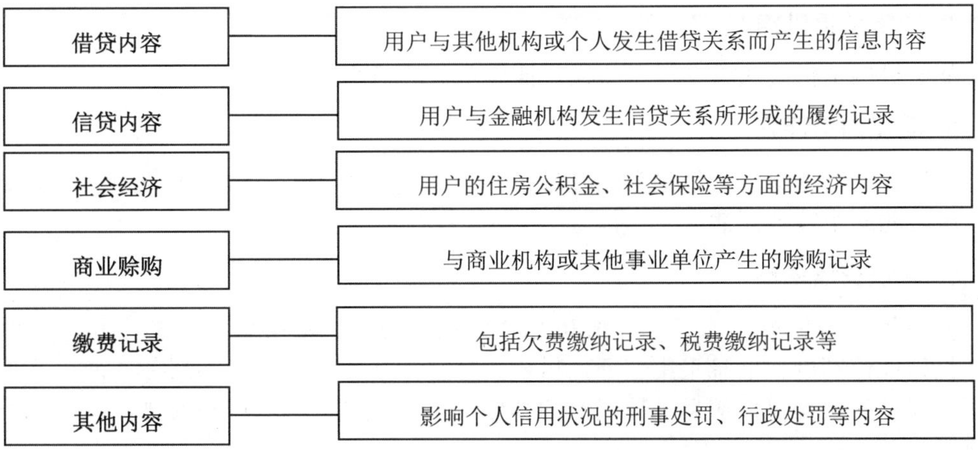

图 8-5　个人信用报告的 6 种内容类型

专家提醒

用户在查询个人信用报告时，不一定会在报告中看到所有的以上内容类型，因为用户没有发生这方面的关系就不会产生记录，也就不会出现在信用报告中。

用户如果没有特殊要求，只需要在出现的个人信用报告内容中查看是否存在不良信息记录即可。

对于用户而言，如果对信用体系没有深入认识，可以先了解征信的基本知识，下面根据中国人民银行征信中心官网对征信相关知识点的说明进行概述。

需要特别注意的是，中国人民银行属于国家机构，其对征信相关知识点的说明具有法律效果，文字信息不容第三方修改。

1. 认识信用

信用是指在交易的一方承诺未来偿还的前提下，另一方为其提供商品或服务的行为，是随着商品流转与货币流转相分离，商品运动与货币运动产生时空分离而产生的。信用既是社会经济主体的一种理性行为，也是一种能力体现。

2. 浅谈征信业务

征信业务是指对企业、事业单位等组织的信用信息和个人的信用信息进行采集、整理、保存、加工，并向信息使用者提供的活动。

3. 概说信用报告

信用报告是征信机构提供的关于企业或个人信用记录的文件。它是征信基础产品，系统记录企业或个人的信用活动，全面反映信息主体的信用状况。

4. 了解征信机构

征信机构是指依法设立，主要经营征信业务的机构。

5. 看懂信用评分

信用评分是在信息主体信息的基础上，运用统计方法，对消费者或中小企业未来信用风险的一个综合评估。

6. 初识征信体系

征信体系指采集、加工、分析和对外提供信用信息服务的相关制度和措施的总称，包括征信制度、信息采集、征信机构和信息市场、征信产品和服务、征信监管等方面，其目的是在保护信息主体权益的基础上，构建完善的制度与安排，促进征信业健康发展。

7. 何为社会信用体系

社会信用体系是指为促进社会各方信用承诺而进行的一系列安排的总称，包括制度安排、信用信息的记录、采集和披露机制、采集和发布信用信息的机构和市场安排、监管体制等各个方面或各个小体系，其最终目标是形成良好的社会信用环境。

专家提醒

用户想要在银行营业厅查询个人信用报告，可以直接到中国银行办理，所需花费的时间非常短。

用户在填好个人信用查询申请表、复印完身份证后，由工作人员进行查询操作，很快就可拿到《个人信用报告》。

在个人信用报告中，主要分为 5 个部分的内容。如图 8-6 所示为个人信用报告内容的顺序。

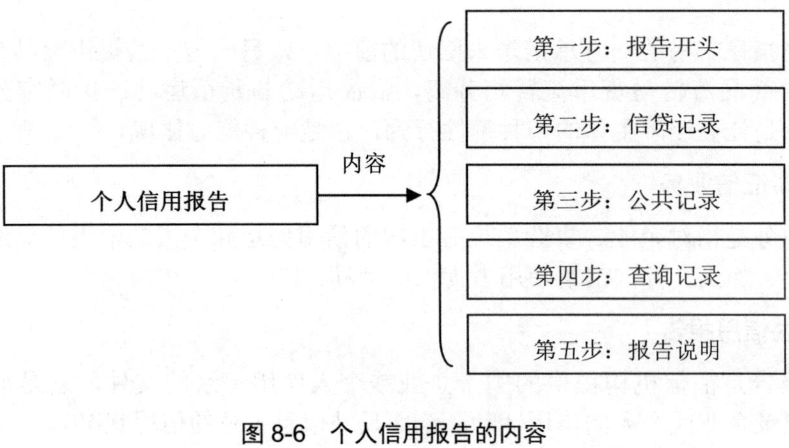

图 8-6　个人信用报告的内容

专家提醒

并不是所有的用户都能够在网络上进行查询，目前只有部分省(市)已开通网上查询个人信用报告功能，具体省(市)包括北京、江苏、四川、重庆、山东、辽宁、湖南、广西、广东、浙江、天津、新疆、上海、湖北、河北等。

8.1.6 信用信息存多久

根据先前国务院法制办就《征信管理条例(征求意见稿)》(以下简称《条例》)公开征求意见，《条例》首度提及个人负面信用记录最长保留 7 年，其中个人不良信用记录保存 5 年。

目前，信用记录也只是银行参考的一个因素而已，不同的商业银行有不同的标准，对待方式有重有轻，但肯定不会因为有不良信用记录而“一棒子打死”。可能有的客户因为记录中显示曾有一笔贷款逾期还款而无法申请按揭，但也有人虽屡屡延期还款，却仍能顺利得到房贷，并享受优惠利率。

业内人士表示，不少市民对征信体系不了解，而在产生信用污点之后，希望能消除，这样的心理很容易被不法分子利用，从而受骗上当。

银行人士提醒市民，个人信用需要市民在生活中好好维护，如果先前出现了逾期污点，没有办法消除，只能不断修正，也就是从现在起多加注意，重新建立起自己的信用记录，污点不会伴随终身。

8.1.7 你的信用由你做主

对于个人信用由谁做主这个问题，比较消极的一种观点是：个人信用并非由自己做主。支持这种观点的理由主要有以下两个。

1. 不同平台的信用状况不统一

很多人都有这样的体验：在一个平台上的信用状况显示为“极好”，而在另一个平台上却可能显示为“一般，低于 60%的用户”。正是因为不同平台之间的信用结果呈现较大的差距，部分悲观的人认为，平台对个人信用结果的影响较大，即便自己做得足够好，某些平台的信用结果也会很不好。

2. 个人信用受到他人行为的影响

除了个人自身信用状况不佳之外，他人冒用或盗用个人身份进行的活动也可能会给信用记录加上污点。因此，有的人认为要想个人信用好，自己能做的就是希望冒用或盗用个人身份的情况不要发生。

在笔者看来，我们的信用终究还是由我们自己做主。诚然不同平台的信用由于评价标准不同，难免会有所差异，但是，只要我们在日常活动中讲信用，那么，信用状况再差也差不到哪去。

他人之所可以对我们的信用产生不利影响，主要原因在于我们对个人信息保护不利。如果我们能在日常生活中时刻小心地保护好个人信息，那么，他人就是想冒用或盗用我们的身份信息，也是没有机会的。

另外，上节也已经提到，个人信息最多保存 5 年，因此，即便一时出现了信用污点，只要在接下来的时间不断进行修正，便可以重新建立信用记录，而不用担心污点会伴随一生。

8.2 征信查询，实时检视自我

作为“经济身份证”，个人信用记录对于我们越来越重要。对于个人信用记录，我们除了做好自身，让信用记录尽可能好之外，还需要通过征信查询，实时检视自我的信用状况。

8.2.1 查询要收费吗

根据《征信业管理条例》和《国家发展改革委关于中国人民银行征信中心服务收费标准有关问题的批复》，从 2016 年 1 月 15 日开始，用户个人到银行柜台查询自身的信用报告，每年的前 2 次不收费，之后每查询一次收费 10 元。

如果用户使用电脑或手机进入中国人民银行征信中心进行自主查询，那么平台不收取查询费用，而且次数不限。

用户在全国不同的地区都可以通过营业厅或者网络进行查询，因为个人信用信息基础数据库的网络是覆盖各地的。

8.2.2 谁能查询你的征信

出于对个人征信信息泄露的担忧，笔者身边的部分朋友曾问过这样一个问题：“哪些人可以查询我的征信？”其实，我们不必过分担心征信信息的泄露，因为它属于个人隐私，他人不能随意将相关信息进行公示。

在进行征信查询时，查询主体还需要提供一些可以验证个人信息的资料，因此，在未得到个人授权的情况下，他人是无法查询征信的。而查询主体的不同，需要准备的材料也有所差异。具体来说，本人查询征信和代理人查询征信需要准备的材料分别如下。

本人查询征信需要准备的材料：

- 本人有效身份证件原件和复印件，并留有效身份证件复印件备查；
- 本人如实填写的《个人信用报告本人查询申请表》。

代理查询征信需要准备的材料：

- 征信查询委托人和代理人的有效身份证件原件和复印件，并留有效身份证件复印件备查；
- 委托人授权查询委托书；
- 代理人如实填写的《个人信用报告本人查询申请表》。

8.2.3 不借贷就不用查征信

每当谈及查征信这个问题时，笔者身边总会有一些朋友抱有这种想法：因为自己没有进行贷款，甚至连信用卡也没有申请，所以，也就没必要浪费时间和精力去查征信。

在笔者看来，有这种想法的朋友是非常危险的。诚然，没有借贷可以从一定程度上降低不良信用记录产生的概率，但是，需要特别注意的是，自身信用状况好并不代表就不需要查征信。

因为除了我们自身之外，还可能存在冒用，甚至盗用个人身份贷款和使用信用卡的情况。因此，即便是不借贷仍有查征信的必要，只是查询的频率可以稍微低一些。比如，可以选择一年查询一次。

8.2.4 报告出错怎么办

当用户发现个人信用报告中的信息为错误时，可以向中国人民银行提出异议，相关手续较为简单。

用户本人亲自到中国人民银行营业厅办理业务，提出异议申请，带上用户的有效身份证件的原件及复印件即可。在进行查询时，用户还需要如实地填写《个人信用报告异议申请表》。

专家提醒

中国人民银行征信中心的《条例》明确规定，用户在办理个人信用相关业务时个人有效身份证件包括身份证、军官证、士兵证、护照、港澳居民来往内地通行证、台湾同胞来往内地通行证、外国人居留证等，其他证件无效。

8.2.5 银行柜台查征信

最传统的查询方式莫过于去银行柜台查询个人信用报告，需要用户本人携带自己的有效身份证件的原件以及复印件，并填写《个人信用报告本人查询申请表》。

专家提醒

个人身份证、军官证、士兵证、护照、港澳居民来往内地通行证、台湾同胞来往内地通行证、外国人居留证等证件都属于有效证件。

8.2.6 自助机查征信

用户可以携带本人的二代身份证(其他有效证件暂时无法查询)，在自助机上查询个人信用报告。这种查询方式每个版本仅限查询一次，而且只能用于本人办理，无法代办查询。

通过自助查询机查询需要注意以下事项：

- 用户应距离自助机半步左右的距离，目光对准摄像头进行拍照，确保取景框可以出现完整的用户头像。
- 当成功查询到个人信用报告后，应核对报告页数，并及时取走身份证。

8.2.7 银行网银查征信

目前，可以查询个人信用报告的商业银行有中信银行和北京银行。

- 中信银行：在中信银行开通网银并领取 USB Key 证书，登录中信银行的网上银行，点击“特色服务”页面中的“信用报告查询”即可，没有查询次数限制，通常会在第二个工作日获得结果。
- 北京银行：查询个人信用报告仅针对证书版或财富版个人用户，登录网上银行，可以在“我的报告”|“信用报告”页面中申请查询及下载，一年可以免费查询 2 次详细版信用报告。

8.2.8 互联网查征信

用户在网络上自主查询个人信用记录非常容易，下面对用户查询记录的步骤进行分析。

步骤1 用户进入中国人民银行征信中心(http://www.pbccrc.org.cn/)的官网界面，如图 8-7 所示。

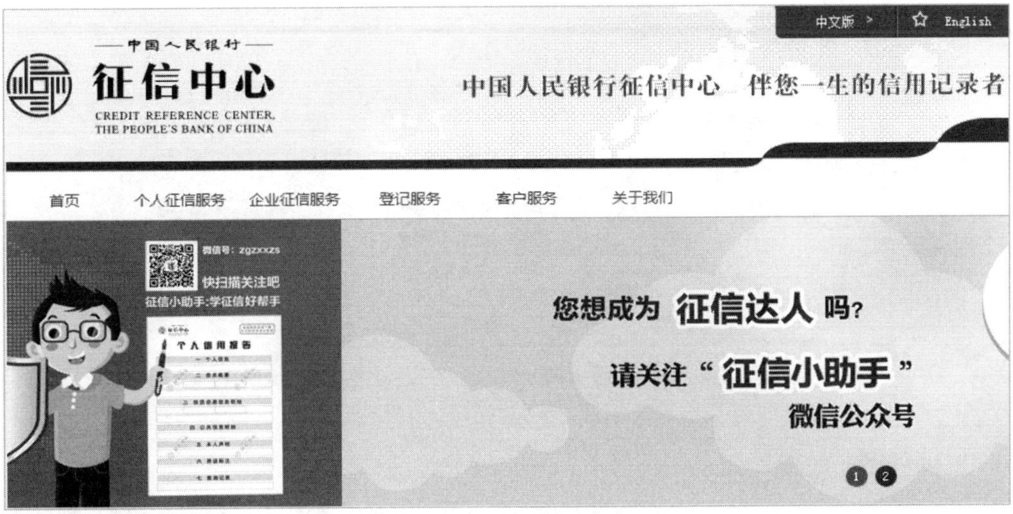

图 8-7 中国人民银行征信中心

步骤 2 用户进入官网，选择并单击核心业务中的“互联网个人信用信息服务平台”，如图 8-8 所示。

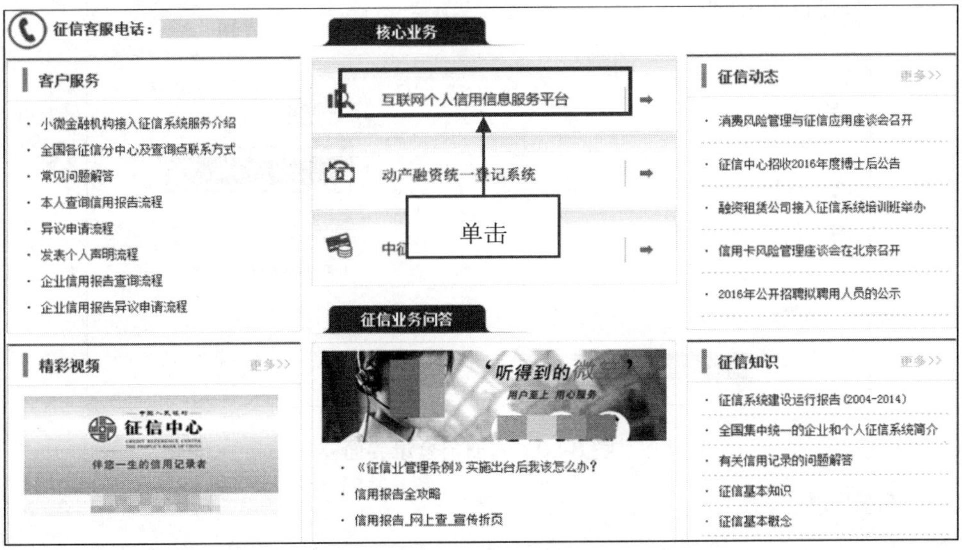

图 8-8 选择并单击核心业务中的“互联网个人信用信息服务平台”

步骤 3 用户进入个人信用信息服务平台，单击界面中的“马上开始”按钮，如图 8-9 所示。

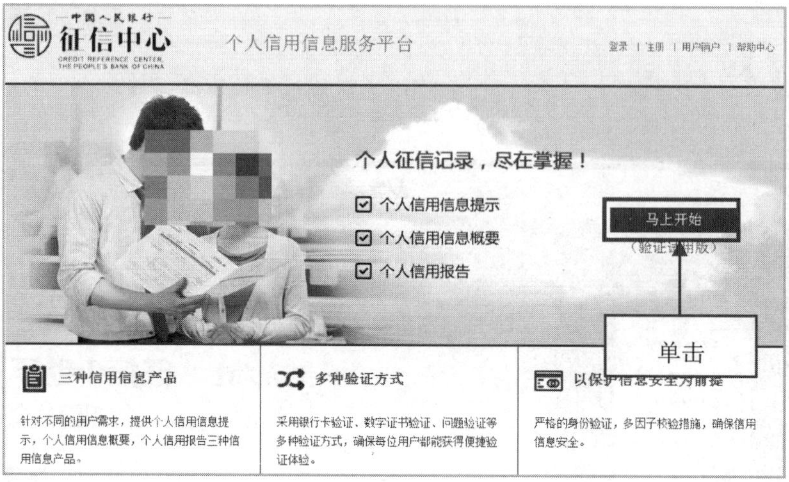

图 8-9　单击界面中的“马上开始”按钮

步骤 4 完成上述操作之后，用户进入注册与登录界面，如图 8-10 所示。如果用户已经注册账户，直接登录即可。如果没有注册，需要在该界面中注册。

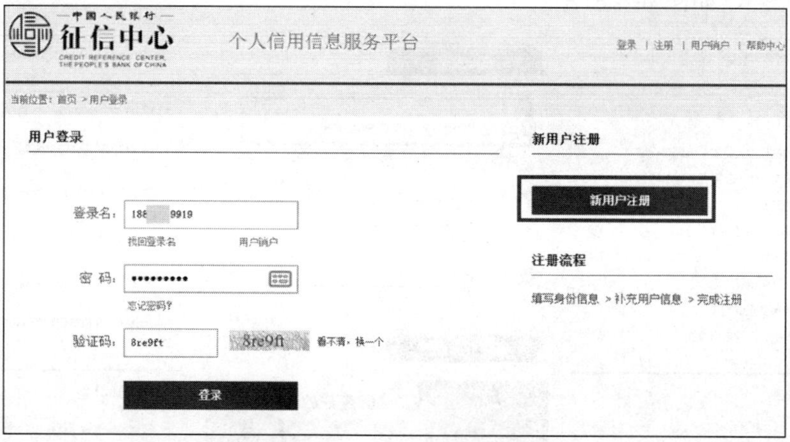

图 8-10　注册与登录界面

专家提醒

新用户必须首先注册才能够使用征信查询功能，单击界面中的“新用户注册”按钮，然后按照注册流程进行操作即可。

首先是填写身份信息，然后是补充用户信息，最后是完成注册，整个注册过程不超过 5 分钟。

步骤 5 用户登录后单击信息服务中的“申请信用信息”，系统会显示申请信用信息的类型，用户选择后进行手机动态码验证，然后单击“提交”按钮，如图 8-11 所示。

图 8-11 单击“提交”按钮

专家提醒

用户可选择的信用信息类型有 3 种，分别是个人信用信息提示、个人信用信息概要和个人信用报告。

其中，个人信用信息提示的内容最少，个人信用报告的内容最多，而申请审批的时间大致相同。用户提交申请之后，就可以等待平台进行审批，平台会在 28 小时内发送身份验证码到用户的手机上。用户获得身份验证码后，可以在“获取信用信息”功能中输入验证码获得信息。

8.2.9 51 信用卡管家查征信

征信报告是记载有个人信用记录的文件，只能由中国人民银行的征信中心提供。在 51 信用卡管家平台上，平台为用户提供了个人征信报告的查询功能。下面介绍通过 51 信用卡管家查询个人信用报告的具体操作方法。

步骤 1 进入 51 信用卡管家“服务”｜“征信报告”界面，填写姓名、身份证号和验证码，注册征信账号，点击“下一步”按钮，如图 8-12 所示。

步骤 2 用户注册账号成功之后，进入“征信账户”页面，点击“申请报告”按钮，如图 8-13 所示。进入“获取身份验证码”界面，用户必须在 10 分钟内回答界面中的 5 个问题，如图 8-14 所示。

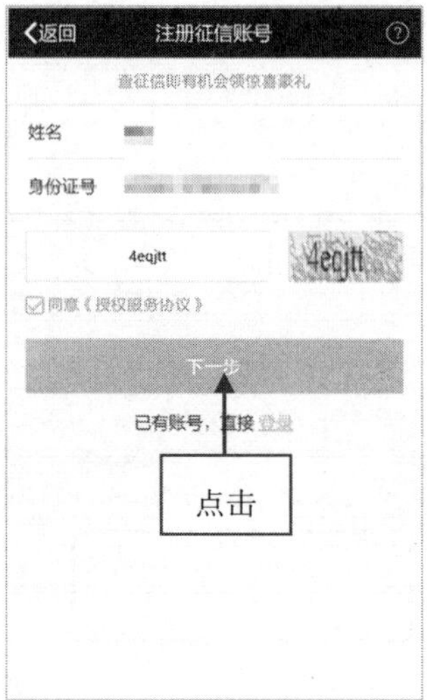

图 8-12　注册征信账号

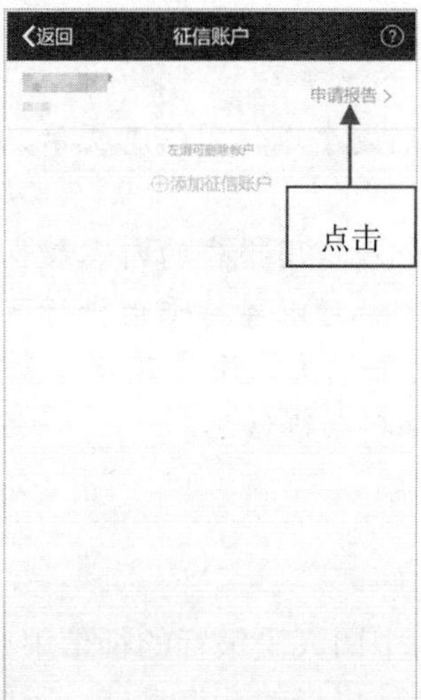

图 8-13　点击“申请报告”按钮

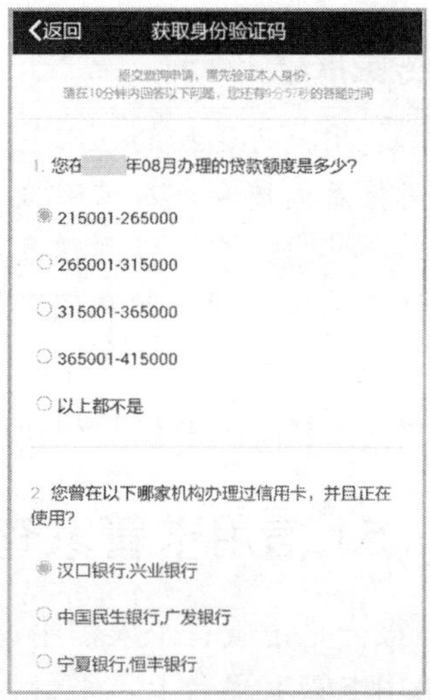

图 8-14　回答界面中的问题

步骤 3 回答完成后，系统会提示并显示信用信息查询请求已提交，用户可以在 24 小时后访问平台获取结果，如图 8-15 所示。

步骤 4 当用户的手机收到身份验证码(有效期为 7 天，遗失或过期需要重新申请)的短信后，再次进入“征信账户”界面点击申请的信用报告，进入“身份验证”界面，输入验证码并提交，即可进入“个人信用报告”界面，如图 8-16 所示。

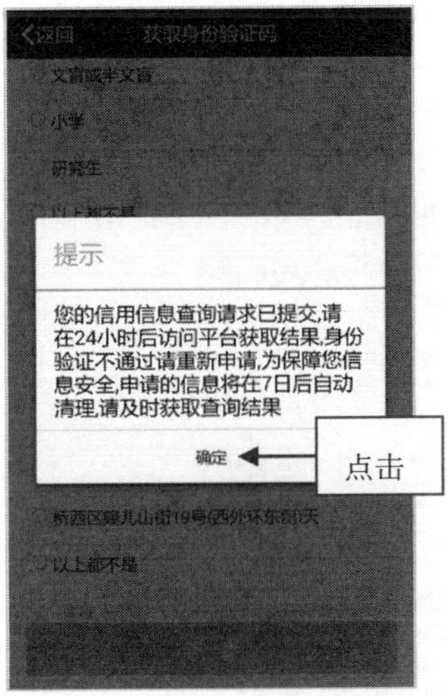

图 8-15　点击“确定”按钮

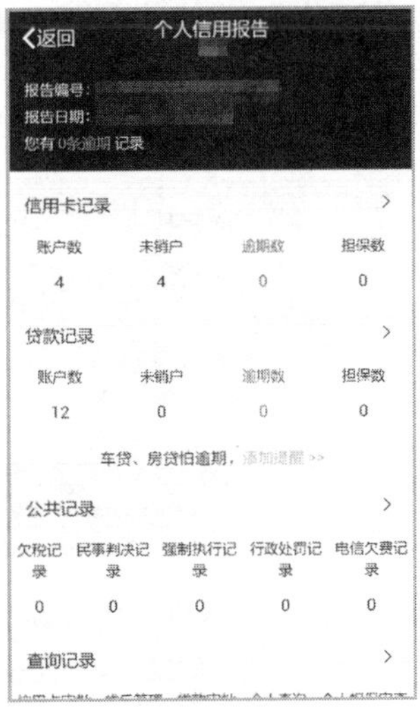

图 8-16　“个人信用报告”界面

8.2.10　信用查询结果分析

根据用户选择的不同信用信息类型，平台会提供不同的内容。下面针对 3 种信用信息类型的查询结果进行展示。

1. 个人信用信息提示

个人信用信息提示是指用户不需要烦琐的细节内容，只需要平台告诉用户是否存在贷款、逾期或者透支超过 60 天的记录。信息内容非常简短，如图 8-17 所示为个人信用信息提示的内容。

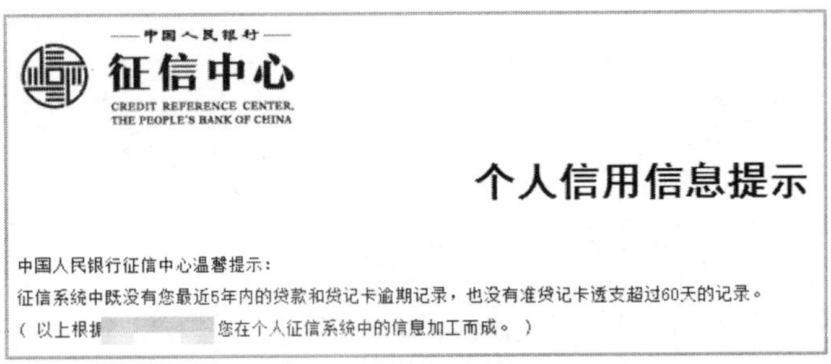
中国人民银行
征信中心
CREDIT REFERENCE CENTER, THE PEOPLE'S BANK OF CHINA

个人信用信息提示

中国人民银行征信中心温馨提示：
征信系统中既没有您最近5年内的贷款和贷记卡逾期记录，也没有准贷记卡透支超过60天的记录。
（以上根据　　　　您在个人征信系统中的信息加工而成。）

图 8-17　个人信用信息提示的内容

2. 个人信用信息概要

个人信用信息概要相比个人信用信息提示的内容要详细得多，但是相比个人信用报告要简单一些。在内容上个人信用信息概要包括信贷记录、公共记录与查询记录，但是内容较为简短。

如图 8-18 所示为个人信用信息概要的内容。

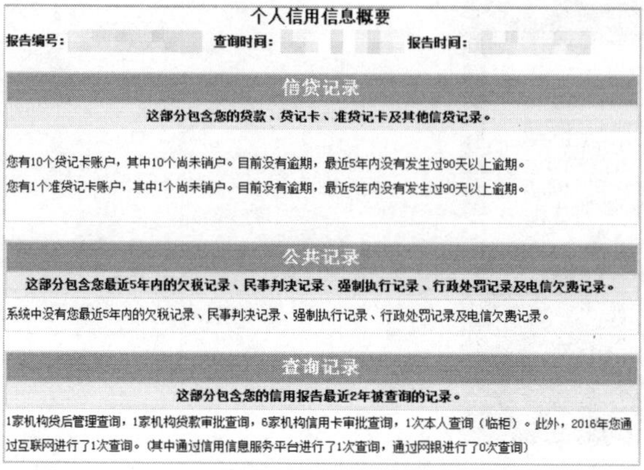

个人信用信息概要

报告编号： 查询时间： 报告时间：

信贷记录

这部分包含您的贷款、贷记卡、准贷记卡及其他信贷记录。

您有10个贷记卡账户，其中10个尚未销户。目前没有逾期，最近5年内没有发生过90天以上逾期。
您有1个准贷记卡账户，其中1个尚未销户。目前没有逾期，最近5年内没有发生过90天以上逾期。

公共记录

这部分包含您最近5年内的欠税记录、民事判决记录、强制执行记录、行政处罚记录及电信欠费记录。

系统中没有您最近5年内的欠税记录、民事判决记录、强制执行记录、行政处罚记录及电信欠费记录。

查询记录

这部分包含您的信用报告最近2年被查询的记录。

1家机构贷后管理查询，1家机构贷款审批查询，6家机构信用卡审批查询，1次本人查询（临柜）。此外，2016年您通过互联网进行了1次查询。（其中通过信用信息服务平台进行了1次查询，通过网银进行了0次查询）

图 8-18　个人信用信息概要的内容

3. 个人信用报告

在所有的信用信息类型中，个人信用报告的内容是最详细的，也是用户进行查询时主要选择的查询对象。在个人信用报告中，第一栏是报告编号、查询时间、报告时间，第二栏是持卡人的基本信息，包括姓名、证件类型、证件号码、婚姻状况等。

如图 8-19 所示为个人信用报告的部分内容。

个人信用报告

报告编号： 查询时间： 报告时间：

姓名： 证件类型：身份证 证件号码：**************1951 未婚

信贷记录

这部分包含您的信用卡、贷款和其他信贷记录。金额类数据均以人民币计算，精确到元。

信息概要

逾期记录可能影响对您的信用评价。

	信用卡	购房贷款	其他贷款
账户数	11	0	0
未结清/未销户账户数	11	0	0
发生过逾期的账户数	0	0	0
发生过90天以上逾期的账户数	0	0	0
为他人担保笔数	0	0	0

购房贷款，包括个人住房贷款、个人商用房（包括商住两用）贷款和个人住房公积金贷款。

发生过逾期的信用卡账户，指曾经“未按时还最低还款额”的贷记卡账户和曾经“连续透支60天以上”的准贷记卡账户。

信用卡

从未逾期过的贷记卡及透支未超过60天的准贷记卡账户明细如下：

1 月1日中国民生银行发放的贷记卡（人民币账户）。截至2016年7月，信用额度5,000，已使用额度0。
2. 月1日中信银行发放的贷记卡（人民币账户）。截至2016年7月，信用额度10,000，已使用额度 。
3. 月30日广发银行长沙分行发放的贷记卡（人民币账户）。截至2016年7月，信用额度28,000，已使用额度 。
4 月30日浦发银行信用卡中心发放的贷记卡（人民币账户）。截至2016年6月，信用额度4,000，已使用额度1。
5. 月30日平安银行信用卡中心发放的贷记卡（人民币账户）。截至2016年6月，信用额度25,000，已使用额度 。
6. 月30日浦发银行信用卡中心发放的贷记卡（美元账户）。截至2016年6月，信用额度折合人民币4,000，已使用额度0。
7 月30日平安银行信用卡中心发放的贷记卡（美元账户）。截至2016年6月，信用额度折合人民币25,000，已使用额度0。
8. 月17日交通银行发放的贷记卡（人民币账户）。截至2016年6月，信用额度15,000，已使用额度 。
9. 月6日招商银行发放的贷记卡（人民币账户）。截至2016年7月，信用额度23,000，已使用额度 。
10 2月6日招商银行发放的贷记卡（美元账户）。截至2016年7月，信用额度折合人民币23,000，已使用额度0。
11. 月25日中国银行湖南省分行发放的准贷记卡（人民币账户）。截至2012年3月，信用额度0，尚未激活。

图 8-19　个人信用报告的部分内容

专家提醒

在个人信用报告中根据用户情况的不同，用户可以查看到的内容也不同，越是经常与银行有信贷关系的用户，在个人信用报告中可以看到的相关信息越多。各项内容都非常详细，比如查询记录，用户可以看到机构查询记录的明细情况，以及个人查询记录的明细情况。

8.3 信用价值如何达到百万

作为无形资产的重要考量因素，信用在人们生活中正发挥着日益重要的作用。在这种情况下，借助良好的信用记录，一个人实际可以使用的资金将数倍于其已有资产，而凭借信用价值获得百万资金也不再仅仅是一个梦。

8.3.1 谨防不良信用记录

预借现金是造成不良信用记录的主要原因之一，但是预借现金与信用卡取现是不同的，信用卡取现是用户直接通过信用卡在 ATM 机上取到现金，而预借现金是需要向银行进行申请的。

只有在银行的信用记录非常好，而且使用信用卡时间较长的信用卡用户才具备申请到预借现金的资格。

如图 8-20 所示为招商银行的预借现金成功通知。

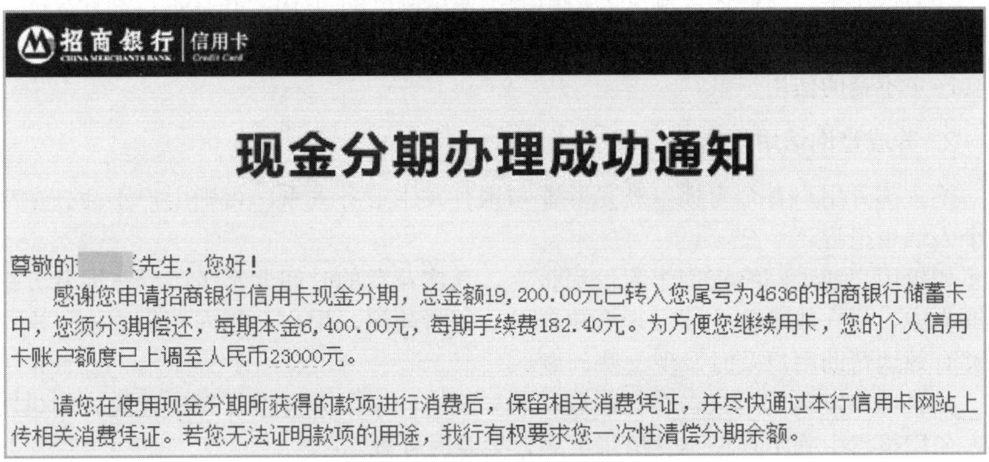

招商银行 | 信用卡

CHINA MERCHANTS BANK | Credit Card

现金分期办理成功通知

尊敬的先生，您好！

感谢您申请招商银行信用卡现金分期，总金额19,200.00元已转入您尾号为4636的招商银行储蓄卡中，您须分3期偿还，每期本金6,400.00元，每期手续费182.40元。为方便您继续用卡，您的个人信用卡账户额度已上调至人民币23000元。

请您在使用现金分期所获得的款项进行消费后，保留相关消费凭证，并尽快通过本行信用卡网站上传相关消费凭证。若您无法证明款项的用途，我行有权要求您一次性清偿分期余额。

图 8-20 招商银行的预借现金成功通知

预借现金模式与信用卡取现的最大不同在于额度，预借现金模式的可用额度会接近于信用额度的 100%。如果用户的信用特别优秀，银行还会临时为持卡人上调额度，再预借出一定比例的现金。

预借现金业务的特色还体现在“免息”，用户使用信用卡提现后，银行将按照一定比例的日利率收取用户的利息，如果用户使用信用卡预借现金，那么持卡人只需要向银行支付不同分期的手续费即可。

专家提醒

由于预借现金的金额较大，用户需要按时进行还款，如果出现逾期，就会造成严重的不良信用后果。

相比于信用卡消费逾期 60 天才会进入到不良记录不同，预借现金的要求较高，用户需要在还款时限到来时准时还款。

8.3.2　5 个信用维护技巧

个人信用报告是各金融机构，特别是银行判断个人信用情况的主要参考。对于用户而言，有效地维护良好的信用记录非常有必要。用户维护信用记录的 5 个技巧如下。

1. 还款应达到最低要求

最低还款往往是用户没有资金还款时的主要选择，用户只要还款一小部分即可，但是最终还款的总金额会加大。

一般情况下，最低还款额度为信用卡已使用额度的 1/10，并且是自动计算的，平台会自动计算用户的已还款金额，如果该金额不足银行规定的最低还款额，3 天之后就会产生不良的信用记录。

2. 养成查询信用报告的习惯

绝大部分用户有个习惯，就是除非与银行发生业务关系，否则用户不会去主动查询个人信用报告。

如果用户通过网络查询个人信用报告，其实花费的时间非常少，只需要几分钟就能够完成，而在线下营业厅办理会更麻烦。笔者建议，用户一年内至少查询一次，就能够有效地帮助用户及时发现一些问题。

如果用户发现信用报告存在问题，就要及时向中国人民银行提出异议。如果发现个人信用报告中确实存在不良信用记录，要及时补救。

3. 办理贷款业务需谨慎

与信用卡刷卡支付然后还款的模式一样，用户在办理贷款等情况时要量力而行，切忌不顾后果办理贷款，以免因为用户无法偿还贷款欠款而影响个人信用记录，甚至触犯法律底线。

银行在用户提交贷款申请时也会查询用户的个人信息记录，充分考虑用户的条件，进而提供给用户一个适当的贷款数额。用户通过银行办理贷款相比而言较为安全，但还是要谨慎对待。

4. 以新记录覆盖旧记录

信用卡的使用信息在每个月都会进行更新，所以用户每个月的信用卡消费信息都会体现在个人信用报告中，具体内容主要包括信用卡的可用额度、已用额度、还款情况等。

用户产生不良信用记录后，要持续地使用信用卡，按时还款，通过信用卡的使用信息不断滚动更新来覆盖旧记录。

5. 贷款后需要及时归还

用户贷款的方式非常多，比如国家助学贷款，这种贷款是由商业银行发放的，从银行发放贷款之时，银行就将这些信息报送到了个人信用数据库中。

信用记录一旦产生，无论持卡人毕业后在哪个城市工作，只要不按时归还国家的助学贷款，就属于违背了借款人向金融机构借款时签订的合约约定，长时间后就会在用户的个人信用报告中产生负面的信用记录，会持续地影响个人将来的经济金融活动。

8.3.3 掌握两个重要日期

账单日和还款日都是用户在使用信用卡时需要特别注意的，如果疏忽，用户很容易就会欠下银行的大额利息，而且会影响个人的信用记录。

下面对账单日和还款日的意义进行分析。

1. 认识账单日

信用卡账单日是可以修改的，但是一般情况下如果用户没有特别说明，银行会在固定的时间下发账单。

账单日中的内容主要是账户当期发生的各项交易，以及产生的各类费用等，银行对所有账单明细进行汇总结算，并计算利息。向用户提供当期总欠款金额和最低还款额，通过邮寄或者邮件的方式寄送对账单。银行发送账单的日期就是账单日。

账单日的时间一般会在银行下发信用卡时告知用户，如图 8-21 所示为某用户收到的信用卡资料页。

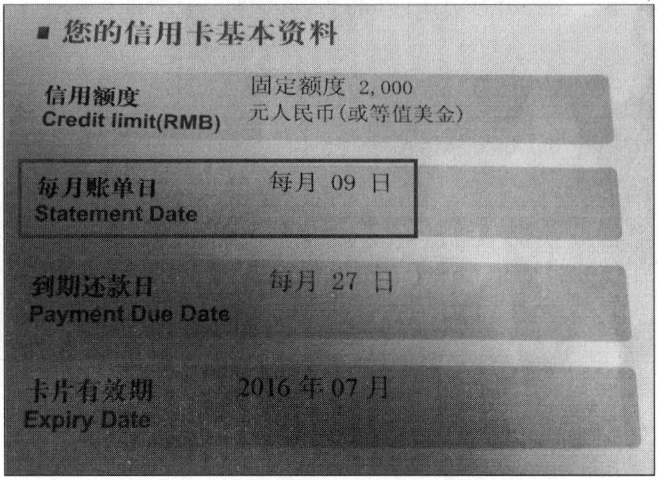

图 8-21　某用户收到的信用卡资料页

专家提醒

信用卡的到期还款日一般是在账单日后的第 18 天左右，具体以账单所显示的时间为准，到期还款日的后 3 个自然日为银行的还款宽限期，3 日内还款不算违约。

不同银行的信用卡还款日与账单日是不同的，同一银行的信用卡还款日和账单日也是不同的，用户在使用信用卡时一定要注意。

2. 了解还款日

还款日主要分为两种，分别是免息还款日和最后还款日。

免息还款日是指持卡人到该日期还款时，可享受免息待遇的时间段，需要注意的是，这种免息不包括取现等交易。

例如，某用户在 2016 年 11 月 11 日消费，账单日是 2016 年 12 月 1 日，最后还款日是 2016 年 12 月 20 日，那么用户就享受了从 11 月 11 日到 12 月 20 日的免息还款期，共计 40 天。

在银行发送给用户的账单上，一般都有到期还款日。如图 8-22 所示为某用户招商银行信用卡的账单。

除了免息还款日，还有最后还款日。发卡银行规定的持卡人应该偿还其全部应还款或最低还款额的最后日期就是最后还款日。一般情况下，最后还款日就是还款日的后 3 天，如果超过 3 天还没有还款，银行就会进行电话询问。

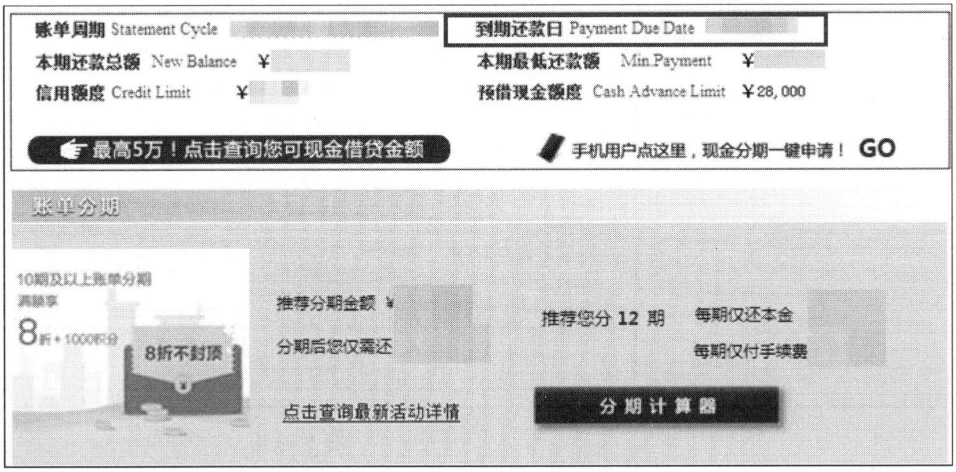

图 8-22　某用户招商银行信用卡的账单

专家提醒

充分利用到期还款日来获得最长的免息期，是用卡高手的基本要求，比如柏先生有两张账单日分别是 5 日和 25 日的信用卡，假如现在是 6 日，柏先生进行信用卡消费时应首选账单日为 5 日的信用卡，如果现在是 26 日，应首选账单日是 25 日的信用卡，这样错开进行消费就能够最大限度地享受信用卡的免息期。

8.3.4　不良记录的应对方式

不良信用记录是指用户在生活中因为种种原因而出现的不良信用事件，再由事件产生的记录。

避免出现不良信用记录是每个持卡人的基本修养，用户在日常生活中一定要注意养成良好的意识和习惯，从根本上避免出现不良信用记录。使用信用卡时一定要选择合适的还款方式，谨慎对待还款的分期资金问题，采取有效的提醒措施，一定要确保每一笔贷款和欠款账单都能够按时还款。

信用卡用户在查看个人信用报告时，会看到各类符号，主要有“/”“N”“*”“C”“G”等。如图 8-23 所示为各类符号的意义。

用户的个人信用报告中出现不良记录后一定不能心急，因为所有的信用记录在征信系统中都有一定的保存期限。一般金融领域的不良记录只保留 5 年，刑罚不良记录保留 7 年。

尤其需要注意的是，负面记录与信用并不能完全画等号。银行在处理相关事项

时，还是会关注用户的整体信息。所以用户有了负面记录后，首先要避免出现新的负面记录，然后采取相应的措施对记录进行修复，比如重新建立良好的信用记录。

“/”符号	代表未开立账户
“*”符号	代表本月没有消费历史，即本月未使用
“N”符号	代表正常
“C”符号	代表结清销户
“G”符号	代表结束

图 8-23　各类符号的意义

为了达成尽快消除不良记录的目标，用户需要有意地进行消费并且坚持做到按时还款，重新累积自己的信用记录。

下面对如何应对不良信用记录进行总结，如图 8-24 所示为应对不良信用记录的 3 招秘诀。

保持优质记录	在出现不良记录后长时间保持优质的信用记录
快速还清欠款	将产生不良记录的相应欠款快速归还
不注销信用卡	不销卡才能够长期提供新的信用记录

图 8-24　应对不良信用记录的 3 招秘诀

专家提醒

应对不良信用记录其实没有特别的方法，主要还是通过重新建立良好的信用记录来提升个人的信用能力。相比于出现不良信用记录后的补救，用户在出现之前就保持良好的信用记录会更加有用。

8.3.5　信用维护的注意事项

在维护信用的过程中，需要特别注意以下 5 个事项。

1. 睡眠信用卡不可忽视

睡眠信用卡一般是指申请下来之后没有开通的信用卡，比如在笔者的个人信用报告中就有一张睡眠信用卡。

如图 8-25 所示为个人信用报告中睡眠卡的记录。

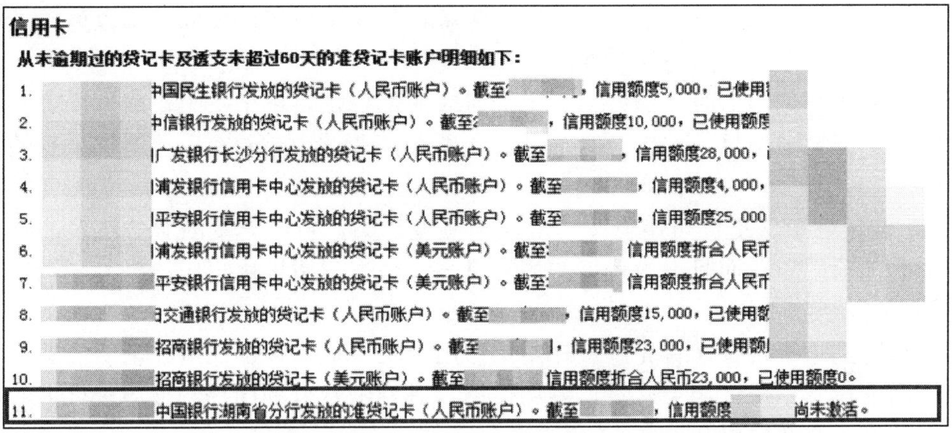

信用卡

从未逾期过的贷记卡及透支未超过60天的准贷记卡账户明细如下：

1. 中国民生银行发放的贷记卡（人民币账户）。截至 ，信用额度5,000，已使用
2. 中信银行发放的贷记卡（人民币账户）。截至 ，信用额度10,000，已使用额度
3. 广发银行长沙分行发放的贷记卡（人民币账户）。截至 ，信用额度28,000，
4. 浦发银行信用卡中心发放的贷记卡（人民币账户）。截至 ，信用额度4,000，
5. 平安银行信用卡中心发放的贷记卡（人民币账户）。截至 ，信用额度25,000
6. 浦发银行信用卡中心发放的贷记卡（美元账户）。截至 信用额度折合人民币
7. 平安银行信用卡中心发放的贷记卡（美元账户）。截至 信用额度折合人民币
8. 交通银行发放的贷记卡（人民币账户）。截至 ，信用额度15,000，已使用
9. 招商银行发放的贷记卡（人民币账户）。截至 ，信用额度23,000，已使用额
10. 招商银行发放的贷记卡（美元账户）。截至 信用额度折合人民币23,000，已使用额度0。
11. 中国银行湖南省分行发放的准贷记卡（人民币账户）。截至 ，信用额度 尚未激活。

图 8-25 个人信用报告中睡眠卡的记录

这种睡眠信用卡的记录会持续存在，信用卡的信息中明确显示为尚未激活，对于这类信用卡，用户可能需要支付一定的年费，笔者是在 2011 年获得该信用卡的，长达 5 年的时间没有注意到这张信用卡的信息。如果信用卡要收取年费，那么 5 年的年费也是数百元人民币。

除了这种未激活的信用卡，还有一种睡眠信用卡是指用户申请之后使用了一段时间，但是在之后就没有再使用的信用卡。大多数银行刷卡次数在 6 次左右，就可以免除次年年费，但是有的银行或特殊卡片却要求刷卡次数高达 18 次。在这种情况下，睡眠卡产生的年费问题非常严重。

2. 严控信用卡透支额度

信用卡的最大优势在于可以透支，但是最大的缺点也在于可以透支，尤其是年轻人不考虑长期后果，经常使用信用卡周转资金来渡过难关。

用户要想得到长期的发展，需要善于控制信用卡额度的透支，并借此提升信用额度，打造良好的信用记录。控制信用卡额度透支率的 3 个建议如下。

(1) 尽可能降低透支消费。控制购物欲望是降低透支情况的主要方式，用户一定要根据自己的实际情况安排信用卡的透支额度。

对于已经产生透支的信用卡，用户要按时还款，而且避免再次使用信用卡进行冲动消费，直到信用卡的欠款全部补齐，用户再使用信用卡进行适当的消费。为了避免

冲动消费，用户可以将信用卡放在家中，不要携带出门。

(2) 养成良好的透支习惯。信用卡用户一定注意不要成为“卡奴”，申请信用卡原本是为了获得更多、更优质的服务，千万不能被信用卡所控制，成为银行的利润来源。

在日常生活中，用户要根据个人情况，尽量避免一些奢侈品和非理性的消费，合理地对开销进行规划，保证信用卡的透支额度在信用卡可用额度的一半以内，这样可以确保还款金额在个人的还款能力范围内。

用户在透支信用卡时，最好将信用卡对应的消费账目记录下来，或者通过某些第三方平台进行自动记录，然后及时总结，让整个消费过程控制在自己能够承受的范围之内。

(3) 向银行争取更高可用额度。信用卡额度越高，可以享受的服务越多，甚至可以申请高端信用卡，而且卡内可用的周转资金也越多，所以用户应该努力向银行争取更高的可用额度。

要想达到这个目标，首先用户在申请信用卡时要提供详细的资产证明，然后在长时间的用卡过程中保证用卡质量，多用信用卡进行消费，利用提额技巧进行提额，这样信用额度才会慢慢提升上去。

3. 通过提醒免除信用污点

提醒还款功能是很多与信用卡相关的平台都具备的，以笔者为例，笔者习惯使用邮箱提醒功能。每个月信用卡的账单会自动发送到邮箱，并在邮箱的信用卡管理界面中出现，而邮件发送到邮箱时会提醒用户。

如图 8-26 所示为 QQ 邮箱中的信用卡账单界面。

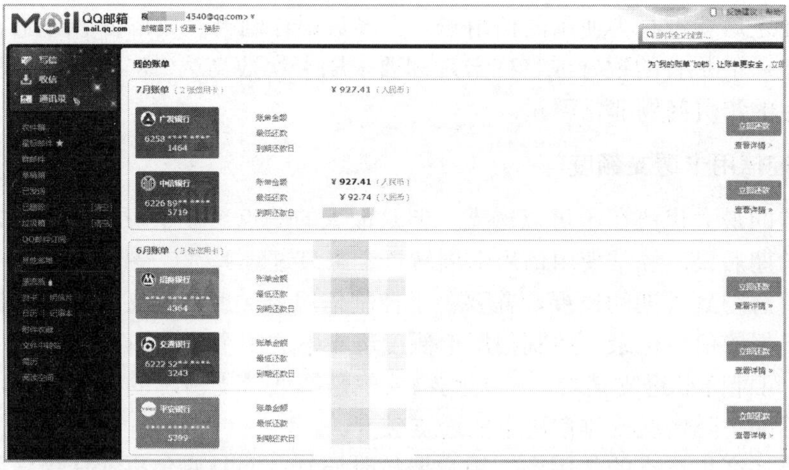

图 8-26　QQ 邮箱中的信用卡账单界面

在网上银行中，用户一般可以为信用卡账户设置余额短信提醒服务，也可以直接将储蓄卡与信用卡绑定，开通自动还款功能。提醒的最终目的是确保用户的还款按时进行，不会出现逾期的情况。

4. 滞纳金可造成信用污点

滞纳金属于一种经济制裁手段，一般是在用户没有按时还款的情况下，银行根据滞纳天数收取一定比例的滞纳金。

如图 8-27 所示为某信用卡账单中的滞纳金情况。

以下是您的还款、退货及费用返还明细				
交易日期	记账日期	交易说明	交易币种/金额	清算币种/金额
		人民币账户明细		
		部分自动还款成功 部分自动还款成功（到期还款日还款）	RMB 0.61	RMB 0.61
		主卡 卡号末四位 3243		
		网银贷记还款 - 人行网关 招商银行股份有限公司	RMB 8400.00	RMB 8400.00
以下是您的消费、取现及其他费用明细				
交易日期	记账日期	交易说明	交易币种/金额	清算币种/金额
		人民币账户明细		
		滞纳金	RMB 1.33	RMB 1.33
		本期利息		

图 8-27　某信用卡账单中的滞纳金情况

专家提醒

信用卡免息还款日的后 3 天为最后还款日，但是这 3 天同样是要被银行收取滞纳金的。

对于信用卡用户而言，最好是在免息还款日之前缴纳费用，不要产生滞纳金，长期出现滞纳金情况会被银行列入“黑名单”。如果用户的账户产生滞纳金，而用户长时间不还，就会产生信用污点，记入信用报告。

5. 套现可救急却救不了穷

信用卡套现一般是救急不救穷的，信用卡本身并没有发财致富的功能，但是如果用户需要使用大额现金，信用卡还是可以帮助用户暂时渡过难关的。

笔者不推荐用户通过中介机构套取信用卡现金，一方面这种方式属于违法操作，另一方面用户需要支付较高的套现手续费，而且有可能造成用户个人信息的泄露，使信用卡被“盗刷”。

一旦持卡人的套现行为被发现，就会被列入信用报告的“黑名单”，用户将承担个人信用缺失的法律风险，在很长一段时间内向银行借贷将非常困难。

专家提醒

信用卡套现往往与恶意透支联系在一起，主要是指持卡人以非法占有为目的，超过信用卡的规定限额或者规定期限进行现金或消费透支，并且不归还金额。这种恶意透支不仅会受到银行的加息处罚，而且会受到法律的制裁。